中國大學人文啟思錄 第七卷
上冊

歐陽康　主編

序　一

文化素質教育要解決好
「以什麼樣的文化來育人」的問題

楊叔子

　　時隔多年，作為文化素質教育的一項重要成果，影響巨大的《中國大學人文啟思錄》又接著出版了，而且一次就推出了四卷，值得熱烈祝賀！

　　文化素質教育涉及高等教育的兩個根本，即「育人」和「文化」。對高等教育而言，一方面，牢記「育人」這個根本，就是不忘教育的初心；另一方面，牢記「文化」這個根本，就是不忘教育的內涵。本質上講，教育就是「文化育人」，就是「以文化人」。而文化素質教育就是要解決好「以什麼樣的文化來育人」的問題。

　　黨的十九大明確指出，「中國特色社會主義進入了新時代」。如何服務於新時代的「總目標、總任務、總體布局、戰略布局」，創新發展具有中國特色社會主義新時代內涵的文化素質教育，是我們要承擔的一項重要歷史使命。

　　這裡有必要重溫黨的十九大報告有關文化和教育的重要論述。

　　關於文化，黨的十九大報告指出：「文化是一個國家、一個民族

的靈魂。文化興國運興，文化強民族強。沒有高度的文化自信，沒有文化的繁榮興盛，就沒有中華民族偉大復興。」「文化自信是一個國家、一個民族發展中更基本、更深沉、更持久的力量。」文化自信成為「新時代堅持和發展中國特色社會主義的基本方略」的重要組成部分。

關於教育，黨的十九大提出：「建設教育強國是中華民族偉大復興的基礎工程，必須把教育事業放在優先位置」，「要全面貫徹黨的教育方針，落實立德樹人根本任務，發展素質教育，推進教育公平，培養德智體美全面發展的社會主義建設者和接班人」。

可以說，文化很重要，教育很重要，素質教育很重要，而文化素質教育則將文化、教育、素質教育連接成整體。因此，文化素質教育同樣也很重要。過去二十多年的文化素質教育實踐已充分證明了這一點。

在中國特色社會主義進入了新時代的今天，文化素質教育工作首先要以習近平新時代中國特色社會主義思想為指導，重新認識新時代文化的內涵。新時代的文化，核心是社會主義核心價值觀，這是新時代文化的核心和根本；要創造性轉化、創新性發展中華優秀傳統文化，繼承革命文化，發展社會主義先進文化。其次，要發展文化素質教育，創造出既符合新時代文化建設要求又體現素質教育精神的有效途徑和方法。

文化在發展，教育在發展，因此，「以什麼樣的文化來育人」是一個常說常新的命題。在這個意義上，文化素質教育將會「經久不衰」。華中科技大學提出「讓文化素質教育的旗幟更加鮮豔」，我十分贊成這個口號，也希望華中科技大學在這方面有新的建樹、新的成就。我衷心地祝願，文化素質教育將迎來新的發展高潮。

序 二

新時代大學生
文化素質教育及其實踐導向[1]

歐陽康

　　自一九九五年算起，我國高校的大學生文化素質教育已經開展了二十多年，取得了非常豐碩的成果。《國家中長期教育改革和發展規劃綱要（2010-2020）》將「以提高品質為核心，全面實施素質教育」作為中國教育改革和發展的重要方略，既指出了高等教育的發展方向，也對文化素質教育做出了宏觀的戰略定位。習近平總書記在黨的十九大報告中明確指出，「建設教育強國是中華民族偉大復興的基礎工程，必須把教育事業放在優先位置，深化教育改革，加快教育現代化，辦好人民滿意的教育。要全面貫徹黨的教育方針，落實立德樹人根本任務，發展素質教育，推進教育公平，培養德智體美全面發展的社會主義建設者和接班人。」這為更好地開展文化素質教育指出了明確的方向。由此，在新時代拓展和深化大學生文化素質教育，應強化

1　本文原載《教育研究》2012年第2期，現徵得作者同意做了部分修改，是為序。

其實踐導向。一方面將文化素質教育融入大學生的學習和生活實踐，轉化為他們的生存活動和生命體驗，提高他們的文化品位；另一方面積極引導大學生主動投入當代中國的社會主義現代化實踐和文化建設，在服務社會和報效祖國的過程中展示人生價值，在傳承和創新中華文化的過程中提升思想境界。我們應當從這樣的高度明確新時代大學生文化素質教育的功能定位和目標體系，探討更加科學的價值取向和實施途徑，促進當代大學生更加全面健康地發展。

一、明確文化素質教育的功能定位

改革開放以來我國高等教育取得了巨大的成就，尤其是通過大學擴招和合校，不僅讓更多的適齡青年能夠走進大學，也讓大學在教書育人、科學研究、社會服務和文化傳承創新方面獲得全面發展的強勁動力與必要空間，讓大學有可能回歸大學本性，塑造大學精神，取得了革命性的跨越式發展。但是來自多方面的對於教育尤其是高等教育的不太滿意，最少表明我們教育者包括教育管理者的初衷與社會各界對我們的要求與期盼之間還存在著相當大的差距，仍然值得我們深思。

在當前大學對於教育的擔憂中，一個非常突出的方面便是大學生文化素養甚至基本素養的缺失。這當然並不只是大學的問題，而是涉及整個教育體系宏觀定位和內部協調分工的問題。有人甚至這樣描述過我們在人才培養方面從整個高中、初中、小學甚至幼稚園的教育錯位問題：幼稚園急著教小學的課，小學急著教初中的課，初中急著教高中的課，高中急著教大學的課，而到了大學卻發現還有一些基本的教育缺失，於是不得不去補在幼稚園就應當教的東西，要教大學生們

做人行事、接人待物，教他們以基本的禮貌用語和行為規範，要對大學生進行基礎性的人性、人格、人品培養。這就是人的基本素養與基本品格教育。文化素質教育正是在這種意義上顯得格外重要和緊迫，要求努力提高校園文化建設水準，引導高校凝練和培育大學精神；鼓勵師生員工特別是青年學生參與基層文化建設和群眾文化活動。從本文討論的話題來看，就是要對文化素質教育做一個恰當的功能定位。這裡有三個層面的問題。

第一個層面，文化素質教育在高等教育體系中的定位。文化素質教育應納入全面素質教育的視野來加以考察。全面素質教育包含著非常豐富的內容，文化素質教育只是全面素質教育體系的一個內在組成部分。一九九四年起，時任華中理工大學校長的楊叔子院士和一批有識之士開始宣導文化素質教育。當時有很明確的針對性，就是由於高考文理分科所帶來的理工科學生的知識結構局限和培養方面所存在的問題。由此以來，我國高校文化素質教育經歷了從「三注」（注重素質教育，注視創新能力培養，注意個性發展）和「三個提高」（提高大學生的文化素質，提高大學教師的文化素養，提高大學的文化品位與格調）到「三個結合」（文化素質教育與提高教師素養相結合，與思想政治教育相結合，與科學教育相結合）的過程。當前，文化素質教育面對諸多挑戰，需要我們的積極謀劃與創新。《國家中長期教育改革和發展規劃綱要（2010-2020）》將全面實施素質教育作為中國教育改革發展的基本方向和重要內容，既指出了高等教育的發展方向，也對文化素質教育做出了宏觀的戰略定位。我們應當在這樣的雙重意義和二維高度上來思考文化素質教育。

第二個層面，文化素質教育課程在高校課程體系中的定位。課程

是教育教學的基本形式。文化素質教育只有納入規範化的課程教育體系才有可靠的載體，才能得到具體的實現。多年來，我國高校普遍開設了文化素質教育課，有的學校還推出了一批精品課程，對拓展大學生的學術視野和知識體系、提高大學生的文化素養發揮了積極的作用。但現在看來，要把文化素質課真正開好還有很多的工作要做。一是拓展文化素質教育課程的覆蓋面，將更多的學科內容開設為素質教育的課程；二是擴展文化素質教育課程的內涵，使之具有更加豐富的內容；三是提升文化素質教育課程的品質，使之具有更大的影響力和魅力；四是增加文化素質教育課程的數量，使更多的大學生能夠有機會選修該類課程，受到文化的薰陶與洗禮；五是把文化素質的精神與價值灌注到各種專業課程之中，使之都能提升文化品格，發揮文化素質教育的功能，等等。

第三個層面，文化素質教育在大學生成人成才中的地位。人的全面發展是一個過程，在人的發展的不同時期有不同的具體內容和要求。實踐性文化素質教育在大學生全面素質培養中發揮著非常重要的作用，其最根本的功能在於幫助大學生更早更好地走進社會和參與社會實踐，促進大學生在實踐中增強其文化自覺和文化認同，提升其文化品格，促進其全面發展。

二、構建文化素質教育的目標體系

我國的大學生文化素質教育自實施以來已經取得了一定的成效，在新的歷史時期，文化素質教育何去何從則需要一個明確的目標體系。對於我國高等教育，黨中央提出兩個核心問題——辦什麼樣的大學和怎樣辦好大學，培養什麼樣的人和怎樣培育好人。按照這樣的思

路，這裡我們要問的問題就是，搞什麼樣的文化素質教育，怎樣更好地開展文化素質教育。或者我們也可以把問題轉化為文化素質教育的核心目標何在，如何實現它的核心目標，這就是在多元價值背景下如何更好地履行「立德樹人」的神聖使命。由此，構建文化素質教育的目標體系應著眼於以下幾個方面。

第一，儘快從涉及文化素質教育的一些概念爭論中超脫出來。近年來，圍繞文化素質教育的概念界定和內涵存在著一些爭論，需要我們加以正視。從教育部的官方檔來看，使用的是文化素質教育概念，並將其看作素質教育的內在組成部分。我國絕大部分高校也都是使用的這個概念，在文化素質教育的旗幟下開展相應的活動。近年來也有學校把類似的活動叫作「通識教育」，與國外所說的「General Education」相比照；有的則叫作「博雅教育」或「自由教育」，來源於國外一些高校的「Liberal Education」或「Liberal Arts Education」；國外還有高校將其稱為全人教育，即英文的「Whole Person Education」。有的高校既講文化素質教育，又講通識教育，也用博雅教育，想把多方面的內容都容納進去。也有的學者不贊成諸多提法並存，認為它們是與文化素質教育有區別甚至對立的，主張用文化素質教育來加以統一或統攝。筆者認為，這種爭論，一方面反映了素質教育尤其文化素質教育可能具有的豐富內涵和多樣形態性，另一方面也表明人們力圖從不同的側面來開展活動，強化其不同的側面。從總體來看，這些概念方面的討論如果能夠形成共識，對於澄清問題無疑是有好處的，但如果一時無法達成共識也不要緊，因為關鍵和重要的問題不在於名目，而在於實質，在於我們的總體教育理念和實施方略。不管以什麼名目來展開，只要有利於大學精神的塑造，有利於大學生

的自由全面健康發展，有利於培養更多更好的優秀人才，就應當允許和鼓勵。

第二，文化素質指導委員會和相關單位應當拓展自己的工作邊界。就拓展文化素質教育的工作邊界而言，過去我們關心得比較多的是人文知識的拓展，希望能夠開設更多的選修課，後來發展到了大學生綜合能力培養，設計了多種形式的活動，現在又提升到了高端素養的培育和養成，這就需要更加豐富多樣的載體和手段。就文化素質教育深化和發展的方向而言，則需要更加廣闊的視野、更加創新的思路、更加開拓的精神，著眼於文化的傳承與創新。我們主張強化大學生文化素質教育的實踐導向，這裡的實踐包含大學生本身的學習生活實踐和中國社會的生產與發展實踐。我們一方面應當努力將文化素質教育融入大學生的學習生活實踐，轉化為他們的生存活動和生命體驗，增強大學生校園生命活動的實踐特性和文化內涵；另一方面應當積極引導大學生主動投身於當代中國的社會主義現代化實踐，在服務社會和報效人民的過程中展示人生價值、提升思想境界。這就給文化素質教育提出了很高的要求，也提供了更大的活動與發展空間。如果我國各高校的文化素質教育基地和相關機構都能把工作邊界再拓展一點，工作思路再細緻一點，活動內容再豐富一點，那麼我們的大學生文化素質教育就會在整體上有更大的拓展，拓展的目標就是促進大學生的全面的高素質的培養。

第三，關注文化素質教育的三種內涵或者三個層面。文化素質教育包含著三個基本的層面：一是知識層面；二是能力層面；三是境界層面。我們過去對前兩個層面更為關注，也做了很多很好的工作。在知識層面，我們強調人文與科學並重，要求理工科學生加強人文知識

和修養，人文社科的學生要加強科學精神教育，實際上所有的學生都應該既有科學素養又有人文素養。現實情況是學理工科的學生不一定都有很好的科學素養，而學人文的也不一定必然有很好的人文素養，我們需要一種整體性的教育。在能力層面，我們強調感性與理性能力、動腦與動手能力、批判與建構能力、服務與創新能力等的統一。今天我們更看重的是第三個層面：境界層面。當代大學生缺失的是思想境界，而境界提升實際上是一件很難的事情。馮友蘭先生認為人生有四種境界，即自然境界、功利境界、道德境界和天地境界，人的境界提升是一個從自然到功利到道德到天地的過程。馬克思的墓誌銘上寫的是「哲學家們只是用不同的方式解釋世界，而問題在於改變世界」。向哪個方向去改變？自然是向最理想的方向，而理想則在人的心中，這個理想的生成需要在人的全部生命體驗中去感悟。

從當前大學生的實際情況來看，我們一方面要強調提升境界，另一方面要敢於和善於去面對消沉、面對墮落、面對沉淪。過去我們的文化素質教育往往關注人性和人心的高端方面，這是應當繼承、保持和發揚的。而同樣應當引起關注的，恰恰還有低端的東西。如果人生沒有一個高的境界，人生是沒有意義的，大學生活是沒有目標的，甚至會出現消沉與墮落。所以，我們不僅要問一問「鋼鐵是怎樣煉成的？」也還應該問一下「鋼鐵是怎樣銹蝕的？」從人性的基礎性假說來看，西方文化是原罪說和性惡論，中國文化是性善說。不管是性善性惡，在現實社會中，不管由善變惡，還是由惡變善，關鍵在於自我意識和自我規範，才有可能在行動中獲得自由。

大學生們追求自由，但對自由也有很多的誤解。例如，不少人把自由簡單地理解為隨心所欲。其實真正的自由不僅僅是隨心所欲，首

先是在認識和超越限定。英國哲學家以賽亞·伯林爵士把自由分為兩種：一種叫作積極自由，即自由地做想做的事情（Freedom to do what you want to do）；另一種叫作消極自由，即超越限定的自由（Freedom from the limitation）。

我們每一個人都生活在限定中，只有把握和消除了限定，才有可能做自己想做的事情，實現積極自由。每一個大學生都生活在受到各種限定的環境中，從他們進大學那一天起，就要遵守校規，要去學習，要去上課，要做作業，要做實驗，完成論文等。這些限定已經將他們壓得喘不過氣了，他們如何去實現自由，達到真正的自由？如果對於自由理解得不正確，他們所追求的自由就可能變成沒有前提的隨心所欲，成為一種放縱，成為一種無政府主義。

三、探討文化素質教育的有效途徑

文化素質教育目標的達成需要有科學有效的路徑支撐。多年來，我國高校在這方面已經形成了很多好的做法，應當繼續保持和發揚。但新時代文化素質教育面對全新的大學生群體，有更高的要求，要使其更加行之有效，還需要加強對教師和學生的情況做具體分析，尤其是從實踐導向的高度回答一些有關教育途徑的基礎性問題。這裡主要討論以下幾個問題。

第一，人的優秀素養，到底是「教」出來的，還是「養」出來的？這裡說的「教」是指來自外部的灌輸，這裡說的「養」就是自我的體驗。過去我們比較強調來自外部的環境影響和教育引導，現在越來越感到體驗的重要性。筆者作為哲學教師，特別重視人生的體驗與感悟。因為，真正的優秀很難說是教出來的，而往往是自己悟和養出

來的，是一種自我教育和自我塑造。最現實的情況是，我們用同樣一套教育體系、同樣一套課程、同樣的教學方法，去教不同的學生，達到的效果卻大不相同。大學四年結束之時，當年以相似的高分招收進校的大學生，在同樣的學校環境中卻迅速地發生分化，大多數人保持在一般狀態，而優秀的和落後的則向兩個極端迅速分化。同樣一個體系對於不同人的作用是非常不一樣的。而這裡最大的差距就在於學生對於學校的教育和環境的作用有非常不同的自我領悟與自我內化。開展大學生文化素質教育，從學校的角度看，就是提供一種氛圍和條件，而其作用，則要看不同學生對其的認同與追尋。

　　第二，學生如何才能由被教育者轉化為自我教育者？我們過去一直強調「全員育人」，但筆者認為更應注重「全員自育」。只有當每一個大學生都能夠自覺地進行自我教育的時候，我們的育人體系才可能發揮作用，否則再好的教育體系對同學們來說無非是一些外在性、強制性和框架性的東西，難以對他們的內在因素發揮實質性的積極作用。這正是實踐性文化素質教育體系的關鍵因素。華中科技大學的一百七十二名同學，以王艾甫先生無意中發現的沒有發出的八十四張陣亡通知書為線索，為太原解放戰爭中犧牲的湖北籍烈士尋找親屬，開展「烈士尋親」活動，在履行國家責任的過程中迅速成長，變得更加成熟。這項活動獲得國家有關部門的表彰。後來我們繼續開展紅色尋訪，為赤壁市羊樓洞野戰醫院的抗美援朝志願軍烈士尋找親友，尋訪改革開放三十年，尋訪新中國成立六十年，等等。這些活動把同學們引入到中國社會實踐的歷史與現實，促進了外部資訊向同學們內在心理和社會要素的轉換，引領了他們的思想進步，加速了他們的成長過程。這表明充分認識歷史的現代意義，發揮歷史事實的教育作用，促

進歷史意識的現代塑造，對於大學生的健康成長具有更為直接和重要的意義。

第三，教師如何才能由演員變成導演或教練？課程是文化素質教育的重要管道。給大學生上文化素質教育課，教師好像是個演員，在課堂上演講，學生是聽眾，二者之間往往存在著主動與被動的巨大反差。即便教師表演得再好，得到了同學們的好評，但如何實現課程內容的內化，把課堂的教育教學變成大學生所特有的實踐性活動，仍然是件值得探討的事情。因此，文化素質教育的作用應當是讓同學們成為演員或者運動員，教會他們自己去表演、去提高素養、去創造好的成績，而教師的角色應當由演員向導演和教練轉換。在文化素質教育的課堂或者活動中，教師不應當衝到第一線，而應當在第二線甚至第三線，讓學生衝到第一線去實踐、去學習、去探索，並從中獲得進步。

第四，學校的各種教育資源如何在素質教育的統攝下更好整合？各個學校都有很多資源，分散在學校的各個方面，由各種職能部門管理，如何將它們匯聚起來作為一個有機系統投入到大學生文化素質教育，將各方面的力量匯聚成為一種合力，從不同方面推動文化素質教育的發展，這是當前特別值得研究也需要努力去做的事情。很多學校在這方面做出了積極的探索。這裡的一個重要辦學理念在於，素質教育是當前中國高等教育的戰略性選擇，文化素質教育作為素質教育的突破口，不僅是文化素質教育基地的事情，也是全校的事情，學校的各個職能部門都應當把文化素質教育作為自己的工作來抓緊抓好，使學校各方面的力量形成合力，促進大學生全面發展。

四、確立新時期文化素質教育的價值取向

新時代文化素質教育的價值取向在一定程度上決定著文化素質教育本身的發展方向，只有確立了科學的價值取向，才能保證文化素質教育沿著正確的方向前進。我們強調新時代文化素質教育的實踐導向，就是要將文化素質教育融入大學生的學習與生活，轉化為他們的自覺實踐，同時要通過多種形式的文化素質教育活動，把大學生引導到火熱的中國社會發展與建設實踐，讓他們在社會實踐中發揮作用，實現價值，增長才幹。為此，新時期文化素質教育應當也有必要在以下方面做出努力。

第一，堅持全員育人與全員自育相結合。誰是高校教育教學的主體？對此，高等教育界一直存在爭論。有人主張教師是主體，也有人主張學生是主體，由此形成了教師主體論和學生主體論。在我們看來，教和學是一個過程的兩個基本方面，教師作為教育者，是教育教學的主體，教師對整個教育教學過程起著引領、把關的主導作用，教師的主體性對教育教學的品質有著極為重要的作用；學生作為受教育者，他們是客體，但並不完全是被動的，因為他們同時也是學習、研究、思考的主體，掌握著學習的進度和品質，決定著學習的效果和水準。一個優秀的教學過程是教師的主體性和學生的主體性都很好發揮並有機結合的過程。沒有教師主體性的發揮，則不可能按照預期的目標來培養人；沒有學生主體性的發揮，則再好的教師和教育體系也無法有效地發揮作用。這就是教和學的辯證法，也是教育和自我教育的辯證法。在文化素質教育中也要特別注意處理好這兩個主體之間的關係，讓教師和學生都能夠找到自己的定位。從學校管理的角度看，教師是主導的，優秀的教師應當能夠在有限的時間和空間裡最大限度地

調動學生的學習積極性，使他們向著更加積極主動和健康的方向全面發展，以提升大學生的基本素養，實現對於大學生全面自由發展的有效引領，從而使大學期間的人生為未來人生積累更多的經驗和財富，這就是我們說的全員育人指導下的全員自育。要達到這樣的要求，對於教師的素質無疑提出了更高的要求。甚至可以說，強化素質教育，也在一定意義上意味著對全體教師文化素質的一種重塑，要求每一個人都不斷提升自己的素質。從這樣的意義上可以說，大學教師的教師資格不是一蹴而就、一勞永逸地獲得的，而是需要不斷充實和提升，不斷考核和監督。

第二，堅持素質教育與專業教育相結合。在社會高度分工的條件下，一般來說，大學生最終要通過從事一定的專業工作或在一定的行業中服務於社會，所有的素質都要在專業性的工作中得到表現和應用，發揮出應有的作用。因此，素質不是脫離專業而存在的，文化素質教育是專業教育的補充。相應地，素質教育不可能脫離專業教育而孤立地存在，只能依託和貫穿於專業教育和專業學習之中。如果沒有了專業，再好的素質也難以發揮作用。文化素質教育應當貫穿於專業教育之中，使專業知識與素養的訓練變得更加扎實和豐富。這就要求專業教師具有更高的文化素養，使專業學習具有更加豐富的文化內涵，使專業訓練具有更高的文化品位。

第三，堅持「教練式的教」與「學生自主性的練」相結合。文化素質教育不應當僅僅傳授知識，更要求身體力行。因此，文化素質教育不能採取滿堂灌式的教，它應該是教練式地教，激發和引導學生自主性地練；不僅在課堂上練，也在實踐中練，讓師生在生產和生活實踐過程中實現良性和健康的互動，讓學生在練習中體會到進步、成就

與快樂。做一個好的教練對於教師提出了很高的要求，實踐性的教學也對學生不斷提高自我素養提出了要求，提供了空間和機會，有助於調動他們的學習積極性，激發他們的創造力。

第四，堅持規範式教育與個性化學習相結合。今天的中國高校總體上來說還是比較強調教育的整體性、規範性和統一性的，以便保證高等教育的基本品質，這是必要的。但如何在此前提下進一步加強多樣化和個性化的教育，為學生的個性化發展提供必要條件，則尤為需要探討。今天的中國高等教育由精英型走向了大眾型，但這僅僅是從招生比例來說的，並不能成為降低高等教育品質的口實。從高等教育在中國教育體系中的地位來看，它仍然承擔著培養高端人才的任務，並且仍然應當是精英教育，或者至少應當保持精英品格。精英教育的核心是個性化教育，讓每個受教育者能夠最大限度地發展自己的個性，文化素質教育也應當成為個性化教育的內在組成部分和重要途徑。

在新時代拓展和深化大學生文化素質教育，既是時代的要求，也是未來的呼喚，它涉及中華民族高端人才的整體素養，影響著中華民族的未來復興，同時，也是關係到中國高等教育未來發展前途命運的重大戰略問題。強化大學生文化素質教育的實踐導向，有助於把大學生的校園學習生活引導到社會實踐的廣闊天地，極大縮短校園與社會的心理和文化距離，使大學生個體能夠更早更好地服務於和融入群體和社會文化體系，增長才幹，提升境界，獲得更加全面和健康的發展。也正是在這個過程中，我國高等教育才能夠更好發揮其文化傳承創新功能，為中華文化建設和中華民族的偉大復興做出更加積極的貢獻。

目　錄

中國與世界

經濟與社會

文學與藝術

後記

大學與人生

讀自己這本書

劉獻君　華中科技大學教育科學研究院院長、教授

　　主持人，各位同學，大家好！我今天演講的題目是《讀自己這本書》。我先講自己的一些認識、體會，然後我們大家再一起討論。

　　我曾經看過一本書《李宗仁歸來》，記得裡面有這樣一段話：「如果人不是從一歲活到八十歲，而是從八十歲活到一歲，那麼世界上將有一半以上的人可以成為偉人。」這顯然不可能，但卻告訴我們，一個人的閱歷是多麼的重要。為什麼？

　　第一，只有善於「讀自己」的人，才能獲得成功的碩果。這是因為，「人類的智慧不是埋藏在前人的經驗裡，而是潛伏在自己的心靈中」。《論語》是孔子閱讀自己心靈的記錄；《理想國》是柏拉圖與自己心靈對話的記錄；梭羅的《瓦爾登湖》，更是他讀自己這本書發現很多心靈深處秘密的記錄。梭羅在經歷過幾十年風雨之後，來到康科特城的小湖邊上，親手搭建了一間小木屋，自己種糧食和蔬菜，自己讀自己這本書，從中讀到了很多平常讀不到的東西，最後形成了不朽的名著《瓦爾登湖》。盧梭把自己的一生當作一本書，從頭開始逐頁地閱讀，寫成了不朽的巨著《懺悔錄》。大家都知道盧梭是巨人，是學術界非常推崇的、非常偉大的一個人，但盧梭在五十歲以後，在人們的眼中，他由知識界的鉅子變成一個「瘋子」，被迫流亡到一個小島上開始讀自己這本書，最後寫成了《懺悔錄》。

第二，間接經驗是普遍的、抽象的，要將普遍的東西特殊化、抽象的東西具體化、前人和他人的經驗個體化，要靠自己的直接經驗。僅讀別人的書，只能讓自己變成別人思想的跑馬場，一臺裝運知識的機器。

　　第三，世界萬事萬物是相通的。人與人之間有一條秘密通道，從最真實的自我出發，可以抵達任何人。只有讀懂了自己，才能讀懂別人。

　　我在這裡著重談一談，為什麼說「通」是學問的最高境界。湖南嶽麓書院內有副對聯：「合安利勉而為學，通天地人之謂才。」這副對聯把什麼是「學」，什麼是「才」說得很透澈了。「安」、「利」、「勉」是學習的三種境界，三種境界合在一起謂之「學」；「天」、「地」、「人」都通了，才可以稱得上是「才」。大家知不知道為什麼這裡叫「人中」？（指著自己的人中）鼻子幹什麼？——吸氣和呼氣。氣從哪裡來？——從天上來。嘴巴幹什麼？——吃飯。吃的東西從哪裡來？——從地上來。這就是天地。人在哪裡？——人在中間，天地之間，所以叫人中。我們經常說的「哼哈二將」，即傳說中鎮守西釋山門的兩位神將：一名鄭倫，能鼻哼白氣制敵；一名陳奇，能口哈黃氣擒將，這裡的寓意也是吸收了天地之氣。人為什麼會生病？是因為氣不通，經脈不通，呼吸道不通，腸道不通。學問的最高境界也是「通」，通了以後，什麼地方都有學問。但通不等於雜，不要以為多了就通了、雜就通了，並不是這樣。「通」是指融會貫通，觸類旁通。舉個例子，鄭板橋的字寫得很好，可是其實開始的時候他的字寫得並不好，為什麼？因為他總是在模仿別人。有一天他睡覺的時候，把手搭在老婆的身上，老婆說：「人各有體，你把手放在我身上幹什

麼？」鄭板橋聽到「人各有體」四個字時，高興得跳起來了，既然是「人各有體」，那我為什麼還要模仿別人呢？於是他立即開始自己書寫，練出了「鄭板橋式」，後來大家就知道了鄭板橋的名字。我們學校的涂又光先生提出了「泡菜理論」，將泡菜與辦學聯繫起來，形象生動，也是這個道理。只要「通」了，隨處都有學問。

對於今天的論題「讀自己這本書」，我想說以下三點。

▌一、直接經驗和做事、做學問

人一生有兩件大事，做人和做事，我這裡說的做事主要是指做學問。那麼就先說直接經驗和做學問的關係。伽利略說過「經驗和推理是科學賴以立足的兩根支柱」。概念來自經驗，知識也來自經驗，概念是從具體的感覺經驗中概括出來的，理性不來自「非理性」，而是來自「自己」。不管是在科學史上還是現實生活中，這方面的例子非常多。研究科學史的老師給我收集了一些材料，在這裡我給大家作一些介紹。

首先從大家最熟悉的牛頓開始。牛頓是由蘋果落地想到了萬有引力，這是最典型、最經典的例子。那棵已經死去的蘋果樹被切成了片，現今保存在牛頓紀念館裡。

德國的魏格納（1880-1930）提出大陸漂移說。他是怎麼提出來的？他是氣象學家，為什麼提出大陸漂移說？有一次他躺在病床上，床頭有一幅世界地圖，他看地圖的時候發現，巴西海岸和非洲的海岸合起來就是一個整體，巴西東部海岸右角凸出的部分與喀麥隆附近的非洲海岸凹進去的部分剛好吻合。於是頭腦中就冒出來一個想法：原來大陸是一個整體，後來因為某些原因發生了漂移。後來魏格納就改

行去論證自己的想法，並且證明了他的想法是正確的。

化學家凱庫勒發現了苯分子的環狀結構，這是有機化學史上具有里程碑式的偉大發現，其實他的發現來自於自己的一個夢。有一天，他夢見了一條蛇用嘴咬住了自己的尾巴飛快地旋轉，他就假想苯分子也是環狀的結構，並且後來發現果真如此。這些成就的取得都是和平時自身的經驗分不開的。

這方面的例子還有哈威發現血液迴圈理論，在這之前人們認為血液在人體中是做直線運動的，一個小時之內完成這樣的一個過程——在靜脈的首端製造出約二四五千克的血，在一個小時內，這些血液在動脈的末端被銷毀。後來哈威想像這是不可能的，他聯想到現實生活中的經驗，大地上的水在太陽的照射下變成蒸汽上升到空中，然後在空氣中凝結，接著變成雨水降落下來，周而復始。還有母雞生蛋，孵出小雞，然後長成母雞再生蛋，等等。在這種思想的啟發下，哈威提出了血液的迴圈理論。正如哈威自己所說：「學問不在教條中，而在精巧的大自然中。」

列文虎克發現微生物的例子同樣說明了直接經驗的重要性。在他之前，人們認為低等生物是從非生物界自然而然發生的，比利時醫生愛爾蒙曾經做過這樣一個試驗：他把一件髒衣服、麥皮、乳酪混在一起，裝入瓶子裡，期待著長出老鼠來，可始終沒有長出老鼠。（笑）雷迪醫生的試驗則是把鮮肉裝入到三個瓶子裡面，第一個的瓶口敞開著，第二個的瓶口用紗布蓋住，第三個的瓶口用牛皮紙密封。結果發現：三個瓶子裡面的肉都腐爛了。但是第一個瓶子裡面有蛆，第二個瓶子的紗布上面有蟲卵，第三個瓶子裡面什麼也沒有。由此得出結論，蛆不是自然而然產生的，而是蒼蠅產卵，然後生成了蛆。列文虎

克十六歲在地毯鋪裡當學徒時，就時常用放大鏡觀察地毯紋路的大小粗細。後來他到政府部門做看門人，有時間就研究放大鏡，後來製成了能放大三百倍的顯微鏡，並因此在顯微鏡下發現了微生物。

最後舉個例子就是前國務院副總理李嵐清，前不久來我校作「藝術、音樂與人生」的報告時，講述了他自己提出的關於「行走式節水」的例子。說他到東北視察，看見農民澆灌莊稼時，將地全澆上水，也不管有沒有苗。他本人是搞汽車的，於是就聯想到汽車，提出將拖拉機改造成澆水機，澆水時有苗就澆水，沒有苗的地方就不澆水。

今後大家的成就不同，區別何在？首先就在於各自的直接經驗不同。成就在於你的經歷，也就是直接經驗，因為唯有自己的直接經驗是自己獨有的。

▌二、直接經驗和做人

剛才我講了人生的兩件事，做事和做人，以及直接經驗和做事、做學問的關係，下面講一下直接經驗和做人的關係。

我們生活在多姿多彩的世界中，生活中的很多東西都時時刻刻在影響著我們，就看我們能不能抓住。環境對人的影響是整體的、潛移默化的，影響的方式是偶然的，只有從自己的直接經驗出發，去體驗、感悟，才能領悟人生的真諦。

我這裡有兩句話：「迷則為凡；悟則為聖。」一生迷迷糊糊，你就是凡人；時時反省，事事領悟，你就是聖人。為什麼？是由於自然科學和社會科學在方法論上是不同的。自然科學的方法論是說明，因為自然科學研究的物件是物，對於物，我們要對其進行說明。人文科

學研究的物件是人，人與人之間的溝通靠理解，理解就是悟。諸如雷鋒精神，中國人做好事的多得很，為什麼唯獨雷鋒做好事就成為「雷鋒精神」？我認為這與雷鋒對人生的領悟有關，他的領悟很透澈，例如：「人的生命是有限的，為人民服務是無限的，我要把有限的生命投入到無限的為人民服務之中去。」他說得多麼深刻！

因為我們的主題是「讀自己這本書」，不能老談別人。下面我談一談我自己的一些「悟」。由於時間的關係，今天我舉十個例子。

第一個「悟」是會想不等於會說，會說不等於會做。那是十年前，我給本科生上課，那個時候的大學生和現在的學生有很大的不同，比較傲氣，自認為是天之驕子，經常張口就是「要是我當總理，要是我當校長會如何如何」之類的話，或者「老師講課沒有一個講得好的」，等等。有一次，我在講課當中留出一段時間，讓他們自己上來講，每個人講三分鐘，但沒有一個人講得好，有的詞不達意，有的結結巴巴，而且普遍沒有一個好的姿勢。總結時我就在黑板上寫下這樣的一個公式：「會想 ≠ 會說，會說 ≠ 會做」，然後告訴大家從想到說，從說到做，有很大的一段距離，什麼事情都要經過自己的反復實踐。

第二個「悟」就是「多數人是好的，多數人對一個人的評價是公正的」。這是大家都知道的大白話，但要「悟」成我自己的東西靠的是我自己的經歷。其實我們每個人的一生都會有坎坷，有順的，有不順的。我們經歷過中學、大學，經歷過很多人和事，很多人對我們都給予了他們各自不同的評價。比如說我吧，有些人說我好，好得跟朵花一樣，有些人說我不好，缺點多得很，這些評價都處於兩個極端。後來我把兩個分即最高分和最低分都去掉，因為只有大多數的人的評

價才是公正的。再比如在座的同學們，你是一個什麼樣的人，你周圍的同學是清清楚楚的，大多數同學對你的評價也是公正的。只要把這個悟透了，我們做事情就不會左顧右盼，不用看別人的臉色行事，只須要把握自己，果斷行事。

第三個「悟」是「應該和能夠」，人一生要做應該而且能夠做的事情。「應該」是一種價值判斷，我們做的事情首先要符合社會發展的要求，符合人民的利益，符合法紀。但是世界上應該做的事情太多了，比如：中國人應該不應該像美國人那樣有自己的洋房和汽車？應該。因為中國人非常聰明，也非常勤勞，所以應該。可是能不能夠呢？不能夠。為什麼？因為我們人口多，底子薄。有人測算了一下，中國人如果像美國人那樣消耗資源的話，世界上至少還要有八個地球。我們要做應該而且能夠做的事情，因為每一代人都只能在既定的歷史條件下創造歷史。我就發現我們這一代有一些人往往能做的事情不去做，不能做的事情又老是去做，一輩子辛辛苦苦，一事無成，最後遺憾地走向了火葬場。這樣的事例實在是太多了，所以我們要注意一生要做的事情有哪些，能做的事情又有哪些，分清楚應該和能夠。

第四個「悟」是「做一件事情要產生多種功能」。一九八五年開始，我在別的學校當過兩年的宣傳部長，上下班都要騎自行車。開始的時候就覺得很不方便，因為騎自行車上下班太浪費時間。可是後來想想，騎自行車上下班這件事情其實是有多種功能的，騎自行車不僅可以上下班，可以鍛鍊身體，而且可以在上下班的路上觀察社會、了解市民的生活。這樣想來，騎自行車上下班就成為了一件很有意義的事情，每天很高興地騎自行車上下班。從那以後我就悟出來這樣的一個道理：「做一件事情要產生多種功能。」這就是聰明人和笨人的區

別，聰明的人可以做一件事情產生多種功能，笨人做一件事情就只有一種功能，因此聰明的人比笨人要多活幾輩子。比如我們做一件工作，把工作做好，這是一個功能；工作結束後把工作經驗總結出來，這是第二個功能；發篇文章，是第三個功能；還有可能通過工作認識一些朋友，等等。比如你今天來聽這個講座，學習知識是一個功能，如果這個講座對你有什麼有意義，或者對於你以後會產生什麼有益的影響，同樣也是有多種功能。

第五個「悟」是「眼前不等於永遠，暫時不等於永恆」。這是佛經裡的一句話，佛教裡面有很多有價值的好東西。一個人如果把眼前等同於永遠，把暫時等同於永恆，那是人生苦惱的根源。一個人走運和倒楣都不是永遠的，年輕時碰到一些挫折，是任何人都不可避免的，不要以為一次挫折，就永遠挫折，千萬不可垂頭喪氣，悲觀失望。同樣，年輕時如果一段時間內非常的順利，就得意洋洋，認為一輩子都會如此也是不行的。這些話聽起來很容易理解，可是現實生活中我們很多人都在給自己挖這樣的心理陷阱，自己跳進去，然後自己慢慢爬出來，然後又挖一個陷阱，又爬，一生都在挖陷阱爬陷阱。其根源就在於沒有弄清楚「眼前不等於永遠，暫時不等於永恆」的道理。

第六個「悟」是「人生要勇於放棄」。曾經看過臺灣作家劉墉在電視裡的一段講話，大意是「這山望著那山高」，這是人的共性也是人的本性，我們要想爬上另外的一座高山，首先要從原來的這座山上下來，下不來就上不去。可是有些人下來了，另外的一些人卻下不來，為什麼？因為他們有了一定的既得利益，捨不得放棄。我經常告誡自己的博士生，讀博士期間，你不能讀書、工作、教學、做官，什

麼都不想放棄，你越是什麼都想做，就什麼都做不好。因為事情太多你就很難集中精力於一件事情，也就很難成功。因此要懂得放棄一些東西，否則你永遠都在原來的水準上，得不到提高。

第七個「悟」是「人的一生有做不完的事情，首先要抓住關鍵的、能夠影響自己一生的事」。前不久我們學校計算機學院有一位教授去世了，白天的時候還在準備申報院士的材料，晚上睡覺的時候就「過去了」，追悼會上一位教授就很感慨地說「事情是做不完的」。其實我們的一生中有很多事情，有些事多一件少一件無關緊要，而有些事情則是影響我們一生的，因此我們要抓住能影響自己一生的事。比如我們大家現在讀碩士、讀博士，就屬於影響自己一生的事。再比如我自己的經歷：學英語，我從中學起學英語，一直到現在英語都沒有學好，就是沒有抓住關鍵的事。不管你高興不高興，現在英語是世界通用語言，英語好就能很快接觸世界學科前沿的新知識。但我以前就捨不得抽出半年的時間，什麼事情都不做，專門攻英語。英語不好，直接影響交流，影響到很多事，這是我的一個很大的教訓。因此生活中我們做事情首先要抓住這樣的一些事情，能夠影響我們一生的事情來做，並且做好。

第八個「悟」就是「工作、完成、發表」。人的一生首先要幹活，即工作。幹活，幹一件事就要把這件事幹好，完成，幹完一件事情以後就發表它。發表可以是發表一篇文章或者出版著作，也可以找幾個朋友講一講，也是發表。只有發表了，你才能把自己的東西凝固、提煉，積小為大，積少成多。工作、完成、發表，這是一個完整的過程。

第九個悟是「人要有積極的生活態度，不要背著『埋怨』兩個字

走完自己的一生」。我觀察我們這一代人，很多人從大學開始就埋怨，埋怨學校、埋怨老師、埋怨社會。事情沒有幹多少，只是身體在自己喋喋不休的埋怨中變得虛弱了許多。所以不要老是埋怨，而要有積極的生活態度。我曾經對於我們學校的一百名最優秀的畢業生做過調查，我總結他們的共同點就是他們都有積極的生活態度。人有了積極的生活態度，什麼事情都好辦。

最後一個「悟」是「對一個概念的理解是無限的」，這是針對做學問來講的。東方文化和西方文化有很大的區別，我們中國人崇尚形象思維，西方人重視概念思維。西方人做學問首先是對相關的概念進行辨析，然後再往後進行；中國人講究的則是形象思維，講究心領神會。例如孔子的《論語》，核心概念是「仁」，但是通篇都沒有一個對於「仁」這個概念的解釋。中國人不太注意概念思維。其實，形象思維很重要，概念思維也很重要，我們要把它們兩者結合起來。我們中國人不大注意「概念」。比如說，我們講「要抓住機遇」，可究竟什麼是「機遇」，大家都說不清楚。抓的那個東西不是機遇，機遇過了，還在抓機遇。改革要建立機制，什麼是「機制」？我曾經花了三個月的時間去搞清楚這個概念。我們最大的教訓是：沒有搞清楚什麼是社會主義。我個人以為鄧小平最大的貢獻之一就是敢於指出「什麼是社會主義我們還沒有搞清楚」。有一部關於鄧小平的記錄片，看見一個老婦人趕著兩隻鴨子，鄧小平問：「為什麼只趕兩隻鴨子？」老婦人回答說：「兩隻鴨子是社會主義，三隻、五隻就是資本主義。」（笑）你看這有多麼荒唐。社會主義搞了幾十年，竟沒有搞清楚什麼是社會主義。再比如我們是搞教育的，有些人當了一輩子老師，當了幾年校長，竟然從來沒有認認真真去思考過這樣的一個問題：「什麼

是教育？」我們每個人腦子裡都有對教育的認識，問題在於這種認識正確不正確。對教育的不正確認識，就可能導致摧殘人才。所以對於概念的理解是很重要的。我認為對於一些概念的理解，我們一生都要理解下去。為什麼？因為，首先概念是發展的，第二是因為對於事物的認識是從局部開始的，是從局部到整體的過程。

■ 三、怎樣讀好自己這本書

第一，要豐富自己的「歷」。人生經歷是由人在生活過程中所親歷的事件積累的感受構成的，親歷性和感受性是人生經歷的基本特徵。閱歷首先要有「歷」可閱，如果一個人要是沒有經歷，那就無「歷」可閱。所謂「讀萬卷書，行萬里路，識萬種人」，說的就是要豐富自己的「歷」。比如你今天來聽講座，你就比別人多了一份「歷」；再比如你參加學校的社團，這也是一種「歷」；還有你騎自行車參加某項活動，到農村，到邊疆，也是一種「歷」。人的一生就是由一個階段一個階段組成的。到我這個年齡回頭看，人生就是幾個階段組成的。因此，要豐富自己的「歷」，因為如果沒有「歷」，你就不可能去閱。

第二，要「閱」自己的「歷」。不少人是「歷」而不「閱」。因為體驗的過程是對事物進行感受、理解並產生聯想的過程。領悟的形成要以對事物的深入理解和豐富聯想作為前提和準備。首先在感受當中學會感動。我去年到湖南參加影片《鄭培民》的大學生首發式，回來以後在校報上發表了一篇文章《在感動中淨化自己的心靈》——人是需要感動的，在不斷的感動中才能淨化自己的靈魂。再一個是理解。要產生聯想，要給自己留有思考的時間。「讀別人」是必要的，

但更要留出時間來「讀自己」。

第三，「讀自己」的目的是完善自我，回報他人。在「讀自己」這本書時，「有的人讀出了勇敢拼搏的快樂，有的人讀出了躍上浪顛那一瞬的愉悅，有的人讀得又苦又累，有的人讀著讀著就被吞沒了」。這就要看我們怎麼讀。要讀出快樂，讀出愉悅，不要讀得又苦又累。讀的目的是完善自我，回報他人。這要求我們要有積極進取、樂觀豁達的心態。我們經常聽到悲觀者和樂觀者對於薔薇的評價：悲觀者說「薔薇上面有刺」，樂觀者說「刺裡有薔薇」。同樣的事情在不同人的眼裡有不同的看法和評價。「讀自己」還要有自我反省的精神。人文精神的核心是反省精神，一個沒有反省精神的人，不是一個高素質的人。我們不光要看到自己的真誠、善良、美麗、睿智的一面，也要讀到自己的貪婪、愚昧、虛偽、驕蠻的一面。有反省精神的人，才能不斷地完善自己，才能更好地「讀」懂別人，回報社會。

第四，要提高「歷商」。原來我們提到智商、情商，現在我們還加上一個「歷商」。關於「歷商」，這是一個新概念，是我的一個研究生從網上找到給我的，現在我來和大家分享。同樣的經歷，不同「歷商」的人會讀出不同的東西。我原來曾經發過一篇文章，文章中提到改革發展要有大視野、大智慧、大手筆。不僅視野很開闊，還要有智慧。所以學習要有底蘊，要有底氣，要有參照，要有正確的思想方法，要講究人生的藝術。你光有「歷」，可是你沒有智慧的話，你就學不好很多的東西，你就不可能讀懂自己。日本的佐藤一齋有這樣的話：「少而學，則壯年有為；壯而學，則老而不衰；老而學，則死而不朽。」我現在是「老而學」。（笑）有一段時間在辦公室學習，突然領悟到：有很多事情別人可以幫你去做，讓學生去做，讓秘書去

做，可是惟有「學習」這一件事情是任何人也不能替你去做的。

　　最後，我以弗洛姆的一句話結束我今天的發言：「我捧出自身，我融入他人，由此我找到自己，發現自己。」（熱烈鼓掌）

　　謝謝大家！

二○○五年在華中科技大學的演講

張俊超根據錄音整理

我的父親嚴濟慈

嚴陸光　中國科學院院士、烏克蘭科學院外籍院士

　　西方自然科學進入中國之後，中國的知識分子按照現在的演算法應該是到了第三代，我父親這一代是二十世紀初期的一代。他們在中國科技發展過程中的主要作用是把科學技術引入中國，讓自然科學技術在中國的土地上生根。第二代應該就是我們這一代，是二十世紀下半葉的一代人，他們最重要的貢獻就是綜合各方面的需要，努力把我國的科學技術水準提高起來。但是這一代人，屬於跟蹤趕超的一代。跟著世界的發展走，但是我們走在後面，所以我們是屬於努力縮小差距的一代。在二十一世紀初，也就是你們這一代知識分子，和上面兩代人就有很大的不同。現在中央已經很明確地提出來了，你們這一代應該是創新的一代。你們不能只是單純地像我們這一代人那樣，學習、模仿，然後讓科技發揮作用，這是不夠的。你們必須成為創新的一代，也就是你們要做前人沒有做過的事，走前人沒有走出過的路。等你們到了我們這個年歲的時候，估計要到二○五○年左右，你們可以驕傲地說，經過你們這一代人的努力，從科學技術上講，我們已經不是跟著外國人走了，而是要讓世界跟著我們走，這就是成功了。但在現在，一代代人面臨的要求、環境都不一樣，所以有很多的區別。但總有一些好的東西要繼承發揚下去。今天我想著重和同學們談談，我父親這一代人有什麼東西是我們要著重繼承發揚的。

我的父親生於一九〇〇年，一九九六年去世，活了九十六歲，走過了整個二十世紀。大概在二〇〇〇年的時候，當時中央決定在人民大會堂開一次紀念我父親一百歲誕辰的大會，於是要求我們幾個兄弟寫一篇文章來紀念他。我們一共五個兄弟，我是最小的。我們商量半天該怎麼寫，後來決定從實際出發，避免泛泛而談。後來寫成一篇文章，大概的題目就是《繼承和發揚父親做學問、做事、做人的優良品德》。這篇文章很多報紙刊登了，有的是全文、有的是摘要。我今天講的就是報紙上刊登的主要內容。在大部分的報紙上用的是我們的題目，但是在《科學時報》上刊登的時候，改標題為《學習和發揚父親做人、做事、做學問的優良品德》。大概是因為做人是立身之本，做學問是做事的一部分，做事又是做人的一部分。當時我在寧波大學兼任校長，想到不論學生學什麼專業，在大學這幾年都必須學會做人、做事、做學問。我今天演講的思路，仍然按當時文章的行文先講做學問、再講做事，最後講做人。

　　首先，我先簡要介紹一下我的父親。我父親是一九〇〇年出生於浙江東陽下湖嚴村的一個比較貧困的農戶家庭。他在浙江東陽一直生活到成年，在那裡念完了小學、中學。一九一八年他有幸考入了南京高等師範，學習數理學科，一九二三年畢業。大概就在這一階段，南京高等師範更名為東南大學，他是東南大學的第一屆畢業生。之後，他又受到資助去法國做研究。在法國從一九二三年到一九二七年四年左右，他獲得法國國家博士學位和物理學博士學位，成為中國二十世紀初在西方受教育獲得學位認證的一代知識分子之一。

　　父親回國後在四所大學教授了一年多的數學、物理。當時中國的研究環境不好，他想要自然科學在中國生根，於是又在一九二九年，

回到了法國，用現代的話講就是做博士後。二十年代基本上就是以在國外做研究為主。一九三〇年，他決定回國，參加北平研究院的籌建，當時他被任命為北平研究院物理研究所所長，同時兼任北平研究院在上海的鐳學研究所所長，任期為二十年。一九四九年後，他的主要工作就轉移為參加中國科學院的組建和發展，負責的主要是技術科學。一九四九年到一九五一年，他擔任應用物理研究所所長一職，同時兼任辦公廳主任。一九五二年到一九五四年，他擔任中國科學院東北分院的院長。那個時候的技術科學所大部分在東北起步，因為東北科技條件比較好。他在任期間組織了瀋陽金屬所、長春光機所、大連物理化學所等。一九七八年到一九八一年，在打倒「四人幫」之後，他當過一段時間的中國科學院副院長。一九八三年到一九九三年，他當過兩屆全國人大副委員長。一九五八年，他參加中國科技大學的組建，當了二十年的副校長，後來當過一屆的校長。他不是簡單地當校長，從一九五八年到一九六四年，他親自給中國科技大學的學生講物理課。

到一九五八年父親將近六十歲，他感覺到在科研一線工作、做組織領導工作都有些吃力了，所以他的主要任務就是培養下一代的青年，於是下決心親自到中國科技大學去講物理課。他中心意思就是想讓中國的科技發展能夠後繼有人。他是浙江東陽人，所以講的是一口東陽官話，非常難懂，但他還是非常努力讓大家聽明白。從一九五八年到一九六四年，他堅持講普通物理學，這就是他講學的情況。在一九七八年以後，他擔任了中國科技大學的第一任校長，同時創辦了中國科技大學的第一個研究生院。從此他的主要工作就放在教育、培養下一代上，最關心的是如何把中國的下一代人培養好。

打倒「四人幫」後，父親辦了兩件非常有意義的事：第一件就是選拔中國的優秀學生送到美國去培養深造，讓美國資助他們讀博士；第二件就是他在中國科學技術大學辦了少年班，當時有十三四歲學生就上了大學，不到二十歲就畢業的情況。這是在中國教育中一件非常有爭議性的事情，他認為好的科技人才成長應該及早發現，發現之後應該給他們一些特殊的照顧條件，讓他們能夠成長好。一九九六年，他去世以後，我們在北京的家裡設了靈堂。有一天突然來了幾十位中國科學技術大學畢業的學生，這一批學生都是五六十歲的人了，來悼念的時候他們帶來了一幅挽聯：「浩浩渡重洋，拳拳赴國難，一代哲人，學海高聳照前路；孜孜求物理，滔滔泄杏壇，三千弟子，悲風肅立悼恩師。」中國的科學技術和人才要發展，需要一代代的傳承，這非常重要。現在中國科學技術大學還有他的塑像。

　　下面我就分開講，做學問、做事、做人應該繼承和發揚些什麼東西。我主要想通過事例來講。

　　首先，我想講做學問。主要有幾個事情：第一，怎樣做學問；第二，怎樣創新；第三，怎樣捍衛科學。我父親經常和我們講，他們那一代人是要搞科學的，在中國發展自然科學，主要任務就是探索未知、發展科學。他很小的時候念過私塾，知道中國教育的弊端和不足。在二十幾歲，他們的任務就是讓科學在中國的土地上生根。我們今天的自然科學已經在中國生根了，你們年輕同學已不是下決心讓自然科學在中國生根了，而是要下決心將中國的科技推向創新之路，將來讓世界跟著我們走。我父親在一九二三年到一九三〇年讀博士和做博士後期間，他的學術成就是一共發表了五十三篇論文。這五十三篇論文，大概有四十多篇發表在法國的雜誌上，十多篇發表在英國的雜

誌上。當時發表文章和現在不同，科技文章必須有創新，必須有成果。他經過認真實驗後，在國際雜誌上發表了許多文章。當時的中國沒有專門的物理學雜誌，正因為他有這樣一些著作，所以在國際國內的物理學界都獲得了較高的名望。

　　我父親提倡做學問要有兩條：第一，做學問要有決心；第二，下了決心要專心致志地去幹。作為科技工作者，要專心致志，刻苦鑽研，甚至要有所犧牲。他經常引用莫泊桑的話，一個人要為學術犧牲，便沒有權利像普通人那樣生活。他回國後，接受胡適的邀請，在飯局上胡適對他說：「你不容易，在巴黎那樣的花花世界裡，還能做學問。」我父親回答說：「胡先生，在巴黎這樣的鬧市裡還能做學問的人，才能真正成為科學家。」二十世紀六〇年代初期，我們的政治活動很多，後來推出一個決定要保證六分之五的時間，就是一週五天要保證是在做自己的科研工作。這件事讓我們非常高興，後來講給我父親聽，他卻是另外的態度。他說搞科研的人，隨時隨地在任何情況下，都要想你的問題，解決你的問題，不能分時間，這樣才有可能在科技上有成就。阿基米德有個浮力定律，他就說這是阿基米德在澡盆裡洗澡時發現的。這是他的基本想法，就是要下決心、要堅持不懈。在科技上要有創新成就，就大大需要這樣的精神。八〇年代中期，他回老家，浙江大學希望他能題字，當時浙大的校訓是「求是」，他認為對年青人只要求「求是」恐怕不行，於是他寫了十二個字：「敢於好高騖遠，善於實事求是。」青年人首先要有志氣，在有志氣基礎上實踐必須實事求是地幹。一九九三年，我請他來參加研究所的三十周年慶祝會。他也題了這十二個字，在會上他說，他是一九二三年畢業的，七〇年科學技術工作的基本經驗就是這兩句話。現在要做學問，

這兩句話是很重要的。他當物理研究所的所長快二十年，一直用這種精神來培養人，所以也培養出了一些優秀的人才。他本人是中央研究院的院士，包括他在內的，在他的物理研究所工作的大概有八個院士，他基本上培養出了一代人。這些人須要下決心，須要踏踏實實幹事。

　　第二件事，他在當校長後，將主要精力放在辦學上，討論最中心的問題是科研要搞創新，科研要達到一流水準。他寫過一篇文章叫做《談談讀書、教學和科學研究》，發表在《紅旗雜誌》的第一期，他做了一個很好的定義。什麼叫創新？他認為：首先要解決的問題，是未知領域存在的難題，這是前提；其次，你研究的結果，是別人沒有的；只是別人沒有的還不行，還要將結果發表告訴別人，還要受到他人的驗證。這才是創新的、科學的。只有結果被科學界的大部分人逐漸接受、理解後，才是對的、實現創新的。這需要時間，還要耐心地等待。現在大家都在講創新，有些確實有創新，有些只是吹噓。

　　第三件事情，就是要捍衛科學。在科學發展中，搞科學技術的人終究是一小部分。在對社會問題的理解方面，許多常常並不一定是科學的。捍衛科學是科學發展很重要的一個方面，是科學家的天職。我的父親是在農村長大的，是一個很寡言的人。但當他遇到一些違反科學的事情時，他是很激動的、必須反駁的。大概在二十世紀六〇年代初，有一天他回家很生氣，說剛從一個高層的科技界領導會議上下來，中國某個地方推翻了法拉第的電磁定律。當時的風氣是鼓吹藐視權威，我父親在會上很嚴厲地抨擊這件事情，要求把推翻的結果拿來，驗證這個結果是不是正確的。到現在四十多年了，這個事情就沒有人再提，本來就是悖論。大概在八〇年代中期，突然間有個同志來

看我父親，請他去參加特異功能的演示會。他當場就拒絕了，我們還勸他委婉些，他堅定立場不去參加。他說，科學田地裡，常常會發現一些前人認為不可能的事，這是可能的，但是有一個條件，發現的人一定要把自己的辦法和結果告訴別人，別人按你的辦法去做，要得到相同的結果。特異功能就是我這個人有特別之處，但是別人不會，也是不可能的，再說從來不告訴別人是怎麼回事，這就是騙人的。我父親是很溫和的人，有一次吃飯時，有個年輕的同志在飯桌上講特異功能，他聽了一會，問這個年輕人是幹什麼的，年輕人說自己是某某學校的副校長，他當場回答一句話，我看你這個校長應該馬上撤下來。我想科技界需要這樣的態度，懂得科學的人在中國並不多，知道的人還不去捍衛，科學是很難發展的。我父親老了之後，參加活動不太多，但是他還是儘量出席。他有天閱讀《參考資料》上的一個消息，外國人想把核廢料埋到中國來。他看了這個消息後，非常激動。當天晚上親自寫信給鄧小平，抵制這個事情。後來有個領導專門來向他解釋，說我們有各種各樣的措施，這個核廢料埋到中國也是有安全保障的，也是有些好處的。我父親回答，他是中國鐳學研究所的所長，鐳學是研究放射性的，他知道放射性對人類的健康有多大的危害，這個是堅決不能幹的。這些人說是把核廢料埋到中國不會有害，那為什麼不埋到他們自己國家呢？我們不能用子孫萬代的利益去換取區區外匯。這些是他的原話。我想一個科學家應該很好地從事、發展科學，同時也必須堅決地捍衛科學。

最後，我想談談科技人員應該追求什麼成果。八〇年代的時候，我父親當時是科學院主席。突然有一天，一位很有名的院士來看他，這位院士說到自己的一項科技成果在世界上都有一定的關注度，他認

為應該能得特等或一等獎。他報到中國自然科學獎去了，最後只得了二等獎。他希望我父親能為他說兩句話，我父親說，我們這些人最好去評別人，而別把自己放在被評的位置上。那位同志一聽父親不會為他講話，也就走了。我問父親，你看他的成果究竟是大還是不大。他回答，成果的大小，本身不是評出來的，要靠科學實驗的檢驗。如果以後能運用到科學實驗中，那就是很大的；如果只是評了一個獎，對不對並不知道，用不用也沒人注意，那有什麼意思。科學家要致力於努力做出成果，但不要太執著於要那個獎項。科學成果在人類前進過程中確實能夠發揮應有的作用，這才是重要的。

我父親很重視做事。因為搞科學技術本身不是目的，把科學技術搞好了之後能夠對人民做出有益的事情，為國家、人民謀福利，這才是非常重要的。所以他覺得搞好科技有知識後，應該用自己的知識為國家和人民多做事情。大概從四○年代抗戰後，那個時候他還是所長，他沒有錢買不了設備，就不能做前沿的研究了。從四○年代開始，他就開始用自己的知識、技術做一些為國家和人民能做的事情。只要是需要他去做，也是他認為用自己的能力、技術可以做出成果的事情，他都會積極去做。這種思想覺悟很重要。科學家發展科學不是目的，最終還是要用科學技術為國家富強、人民幸福作出貢獻。大概是一九五九年，我從莫斯科畢業回國，回國後我在電工研究所搞科研。有一天我和父親聊天，我問父親知識和學問有什麼不同，他說，知識是人對事物的認識，知識是無止境的，當學生的時候主要任務是獲取知識；但是現在工作後，要把知識變成學問，學問是用知識解決實際問題的能力，所以工作後就不要想著整天學這個東西，要能夠用自己的知識去解決問題。一個人總是有階段任務的，做到這一點非常

重要。從這一點出發，我就講講父親後幾十年的情況。

我父親那一代人在抗戰後，基本上沒有前沿的科研條件，他們都是在做需要他做而他又能努力去做的事。四十歲後，他已經不太在科研一線了，但他還有一支隊伍，他就把這些人才組織起來，在所裡建成了一個小的光學儀器製造工廠。雖然他沒有到抗戰一線打仗，但是他用自己的知識為中國的抗戰做了些事。這個事情在抗戰勝利後，還獲得國民黨政府頒發的勳章。在抗戰勝利後，他把研究所搬回北平。他很想做前沿的物理研究工作，但是沒有這個條件，他下決心寫教科書，《普通物理學》、《高中物理學》、《初中物理學》、《初中理化課本》。到現在比我們稍微老一點的前輩，見到我們是嚴濟慈的兒子，常常會說，他們中學或大學時代念的是嚴濟慈的物理。沒有條件他也是要做有益於人民的事情。

解放後，我父親回來了。組織上又任命他當物理所的所長，他當時才五十歲，一心一意覺得自己可以重新回到實驗室做前沿的研究工作。就在這個時候突然有一天，郭沫若動員他當科學院的辦公廳主任，他聽完後不太高興。他說，我是搞自然科學的，自然科學工作者一旦離開他的實驗室，他就做不了科學研究。離開了實驗室，科學生命就結束了。這個話到今天仍有意義，現在很多年輕有為的同志幾乎沒有時間回到實驗室自己做實驗。郭老很聰明，他想讓我父親當辦公廳主任，就說：慕光，我們這些人工作的結果是要讓更多的人能夠進實驗室搞科學，那不是更好嗎？我父親聽完後也沒辦法，就同意了。

後來，一九五九年國慶十周年時，他寫過一篇文章講中國解放十年間科技的發展，就說大概在剛解放的時候，中國的科學、國家的科學研究機構，只有中央研究院和北平研究院。這兩個研究院大概總共

有幾十個所，每個所有一二十個工作人員，總共不過幾百人。但是，現在科學院搞起來後，科學院的研究人員有兩萬人，他很高興他在兩萬人的成長中做了自己該做的事情。在創辦中國科學技術大學期間，他做了十年的組織工作，這也是非常費勁的。在五〇年代後期，中國科學技術大學辦起來後，他覺得自己的任務就是把中國的下一代培養好，讓中國的科技發展後繼有人。他就到科技大學，從一九五八年到一九六四年，希望將自己的知識通過課堂傳授給本科生。他非常強調教師應該有責任感，他在八〇年代初寫的一篇文章裡，強調現在大學生素質好、肯努力，男的想當愛因斯坦，女的想當居里夫人，都想為國家爭光，為「四化」作貢獻。當老師的應該竭盡全力幫他們成長。如果一個青年考進大學後，因為教學的原因，雄心壯志不是越來越大，而是越來越小，從蓬勃向上變為畏縮不前，那老師就是在誤人子弟，對不起年輕人，對不起國家。這是當老師辦學校應當非常警惕的。

到了「文化革命」期間，很多東西我父親是看不慣的，於是基本上待在家裡，但是他仍然幹了兩件重要的事情。一件就是在這段時間裡面，他把在中國科學技術大學講課的稿子重新核定為兩本書，即《電磁學》、《熱力學第一、第二定律》，這兩本書在一九七八年後很快由高教出版社出版了。他沒有停止做自己覺得可以做的事。我的二哥在一九七一年去世，留下我的兩個侄子，一個九歲，一個六歲。他決定把兩個孩子接到自己身邊，由他親自帶大。在孩子眼裡，這個爺爺就像中國最普通的爺爺。早上幫他們去拿奶，回來做飯，參加家長會。我父親的身體還不錯，還會幹各種家務，他親手養大了孩子。人到暮年，兒子「走」在自己的前頭也是很難受的。一直到一九八一年

打倒「四人幫」之後，他才決定為我的哥哥召開平反大會。我父親親自為哥哥寫了一副輓聯：「審判了林江反革命才有今日，團結起老幼搞四化有念英靈。」他想的仍舊是怎麼把國家搞好。

在父親的晚年，他最關心兩件事，一件是青年，一件是家鄉，這也是人之常情。他總覺得自己能夠做的事是青年需要他做些什麼，他才要去做。科學技術發展，國家的發展是一代傳一代的。一九八一年，他在入黨志願書上寫下這樣一段話：要努力不去做一個自我滿足、閉門幽居、以科學術士自居的人；不讓自己成為以老一輩科技領導者自居的人，要懂得老一輩科技人員與年輕的科技人員聯合的意義和產生巨大的力量；要自願地成為給年輕人打開科學道路，使他們能奪得科學高峰的人。他承認科學的未來隸屬於科學青年人，在之後幾十年不是搞科學研究，而是用知識變成學問去做一些需要他做的事。我們對父親做事，有一個總結：父親不會唱歌跳舞，很少看電影看戲，不愛聊天，幾乎把全部精力集中於做一些有益於人民、造福人類的事情上。雖然他已經走了，但是他做的很多的事情將是永存的。這是我們科技人員應該具備的態度。

關於做人，我想講五點：第一，他是愛國者；第二，他是共產主義者；第三，他尊重人；第四，他堅持實事求是；第五，他有個美滿的家庭。他是自然科學工作者，非常明了發展科學是不分國界的，認為好的科學成果是屬於全人類的。但作為中國人都記得，在相當一段時間裡，中國人是處在受欺負的狀態。科學沒有國界，但是科學家是有祖國的。一九三〇年回國後，一直到一九九六年，他幾乎沒有再出去過。他認為科學家在複雜的環境中，和中國人民同生死、共患難，做一些中國人民需要他做的事情是他該做的事。

首先，他是愛國主義者。最近我找出了一九三六年他回國之際的一份反日的講話，愛國不愛國應該是根本。其次，他也是共產主義者，他是一九八一年申請入黨的，當時他八十歲了。好多人不理解，他說他們這一代人，從年青的時候就有個志氣，他們搞科學的時候中國是在半殖民半封建的情況下，他們想用發展科學來救國。一直到解放，他們感覺好像科學救不了中國。解放後，他感覺到科學要想在中國發揮作用就要有個條件，要和中國共產黨的領導結合起來。在這個情況下，他希望能夠加入中國共產黨。我想這個想法很對，真正想要搞科學的人必須有一個好的環境，這個好的環境要有方方面面的保證。再次，我想講他尊重人的事情。他老年後也會參加一些活動，一般都是堅持到會議結束，好多人勸他不必坐完全程。他說，這是學術會議，我參加活動並不多，我參加這些活動多聽聽別人的看法，學術會議沒有不聽別人發言的道理。我要麼不去，要去就要坐到底。你們必須懂，只有你尊重別人，別人才會尊重你。另外，他也非常尊重老師。他自己有幾個恩師：何魯先生，是數學老師；熊慶來大家更熟悉，是中國很有名的數學家；他的物理學老師胡剛夫是大同大學的創始人；他自己的博士導師法布里是法國人。他到處都講沒有這些老師就沒有他的今天。那個時候，每年春節拜年都要帶我們全家老小一起到老師家去拜年。我要特別說的是熊先生，一九六九年熊先生去世，在數學所被打成反動學術權威。當時我父親在一個小時內到了熊家，我父親看著熊先生去世，在三鞠躬起身後，忍不住落淚。當時我父親已經是七十歲，這個熊先生是他四十多年的老師。這種對老師的感恩心情是真誠的，中國的知識界要發展，這個尊師的傳統是十分重要的。

　　接下來，我要講實事求是。這是科學家本真的表現，一個科學家

任何情況下都要實事求是。要講該講的話，講自己覺得是對的話。一九七九年左右，我父親是科學院的副院長，中央決定要開大會，慶祝五四運動六十周年，需要一個科技界代表去發言，讓秘書處為我父親擬稿。當時五四運動發生在北京，他在南京念書，他知道五四運動，也參加過，但他不是積極分子。五四運動最中心的口號是「德」先生、「賽」先生，他對於五四運動的科學和今天的科學理解是不一樣的。所以他拒絕用這份稿子出席這個大會。我們通常碰到一些有威望的領導，也表達對我父親的尊重，常常會說，嚴老，我是你的學生。這樣說有些時候是一些客套話。我父親卻會回答說，我怎麼不記得你。他說，學生必須是我教過的才是學生，這是一種實事求是的精神。

最後，我要講的是我父親有一個幸福的家庭。我的媽媽張宗英，生於一九〇一年。他們在東南大學相識，是東南大學第一名女學生，進校之後，想找個學生為她補習一下功課，就遇到我父親。一九二三年，他們在國內訂婚，然後我父親出國了。在國外從一九二三年到一九二七年，他們的通信一直保存了下來，直到我父親去世，我們還找到了一本他們的原稿信件，後來還出版了，書名為《法蘭西情書》。後來我母親生了八個孩子，養活了五個。我是第六個，我的三哥在一歲的時候去世了，我的大哥是一九二八年生的，我自己是一九三五年生的。這七年間生了六個孩子。這個家庭是二〇年代初經自由戀愛建立的，後來也還算一個美滿的家庭。周谷成先生到我們家，給我們家寫了一首小詩：「學府東南有女生，首開風氣自由婚。於今伉儷雙高壽，當日青年正好齡。五子登科開學運，一家小院有科名。家庭幸福斯為美，不愧先驅作典型。」有一個好的家庭對一個人

的工作非常重要，我母親於一九八三年去世，我父親於一九九六年去世，中間有十二年。我母親去世後，根據我父親的意見裝了兩個骨灰盒。一個留在八寶山的靈堂裡，一個留在家裡。我父親留了一間屋子布置成了靈堂，將母親的骨灰盒放在裡面。這個十二年中間，我父親搬了兩次家，每次搬家都安排好我母親的靈堂。當時我父親有警衛、秘書，他們說只要我父親在北京，他每天早上起來第一件事就是在我母親的遺像前三鞠躬，堅持了十二年，直到他人生最後。最後他們的骨灰盒一對葬在東陽老家，一對葬在八寶山。我想這也是做人很重要的東西，希望大家都致力於有個好的家庭。

二〇〇六年在華中科技大學的演講
陳晨晨根據錄音整理

談天、說地、做人

李培根　中國工程院院士、華中科技大學校長

　　我的題目是《談天、說地、做人》。事實上也就是和大家聊聊天，所以大家不要以為是什麼人文講座。就這三個方面，首先就說論道，實際上這個論道，就是天之道，地之道，人之道。

　　我首先從人談起。對於我們人來講，大家體會一下三要素：首先是生存，最基本的，生存當然是生存於天地間；其次是要發展，我們基本上是不愁生存的，主要考慮自己的發展，發展也只是存在於天地間；那麼除了發展，當你有了一定的發展的時候，這個時候你會想到什麼？最後是你自己的價值，價值的體現。價值是使人和動物很不一樣的東西。這個價值體現當然是在人世間，所以你看這就是天地人世。所以我今天就談天、說地、做人。

　　孔老夫子講：君子謀道不謀食，君子憂道不憂貧。幾千年前我們的老祖宗就說出這麼精闢的話。在這裡，我們不妨說一下博士，在座的不乏研究生，但更主要的是本科生。可能大家都嚮往博士，你們是否知道在西方，博士叫做Philosophy Doctor，什麼意思呢？哲學博士。我自己拿的博士學位就叫哲學博士，我是機械系的博士，但不是工學博士。大家也許會感到很奇怪，怎麼你工科的人拿的是哲學博士？基本上工科理科都叫哲學博士，這是什麼含義？大家理解沒？這個Philosophy它是一個很抽象的詞，事實上它是說你不僅僅是掌握技

能，你應該在一定的程度上去昇華你的知識。我認為從一定的意義上這是叫「昇華為道」，所以我首先就和大家論道。當然事實上這很難做得到。但是我們的理想就是，一個學者通天地之道是為學之道，你必須有成事之道，還有做人之道。我們講「君子不器」就是說不要把自己定位在什麼水準，這個「不器」是說不要像工具這樣我們學很多技能，如果你只是把自己停留在一個工具的水準上，那你就好比是一個工具。所以這裡面講天下之事不可為也，因其自然而推之，萬物之變不可救也，秉其要而歸之。當你深究到一定程度，主要的不是在細節上，而是在它這個要理上，可以講它的道是什麼。

可能很多同學比較熟悉老子《道德經》裡談的道「道可道，非常道」。這個道，獨立而不改，周行而不殆，可以為天下模。「道之為物，惟恍惟惚」這句話，你們想一想現代物理學，我們談宇宙的誕生，談大爆炸，大爆炸之前的那個狀態是什麼，而這句話讓我感覺有點像寫大爆炸之前的那個狀態。我絕不是講咱們中國人幾千年前就知道現代物理學，不能這樣去理解。這個又是錯誤的，是一種盲目的自大。他是用一種樸素的思想悟出道，這也是《道德經》裡的「天得一以清，地得一以寧」，這個「一」實際上是講什麼呢？是在談「和諧」。這都是關於道的一些內容。天地合一，天人合一，人地合一。這個意思是什麼？就是道。這個道是表現在方方面面，無所不在的。我們不要以為這個道就是宇宙什麼的，很多很多的事物都有它的道。當然這有大道小道之分，比如我們講藝術也有它的道。你看「夫無形者，物之大祖也；無音者，聲之大宗也」這句話什麼意思？我們聯想一下現代藝術。我們現在有很多抽象派、印象派的繪畫。我不懂美術，早期我認為這個現代藝術似乎墮落。人們不是說嘛，猴子用屁股

沾點墨水往布上一畫，就是一幅很好的畫。我們看很多抽象派、印象派的繪畫啊，看不懂這個畫是什麼。無形，它沒有形。不像以前我們這個工筆畫，畫的人物很像。它不知道是什麼，你問是什麼，什麼都不是。無形者物之大祖也，那麼無音者有沒有這種情況？你去欣賞音樂的時候，有時候音樂會有一些停頓，這個停頓沒有聲音啊。我不知道從這裡頭能不能體會出「無音者，聲之大宗也」。我想大家可以去悟。我們做學問也有很多道。講道做學問有時候是求道於書，譬如有關哲學的書。你翻一翻黑格爾的一些著作，翻一翻馬克思的一些著作，他們有一些哲學書蘊含的知識很多，非常深刻。讀這種書的時候，你要善於把書變厚。就是說你要在書中闡述的內容中去發揮，去體會，去悟，這是把書變厚。然而我們讀有些書的時候，如現在很多關於技術的書籍，我把它稱為「術」，你要善於把它變薄。這是竅門。我舉一個例子，我是學機械的，我們機械學院有一位老教師，他說學機械學了很多，做學生的時候還沒有悟出道。做了幾十年老師以後他慢慢地悟出了一個道。那個機床，無非是什麼，你要走直線的時候怎麼走得直，你要轉圈的時候怎麼轉得圓，這就是道。他這個話我認為是很精闢的，因為我們很多搞機床設計的人實際上不由自主地忘了這個。其實，你看實際上很簡單，但是你在行事的時候卻很難。畢竟有的人沒有把它最本質的東西總結出來。所以我們在念技術書籍的時候，技術的要點很多很多，但是你要善於把它最核心、最關鍵的東西把握住。你要把這本書變薄。還有我們講泛讀和精讀，同學們一進大學學高等數學，這些東西你們要儘量地學，要精讀。但是到以後做研究的時候，就需要泛讀，你可以半個小時讀一本書。很多時候我們就是需要泛讀，花半個小時，翻一翻這本書，讀書先讀目錄，你看一

看這個目錄大致是什麼，有沒有我現在想要的知識，有沒有我將來可能用到的知識，即使今天我不用，我看一看它是要解決什麼問題，在哪些領域可能會用到它。你先就獲取一個BASIC IDEA，這你不需要了解很多，只是有這麼一個印象讓它存儲在腦海裡。可能過幾天或是幾年之後你發現，某個東西好像涉及我以前看過的一個東西，需要那一方面的知識，那個時候你再去精讀。還是講為學之道。

大家可以體會體會這句話：「聖人之學也，欲以返性於初，而游心於虛也。達人之學也，欲以通性於遼廓，而覺於寂寞也。」我很難去解釋它是什麼意思，我相信諸位的中文水準應該都能看得懂這個意思。游心於虛也，覺於寂寞也。大家可以去體會。《道德經》裡面還講「為學日益，為道日損。損之又損，以至於無為，無為而無不為」。就是說你學習的是一天比一天多，你悟道的是一天比一天少。少之又少，到什麼？到無為也。到無為的時候就是什麼？就是無為而無不為。我們為學之道要講「三求」：求是，求新，求和。求是求新不用解釋，求和是什麼意思？這個「和」是一個世界的和諧。宇宙事實上是和諧的，當然它可能有一個從混沌到和諧的過程，但是它在這個穩定的時期應該是和諧的，我們物理學裡很多講對稱，對稱是一種美，是一種和諧，我們學習也要悟這種東西。

下面就開始談天。

有時候，尤其是在外面的時候我會仰望一下天空。天氣比較好的時候，看著滿天的繁星，看著浩瀚的天空，真是神秘，深不可測。你想一想宇宙，這個時候你覺得自己算什麼？我是宇宙中的什麼啊？可以講什麼也不是。對於宇宙來講真的什麼也不是。但是你不妨這樣去想一想，你把你的心和這個宇宙交融在一起，這時候，你覺得是你的

心包容了宇宙。此時此刻你會覺得自己很偉大。真的，當你的心與宇宙交融在一起的時候一定很偉大。「一」加上個「一」，再加上個「人」，不就是天嘛。第一個「一」表示天空，第二個「一」表示大地，天加地再加人，就是這個宇宙，或者是「一」加「大」等於天，「一」是道，「大」也是道。《道德經》裡，「一」就是道，「大」就是道、就是天。普通的工人農民他不需要、也很難去了解這些東西，但是作為我們學子而言，應該了解一些關於宇宙的基本的思想。我們可以想一想我前面談的宇宙是怎麼產生的，這是科學家們都熱衷的話題。很多科學家想不明白，這個宇宙在創世的時候是大爆炸，大爆炸後是進入很混沌的狀態，然後又變得和諧。可能以後不知道什麼時候又會進入混沌的時期。我講的這個天，不完全是物理學上的天，這個天在我們中國人心裡也可以是天下。咱們也應該關心天下對不對？我們老祖宗關於天下說得非常多。《道德經》裡說：「取天下常以無事，及其有事，不足以取天下。」大家不要把這個事理解成是有事情，這樣理解就錯了，道家講的是無為的思想。還有「能因，則無敵於天下也」，「能因」是什麼意思啊？就是因循自然，就是符合某種自然的規律。諸位將來可能很少人會成為政治家，沒關係，不是政治家我們也應該關心政治，對不對？「能知天之天者，斯可矣」，尤其是想成為政治家的，你更要學這種東西。什麼是「天知天」？王者以民為天，而民以食為天。我們同學要有一個頂天的概念，這個頂天用在做學問上面是什麼？頂天就是說你的研究是有原創的東西，是國際水準的，叫頂天。立地是什麼意思啊？是你能用，用於實際。做人也要頂天，做人能夠頂天就是說明你真的悟道了。這個天，離我們太高了，還是說一說地，畢竟我們是生活在地上面的。

我有時候，尤其是旅遊登山的時候，會俯視一下群山。當你俯視群山的時候，你可能感到大山寬闊的臂膀，博大的胸懷，你和大山比起來會感到自己非常的渺小。看大海的時候，我也喜歡大海的寬闊無比，會讓人有很多的聯想。你也可以去聽聽大海的驚濤拍岸，甚至有機會的話你還可以看到波瀾壯闊的場面，這個時候你會覺得自己很渺小。但是當你的心真正地和大山大地大海交融在一起的時候，事實上你就包容了大地。這個時候，你也就非常的偉大。你們有機會的時候不妨去體會一下，你們有意識地使自己的心和自然包容在一起，你會減少很多塵世間的煩惱。

　　和諧是宇宙的一個特點，同時對於我們所在的地球來講也是一樣的自然的和諧、社會的和諧是非常重要的。我們生活在這個地球上，生命是一個非常奇特的東西。現在科學家們最難想像的就是宇宙是怎麼產生的，生命是怎樣產生的，這些都是科學家們還不得其解的問題。現在西方社會對進化論還是有疑慮，有些東西還不是很清楚。前年我到美國佛羅里達去，我朋友開車送我到邁阿密去玩，沿路都是一些沼澤地和灌木叢，我就看到一些煙，還有明火，我就問是怎麼回事。他說這是自燃的，不是人工放的。我們不時地還可以看到一些燒焦的樹木。它這個火呢，人們就讓它自己燃燒，不去管它，為什麼呢？實際上就是為了讓它達到一個新的平衡，自然界就是這麼奇怪。就是燒了一遍以後有利於它的生長。所以有時候暫時的混沌是為了達到新的和諧。你就可以從這個事情中悟出這麼一個道理。現在我們的很多科學家希望製造人工生命，也有很多科學家希望探求真理，找到生命的密碼究竟是什麼。我記得我讀中學的時候啊，「文革」時期，我們從報紙上就可以讀到一些批判康德的文章，批判康德的不可知

論。康德認為世界是不可知的，大家也許會覺得很荒唐，我們不是知道很多東西嗎？怎麼會是不可知的呢？當時我們也很認可這個對康德的批判，但事實上我們沒有真正了解康德的不可知論是什麼意思。康德肯定是不可能那麼糊塗地說人是不能認識外界事物的，他怎麼會那麼糊塗呢？對不對？人的認識能力看起來的確是無窮的，連這麼複雜的世界我們都認識了很多以前不可想像的東西，今後還不知道會是什麼樣子，所以看來人的認識能力是無窮的。但是康德認為自在之物是不可知的，他講的自在之物是不可知的，這是哲學上的問題。我不敢講他這個話是不是對的。那麼像一些終極真理，像生命密碼，是不是可以解釋為自在之物？這些東西他認為是不可知的。有人甚至認為世界是變化的，人渴望接近終極真理，但是世界最終是不可知的，當人們接近終極真理的時候，人類可能也就毀滅在那個時候。這是有的人說的，不是我的觀點。

我們說了頂天我們再來說說立地，就是做學問你要考慮到社會的需求，你要了解自然的需求。我寫過一首詩，中間有兩句話叫什麼呢？「巧弄文章非學問，曼舞琴弦有知音」。對於生活在地球上的我們，做事情是很重要的。做事大家要注意以下三個事情。一個是做平凡的事情，很多做大事的人，他們都有在基層做事的經歷。但我們現在很多畢業生，畢業以後不太願意到基層去，好像覺得自己怎麼怎麼的，這是很不應該的，這是很短視的。另外，做事要為別人著想。做事要用心去做。

最後是做人。西方學者說人在很多人之間的時候，會有一個從眾的心態，然後就把自己忘了。包括我們的學生，以前的學生鬧事，鬧學潮。在人很多的時候，好像就失去了自己的理性，這是一種盲目地

從眾的現象，也就是這個時候，他覺得自己很渺小，那就跟著大夥一起。跟我前面說天一樣的，當你把自己的心和社會交融在一起的時候，你也會覺得自己很偉大。

人有三要素：生存，發展，價值。你們肯定要想自己的價值體現是什麼。我發現現在中國社會裡金錢本位的思想太重。我覺得一個大學的人他不應該是金錢本位的，至少能力是更重要的，就是說我們要充分發揮自己的能力來設計自己和社會。你們畢業之後也有一個設計自己的過程，怎麼設計自己就是怎麼發揮我們自己的能力。一進去的時候就想是二千元一個月還是三千元一個月，這是一種非常短視的行為。不是說人的價值和錢一點關係都沒有，錢在一定程度上也體現了人的價值。但我們不要在進入社會的早期階段就用金錢來衡量自己。做人要講仁義，孔孟之道是非常講究的。我想做人有三信是非常重要的，就是信仰、誠信和自信。在西方社會，他們覺得人要是沒有信仰是不可思議的。有些信徒認為人是要有宗教信仰的，但是在我們這個社會我是不能夠認同他們的。我說我有信仰但是我沒有宗教信仰。我覺得人要有信仰，但是不一定要有宗教信仰。什麼都不相信，那麼這個社會會變得不可想像。你可以不信仰宗教，但是我們在宇宙、國家、社會中還是有很多值得你信仰的。天地之道、做人之道也可以是廣義的信仰的內容。所以我希望我們的同學們能有信仰，你信仰馬克思主義、毛澤東思想、鄧小平理論、三個代表，這都是信仰。再一個就是誠信，這個對我們社會和個人都非常重要，現在我們有很多有識之士都意識到社會的的確確存在誠信缺失的問題。我們不是講可持續發展和科學發展觀嗎？我很認同這個，但是我認為今後影響我們可持續發展的可能就是誠信缺失這個問題，這是中國社會的一個非常大的

問題。我想我們今天之所以存在這種誠信缺失的問題可能跟改革開放後我們破掉了一些東西但是新的東西沒有立起來有關，所以在社會發展中出現了功利主義的現象。我想你們這一代人今後是要改變這種現象的，這個重任要落在你們肩上。我們每一個人都要建立自己的誠信，人與人之間的交往都要有誠信，將來做事業都要有誠信。再就是自信，我們同學當中有些人確實是不夠自信。李開復是你們年輕人的偶像，他也有過一些不太好的經歷。在美國的時候，剛開始他覺得自己不行，但是後來人家啟發他說實際上你有能夠做好的時候，他發現自己真的是那樣。你覺得自己有某種潛能的時候，你會做到最好，對不對？這個時候你的潛能可以超強地發揮出來。但是如果你一開始就覺得自己不行，那你還談什麼潛能呢？因為你連表面的能力都發揮不出來，何談潛力！實事求是地講，我們每個人的能力不可能都一樣，有大有小，但是只要把你的潛能發揮出來，你就可以幹很多了不起的事情。我說一下人際技能。我在西方的時候我感覺到他們的人際技能和我們東方的不一樣，我的看法是東西方的平均的人際距離是相等的，但東西方社會現在的確有一些不一樣，或者說咱們跟西方發達國家比還有明顯的不同。不同在什麼地方呢？就是說西方社會親朋好友之間的人際距離比我們中國社會親朋好友之間的人際距離要遠。但是它的社會人之間的平均距離比我們中國人要近。哪個更好呢？大家可以思考思考。我們的社會，親朋好友之間可以很近可以不要原則。一遇到什麼事情就找親朋好友，通過某種關係弄一下。這個在中國是很平常的事情了。這說明什麼啊？說明我們中國人親朋好友之間的距離太近，近得就連一些原則也可以不要。而美國它是不能這樣的，雷根當總統的時候，他的兒子失業了，他自己去領救濟金。這在我們中國

是不可想像的。我們的社會，陌生人之間的人際距離遠，不是說有一個小孩掉進水裡，很多人圍觀的事情嗎？我們的人際距離遠到如此地步，這是一種很不文明的行為。我們是社會主義國家，我們稱革命同志、兄弟啊，按道理說我們的關係應該更近。這不是我們社會主義的錯，而是我前面講的我們在過渡時期有些東西破了，但是有些東西還沒有立起來。大家工作以後會體會到這個人際關係很重要。卡耐基研究所研究過，個人獲得成功大概百分之八十五基於個性，而百分之十五基於技術。現在你們在大學裡學的主要是技術，是專業性的東西，我們主要不是訓練你的個性，但是情商真的很重要。我們的人際關係要有朋友，大家不要小看這個。舉一個例子，有一個倫敦的作家，他有一幫底層的朋友，正是因為他把底層人了解得很透，所以他寫出了偉大的作品。成名之後，有一個他原來的社會底層的朋友去找他，他就不太搭理他。他這個朋友覺得沒趣就走了。這個沒搭理，使得他從此以後就再也沒有寫出和當初一樣好的作品了。我再講一個連鎖店的故事。維克多的連鎖店還不是很大的時候，有個墨西哥人因為落魄就找到維克多，向他乞討，維克多就給他並且成了朋友。許久之後，維克多想到墨西哥去開連鎖店，他想到了他這個朋友，當時他的這個朋友已經發跡了，結果在他這個朋友的幫助下，連鎖店發展得非常好，這就是朋友的重要性。我們現在在學校裡做研究，找課題還不是要朋友。西方大學很注重學生團隊協同能力的培養。荀子說得好，他說人力不若牛，走不若馬，而牛馬為用，何也？這意思是什麼呢？人的力氣不如牛，走起路來不如馬，而牛馬卻被人所用，什麼原因呢？他說人群而彼不能群也。就是牛馬不能協同，講得很精闢。不要以為我的公關能力很強，我是一個不大善於公關的人，但是我為什麼

在跟企業的人談事情的時候談得很好，一個很簡單的道理就是我能夠站在他的立場上去考慮問題。我們很多教授跟別人談的時候，總是說你給我多少課題，盡可能多要一點錢，他就沒有多想一想我做的這個事情對你企業來講到底有沒有風險，風險在什麼地方。我會告訴這個企業的老闆，這個風險在什麼地方，企業的老闆一聽，這個人跟別的人不一樣嘛，他完全在替我著想，這樣的人完全值得信賴。所以溝通非常的重要，但是你要說什麼拉關係套近乎那種本事我沒有。我之前想開一個會討論開一門溝通交流藝術課，好像我們現在已經有了，我非常高興。我希望同學都去聽一聽這門課。我在康斯威辛的時候，就看到他們開了一門課叫Contact Arts，就是溝通藝術。你去美國面試的時候總是有一項自我介紹，就是給你十五分鐘的時間讓你說說自己的情況，這就需要溝通。另外溝通還需要自信。溝通非常重要，包括你們走上工作崗位的時候。比如說同樣兩個人去面試，一個成績非常好，另一個成績很一般，甚至有點差，但是他講得非常好，老闆一聽對他的印象就不一樣，一下子這個差距就拉開了。所以大家不要小看這個事情。再一個，做人性情很重要，就是要善於接受挑戰。如果貝多芬的耳朵不聾的話，他不一定能成為一個偉大的音樂家。當然這個話不能反過來講，不能說只有聾的人才能成為音樂家。講的這個意思是什麼啊？貝多芬最偉大的地方就是他能夠接受這個挑戰，這是他最了不起的地方。有些人就是永遠都充滿勇往直前的精神。在性情方面，我想給大家提一點意見。就是做人要有志向，西方的ambition就是說要有抱負，是一個褒義的詞，就是人要有ambition。當然這個詞也有野心的意思，是個貶義詞。我認為做事情要有志向，但是名利上不要設目標。就是你不要去想我就是要做個什麼家，我就是要去做個

什麼老闆。過於在名利上設計自己，會使你有一些扭曲。尤其是當這個名利達不到你預期的目標的時候，你就可能採取一些超常的手段。超常的手段有些時候是什麼啊？甚至有可能是卑鄙的。我們有些人本來是很有能力的，但是到最後你會發現他走到了另外的極端，什麼道理？實際上就是過於看重名利。過於看重名利就會造成扭曲。你做事情，儘量做好，萬一做不到原來的那個要求，也沒事。所以做事情我主張要有計劃，但是不要過於去設計自己。年輕人還要有冒險精神。西方人在探索自然方面的冒險，是的確令我們佩服的。另外，事業上也要敢於冒險。很多人事業上之所以成功，就是敢於冒險。我不敢說所有的人冒險都能成功，但是，很多成功的人都是有過冒險的。我講的就是business這方面的事情。幹企業你沒有一點冒險精神，根本就不行。

　　一九九六年的時候，我本來是想下海，到深圳一家工廠裡去投靠一個老闆，他是中學畢業，生產伽馬刀，就是用來治療腫瘤的伽馬刀，當時就只有瑞士跟中國生產伽馬刀。最開始生產是在瑞士，我這個老闆只是個初中畢業生，剛開始他是在醫院裡搞設備維修的一個工人，他琢磨琢磨，後來就利用自己賺的一些錢來創業。我敢說我們很多對伽馬刀了解得再清楚不過的教授都不敢去搞伽馬刀，而他一個初中畢業生卻敢搞一個生產伽馬刀的企業。這是有風險的，需要投資的東西。一旦失敗你就幾十萬幾十萬全扔進去了，那個時候幾十萬還不是一個小的數目。我就是被他的這個精神深深地感動。我當時剛剛當上機械學院的院長、教授、博士生導師，這些東西我統統都可以不要，就去投靠一個初中生。他有魅力，有冒險精神。我當時就缺乏這個冒險精神，所以我永遠都成不了這個老闆。我就只能夠給別人打

工，他就能夠冒險當老闆。

　　人的性情方面還有一個就是要克服自卑。我們同學當中，不少人或多或少都有點自卑，貧窮可以使人自卑。但是有那麼多的偉大的人，像盧梭、薩特、林肯、拿破崙當初的出生都是或這樣或那樣的。但是這些人都沒有自卑，如果自卑的話，他們就不可能成為偉人，不可能成就一番大事業。其實貧窮是一筆財富，我就不明白為什麼我們有些同學因為家裡窮就自卑，為什麼要自卑啊？貧窮不是過錯。當然還有富貴自卑的，這個富貴自卑也是要不得的。這裡舉的例子是一九一二年諾貝爾獎的獲得者，他是一個富家子弟，年輕的時候在巴黎是一個花花公子，有一次他出席一次晚會，碰到一位非常漂亮的少婦，他拼命地向這個少婦示好，這個少婦知道他是個花花公子，就不屑跟他交往，於是羞辱了他一番。後來他感到無地自容，有一段時間很消沉，離開了巴黎。但是他後來克服了自卑，去讀書，終於成名。所以自卑是不行的。

　　當然，驕傲也是不行的。自我控制也是很重要的。有一個針對犯人的調查發現，有百分之八十的人是因為缺乏自我控制的能力導致犯罪的。芝加哥有一個百貨店，很多人去投訴，他們就設了一個投訴櫃檯，好比你發現買的東西有什麼品質問題，服務員的服務態度問題，你可以到這個投訴櫃檯去投訴。這個百貨店就找了一位女士來接待投訴的客人。別人很氣憤地說怎麼的怎麼的，她始終微笑待人，使得投訴人的聲音由大變小，到沒有聲音了。看到她微笑的樣子，氣就消了。而實際上這個女士是一個聾子。就是說每個人都要有一個心理耳罩，當作沒聽見那些氣憤的東西。有時候啊，我就覺得自己這方面很差，缺乏自我控制的能力。事實上這個自我控制和忍耐是差不多的。

忍耐在我們歷史上有比較極端的例子。武則天的時候，宰相婁師德的弟弟要到京城去做官，他問他弟弟是不是準備好了，他弟弟說沒問題。他說如果別人往你臉上吐唾沫，你怎麼辦？他說這好辦，我不會發怒，我把唾沫擦乾淨就行了。婁師德說你這樣不行，你應該讓它自然地乾掉。這當然有點迂腐，而且是不是真實歷史故事也有待考證，它的意思就是說必要的時候要忍。還有韓信忍胯下之辱。歷史故事說得很清楚，就是必要的時候要忍。勾踐也是典型。

知足也是非常可貴的一點。我們學校醫科方面的大師裘法祖，裘老，九十多歲了，他被稱為中國醫學界泰斗級的人物。他就講做人要知足，做學問要知不足。這個很重要。很多時候，我們是要懂得捨棄這個道理，可是我們很多人不懂得，或者說只有少數人在行動中可以做到這一點。有些人說這個道理我懂，但是在行動中間我做不到這一點。

我講一個小故事給大家聽。有一個年輕人去打獵，他是一個律師。他打下一隻鴨子，結果鴨子落在農家的院子裡。他想把鴨子拿走，但是農夫不肯。於是他就威脅農夫說這是我打下的鴨子，你要是不肯，我就告你，我是律師。結果農夫說行了行了，哪用得著那麼麻煩。我們這兒遇到問題的解決辦法就是踢三下，也就是爭執雙方各踢對方三下。年輕人一想我還年輕，怕什麼啊。於是他說好吧。那你先踢。農夫踢了他三下。接著年輕人說該我踢你了吧？農夫說行了，鴨子你拿走吧。這是一個笑話，但是卻說明這個農夫懂得捨棄。這個鴨子本來就不是他打下來的。但至少說明這個年輕人不懂得捨棄。

我們爬山的時候，經常是爬上一座山的頂峰，看到那座山又比這座更美麗，你又想去爬那座山。或者說我們正在做某一個事業，比如

你本來在做汽車事業，你又看到微電子更好，比汽車更是高新技術，你又想做微電子。等於說你到了汽車的高峰，你又想到那個微電子的高峰，這你要先下來。我們很多人就是不懂得捨棄。覺得這個我要，那個我也要，往往我們失敗就失敗在這裡。你要學會捨棄啊。你要先從這個山峰下來，再到另一個山峰去，這個中的道理大家要明白。

慷慨，不要吝嗇，這個我就不多說了。

樂觀，我舉兩個樂觀的例子。黃永玉，是我國當代的大畫家。他還沒有成名的時候，曾在北京租了一個很簡陋的房子，簡陋到什麼地步呢？沒有窗戶，但他很樂觀，他弄一張紙，拿筆一揮就畫了一個窗戶，從此，這個房子就有了窗戶。你說他阿Q也好，說他什麼也好，實際上這就是一個樂觀處世方法。沈從文當年在咸寧五七幹校勞動時年齡已經不小了，勞動很辛苦的，但是他看到荷花之類的東西，用一種很樂觀的精神去看待，是很了不起的。

最後，我說一下領導力的問題。在美國，大學是很重視領導力培養的。咱們這個學校培養的工程師多一點，做得好呢就是總工程師，很少有做廠長、總裁的，不像清華做領導的很多，做得最大的就是胡錦濤。我們也意識到了這個問題，所以希望加強對我們學生的領導力的培養，希望我們的畢業生在商界政界都有一些領袖式的人物。政界像我們學校的周濟，當然希望能多一些總理副總理的更好。學界就是院士越多越好。在business裡就是總裁董事長。這些都需要領導力的培養。當然這個領導力的培養是很複雜的。有人說領導力是什麼？領導力就是要有人來追隨你，要有人格魅力，同時也要有藝術。我現在坐校長這個位子都感覺力不從心，覺得自己的水準還不夠。時間的把握也很重要。我們習慣說今天的事情我決不拖到明天做。但是有一位

美國的大學校長卻說：能夠拖到明天的事情，我今天決不去決策。我想想，我覺得他的話或許還是有道理的。

理性和感性是我自己悟出來的，不是別人說的，前面的是別人說的。我覺得越是平常的事情越是需要理性，越是關鍵時候越是要感性。大家可能會有疑慮了：到了關鍵的時候應該是要理性啊。我要努力思考究竟應該怎麼著手，我應該謹慎一些。但是實際上關鍵的時候就是時間緊急的時候，這個時候容不得你去想那麼多，就須要靠你的感性去決策，甚至就是憑你的直覺來決策。當然這個也不是對所有人都合適的，什麼意思呢？只有那些優秀的有豐富積累的人才能在關鍵時候更好地做出感性的科學的決策。如果你平常沒有豐富的積累，你憑想像拍腦袋，這個結果是可以想像的。

坦誠和直率，有時候有意想不到的效果，這個我有自己的體會和感受。我做機械學院院長的時候，我們學院有一位年輕的教師，他申請破格為正教授，他條件很不錯，至少達到了學校制訂的基本要求。當時機械學院並沒有把他推薦上來，他就打算到學校申訴。我當然不希望他到學校申訴，但是我不能說你不可以到學校申訴啊，因為這是學校賦予的權利，我不可剝奪別人的權利。我很直率地對他講，說今年評職稱，我沒有投你的票。大家走上工作崗位以後就知道一般領導行事都不會這麼做的。一般是說你很不錯，條件很好，但是現在大家投票的結果就是這樣，你說怎麼辦呢？這是我們領導通常的做法。我不是不懂這個道理。我一說他就呆著，至少半天沒說話。因為在他的人生中他從來沒有遇到過這麼低水準的領導。我也不記得我當時究竟是不是真的沒有投他的票，但是我記得我當時確實是說了這樣一句話。等他緩過氣後，才說了一句：李老師我佩服你的直率。他也不到

學校裡申訴了。第二年他又報，這一次學院把他推薦上去了，推薦上去後是第三名。

做領導真是不容易，有時候你還得面對很多人性的弱點。大家看電視肯定看到過雪原上狗拉雪橇的情形。如果兩隻雪橇狗真的鬥起來的時候，其他狗就會把這兩隻狗圍起來就讓這兩隻狗咬個你死我活的，最後一隻狗被咬傷或者是被咬死，然後勝利的狗就揚長而去。這是動物的野性。我們人性中間也有野性的一面，只是人野性的一面不像雪橇狗一樣直白，看起來不那麼血淋淋，那你做領導的怎麼辦？

我再講一個群策謀政。劉邦不如蕭何、韓信，但他能夠用他們，最後取得天下，那就是他知人善任。其實，很多領袖式的人物他並沒有多大的能耐，比如說劉備，但是他們能夠用好別人，這是他們一個很大的優點。另外一方面，有一種觀點說仁智德者不合於俗，成大功者不謀於眾。也就是說有些成大功的人他不會一味地聽別人說，有的時候你還真不能聽大家說。當然這種情況我想不是絕對的，只是在某種特別的時候。民主與集中，不說了。這個不要決策，就是下面的人能夠做的事情，領導就不要去管得太死。我們很多領導做不到這一點。很多人想當領導，但是不想做領導。當領導和做領導的差別，大家可以體會一下。

下面我想做個小結。天地人合一。我們今天談天、說地、做人，其實我們有很多道。我講天也好，講地也好，講人也好，這裡面是有共通的東西的。

另外我跟大家講，做人我們要從一些最基本的準則做起，比如說中國人講禮義廉恥。從最基本的做人的準則做起，然後學會工作，學會做事，這樣才能夠立地。你到三十歲的時候，你會說我是三十而

立。首先是要做好人，熱愛並做好你的工作，這是立地。進而你還可以頂天，這個時候你要發展你自己。這個就需要什麼？需要悟道，就到了一個更高的層面。此間我們須要有正確的價值觀、道德觀和倫理觀。我提三個要素給大家：三做，做人、做事、做學問；三信，信仰、誠信、自信；三求，求是、求新、求和；三愛，愛生命、愛國家、愛美。但是我遺憾地告訴大家我自己遠未悟到真正的道，我今天雖然在這裡跟大家論道，其實我自己還沒有真正地悟到道。有些別人寫的東西，我看了似乎也明白，但是在行動上我也沒能做得很好。

再坦率地告訴大家，悟道是一輩子的事情，這是你一輩子都沒有終結的東西，你必須一輩子去悟。我們要從最基本的做起，從胡錦濤同志講的八榮八恥做起，我就不在這裡講了。

謝謝大家！

二〇〇六年在華中科技大學的演講
歐陽來祿根據錄音整理

大學校園裡的「文學」

陳平原　北京大學中文系教授

　　諸位走進大學，會遇到各種各樣的「文學」，比如在文學院念書，學文學專業，或者選修唐詩宋詞，買的書有可能是文學史，也可能參加文學社團活動，或徵文比賽、文學獎什麼的。換句話說，文學可以是體制，可以是文本，可以是學科，可以是活動。各種各樣的「文學」，構成了校園生活的重要組成部分。這個「複數」的文學，五彩斑斕，在大學裡面構成了特殊的風景。對於大學生來說，這是你們四年中、七年或十年中所必須面對的科目，也是一種知識系統。我說十年，人生只有短短幾個十年，當然我說的十年不是蘇軾說的「十年生死兩茫茫」的十年，但起碼更接近黃庭堅說的「江湖夜雨十年燈」的十年。十年對於諸位來說非常非常遙遠。在這麼多年中，有文學陪伴，或者說如何讓你的生活更充實豐富，我想引進文學這個維度，是必要的。

　　先說一件事。一九二九年，當時的北京大學教授劉半農寫了一篇文章，題目叫《北大河》。他說，北大三院旁邊那條乾涸的小河應該整治一下，引水進來，然後命名為「北大河」。為什麼要這樣？他說，我不知道大學應該怎麼辦，我只知道大學裡應該有水，有水就會水靈靈、水汪汪，學生們的文學思維、美學思維和哲學思維就會發達起來，這對大學來說太重要了。他說得有一定道理。劉半農是在法國

拿的博士學位，在巴黎塞納河旁邊讀書，習慣了在水邊學習、生活。不巧的是，北京缺水。周作人在《北平的春天》裡說，對南方人來說，到了北京最痛苦的就是水太少了。水太少空氣就不滋潤，生活也會不滋潤。而生活的不滋潤，會導致人的精神的不滋潤，太幹、太粗、不細膩。北京雖然現在的生活條件更好了，但在以前，雖然曾經是國都，也缺水，不像南方那樣滋潤。

像劉半農這樣一個大學教授，說大學應該有水有河，這有點奇怪。但這有一定道理。這太重要了。大學有水有河，就會水汪汪，像女孩子的眼睛一樣。可以說，大學裡面要有水，這已成為許多的大學管理者顯意識裡的共同的經營目標。比如，廈門大學靠海，中山大學靠珠江，北大在校園裡挖了個未名湖，聽說華中科技大學也有個很大的湖。但你們也許不知道，現在很多大學連個噴水池都沒有。總之，校園裡要有一淌水，有水才有靈氣，這對大學來說很重要。可我覺得，比起水來，大學校園裡面有文學，更能起到這樣的作用。「隨風潛入夜，潤物細無聲」，文學對於大學來說，其功能就是這樣。重要的不是說大學具體排名多少，不是未來有多少人專攻文學，而是校園裡有好的文學氛圍，好的讀書風氣。這對於一個大學的學生的靈感、趣味的培養都很有關係。

下面我從五個方面來進行我的講座。

▌一、文學曾經就是教育

十年前，北京大學舉行百年校慶，當時我研究校史特別關注這樣一個問題：當年最早向晚清政府提議建立京師大學堂的是傳教士，在華的傳教士組織的一個文學會，向清政府提議，北京應該辦一所大

學，總大學，即最大的大學。他們開了一個書單，我數了一下，有三十多個專業，文理都有，唯獨沒有文學專業。我很奇怪，一個文學會向政府提議辦的大學，竟然沒有文學專業。後來我才明白，傳教士所說的文學指的是教育，他們的文學會就是教育引進會。換句話說，在晚清，說文學有時候指的就是教育。

關於這個問題，最明顯的例子可以證明。晚清時，林樂之翻譯了一本日本人寫的關於美國人辦大學的經驗的書，書名叫《文學興國策》。相關的書共三種：《德國大學》、《文學興國策》、《七國興學備用》，對晚清辦大學起決定性影響。早年康有為、梁啟超等人沒有出國留學，不識洋文，他們設立的京師大學堂章程，主要就是依據這幾種書。包括張之洞在武漢辦的自強學堂在內的很多學校的興辦，也是依據這些書。《文學興國策》裡面記錄了日本大使在美國對各種各樣的人進行關於辦大學的訪問和調查，其中第一篇講到訪問耶魯大學校長。耶魯大學校長說文學如何如何重要，如何有利於整個國家，有利於製造，有利於倫理、德行、身家、國政，等等。說了一大堆的有利於，但這與梁啟超所說的有利於新小說、新國民的文學不同。它那個文學其實就是「education」，而不是我們現在說的「literature」。晚清的文學，其實就是教育。那時候說的文學與「literature」還沒有固定。有人說的是教育，有人說的是文章。文學這個概念，到今天有一百年的歷史了，但一百年前的文學不是現在的文學這個意思。

為了說明這個問題，我再舉三個例子。第一個是晚清改革思想家王韜，他的《變法自強》裡面說人類的學問分為兩類：一類是文學，一類是藝學。前者是我們現在說的人文學術，後者則相當於自然科學。第二個是鄭觀應，晚清著名思想家，他的《盛世微言》在晚清影

響很大。他說，中國學問主要分為文學和武學。武學指陸、海、空三軍；文學包括文學、藝術、自然、地理等。第三個是一九〇一年蔡元培寫了一本書叫《學堂教科書》，說的文學包括音樂、詩歌、書法、美術、宗教、心理等。今天所理解的包括詩歌、小說、戲劇等文體的文學，不是以前所說的文學。

所以說，一百年前很多人說的「文學」指的是其他的東西，比如教育。大家如果有興趣可以去查一下古代的例子。我找到的一個最早的例子，是在建安八年，即西元二〇三年，曹操發布《修學令》。他說，經歷了那麼久的戰亂，天下的年輕人都不知禮儀了。於是規定，每個地方都應該把聰明的孩子送到學校去學習，即修文學。這個文學，就是我們今天說的教育。

這個思路後來被傳承下來。在傳統中國，所說的文學主要指孔子所說的「文章博學」，是孔門四學之一，「德行」、「言語」、「政事」、「文學」中的一種。但是，孔門學詩，詩不完全是文學。「不學詩，無以言。」但學詩不僅為了「言」。古代學詩，六藝裡面，「詩書禮易樂春秋」，每一「藝」都包含文學。不僅詩歌是文學，其他學科也有文學。文學是所有讀書人都必需學的技藝，必須接受的訓練，但它不是專門學科。

唯一有個例外，是在東漢時建立了一個「鴻都門學」。這是世界上第一個建立的大學機構，但存在時間很短，而且據說是政治鬥爭留下的產物。絕大部分時候，如唐宋時代，許多國子監等機構並不是專門學文學的。

一句話，在古代，文學是所有士人必須具備的技藝，但不是今天我們所說的文學，也沒有設立專門的「文學」。

到了晚清以後發生了變化。當年傳教士提出的專業中沒有文學，梁啟超等人辦京師大學堂也沒有單獨設文學科目，因為他們認為寫詩、作文自己學就行了，寫詩、作文是所有人都要會的，沒有必要專門在大學裡面學。只是到了後來，因為我們的教育體制模仿日本、美國，後來我們又學蘇聯，才設立文學。所有國外的大學都有文學院或者人文學院，於是我們也依樣畫葫蘆，也在每個大學都設立文學專業，文學作為學科進入大學。一九〇四年設置的文學學科非常齊全，甚至遠遠超過了我們的學習能力，有德國文學、英國文學、法國文學等，分得很細。

現在我講一下科舉和大學的關係。

去年有個爭論：如何看待一百年前被廢除的科舉制度？在如何看待科舉制度的問題上，有人認為科舉制度使文學發展受到很大障礙，因為科舉制度不出好詩人。這點我不同意。科舉制度本來就不是為了選拔詩人，而是要選拔官吏。官吏只需要頭腦清醒、立場堅定、具備高等學識，這就行了。古今中外，概莫能外，沒有說官吏必須具有很好的文學才華的。所以，批評科舉不出詩人，這是不公平的。反而我想說一個問題，在北大我很感慨的。學文學與其他專業不同，我發現從農村來的學生學文學往往效果會更好，因為他們至少見過豬在跑，牛在叫，對自然、山水、田園更加親近，對草木蟲魚，他們有感性的了解。而那些在城市長大的學生，只是接觸些書本知識，感性的東西可能會缺少。

古代社會，如何保持上下層、鄉村和城市之間的文化溝通？很重要的一個方面就是科舉制度。在真正封建制的地方，比如日本，武士的兒子是武士，農民的兒子是農民。但在中國不一樣，農村的孩子可

以通過科舉而做官，只要你書讀得好。不知大家有沒有聽過朱買臣的故事，這只有在中國才能出現。你別看他今天是個窮書生，明天就有可能衣錦還鄉、光宗耀祖。通過考科舉，下層人士可以進入上層社會。還有一個溝通城市和鄉村文化的方式，可能大家不太關注，那就是告老還鄉。有一次我去江西婺源，在一個小山村看到很多漂亮的建築，當地人告訴我，「這是明代尚書的」，「那是清代進士的」。經商賺了錢，或者官員退休了，告老還鄉。這對農村的文化發展起了重要的作用。告老還鄉，到了晚清就沒有了。因為城市的發展，今天當大官的人，即使是我們，一般到了城市以後，就不願意回到家鄉去了。因為今天的農村和城市的生活條件相差越來越大，鄉村的娛樂、衛生條件跟城市的迅速拉開距離，不像古代那樣差別不大。現在我們走出農村後，就不願回去，這樣形成一個惡性循環，農村會變得越來越落後。不久前看了一個報導，我很感動：韓國總統盧武鉉跑回老家，讓他的鄰居幫他建房子，說退休後要回家鄉住，和小時候的朋友一起去釣魚。我想，韓國的新農村建設比我國的要成功。等到有一天，我們的大官、學者退休以後願意回到家鄉的時候，新農村建設才算成功。

　　說了那麼多，歸結一句話：曾經文學是教育，教育就是文學。只是隨著專業的細分，文學成了一個專門學科，成為大學裡眾多科系中的一科，眾多課程裡的一課。

▌二、文學與大學的關係

　　一百年前，哈佛大學的教授白璧德寫了一本書《文學與美國的大學》，專門討論文學和美國的關係，其中關注到大學的發展目標在發生變化。十四到十八世紀，在大學發展過程中，人文學、文學特別是

古典文學一直是歐洲大學的主導科目。但是到了十九世紀末，提出了一個問題：「大學是否還有必要以文學為中心？」斯賓塞直接提出挑戰，他認為，總有一天，科學尤其是自然科學會戰勝文學而成為大學學科的核心。文學將處於邊緣地位，即將成為茶餘酒後的談資、成為「配料」、成為可學可不學的學問。

面對這個挑戰，白璧德作為新人文主義者出來抗爭，用大量的篇幅強調大學的意義，強調文學如何重要。他的新人文主義思想，日後影響了我國的吳宓、梁實秋等，也間接影響了陳寅恪等。這種堅持人文理想所體現出來的獨立的精神，形成了一個與科學主義傳統相抗爭的傳統。這個傳統，在二十世紀二〇年代以後的中國基本上被否定，被北大以陳獨秀為代表的堅持「文學革命論」的人給批判下去了。到九〇年代以後新人文主義才又被重新討論。

在白璧德之前，有個英國學者（同時也是神學家）叫紐曼的，寫了一本書叫《大學的理想》，討論了大學應該怎麼辦。有一章專門討論文學在大學中有什麼意義。論證了很多，說偉大的作家通過他們感悟到的方式來創作，用恰如其分的方式來表達，用他的思想、情感和修養方式來影響人類的發展。但在後面，他還說了一句話。在他看來，有句話說得很對，「詩人是天生的，不是後天造就的」，然後是一大堆的論證。這就有了一個問題：詩人是天生的，沒有大學教育，照樣出詩人；反而，如果沒有天賦，上了大學也白搭。那麼大學的文學教育還有沒有存在的價值？

我們知道，很多人確實不是考上大學才搞文學的，沒上大學的很多人成為了作家、詩人。寫了《我的大學》、《童年》、《在人間》等作品的高爾基沒上過大學。另外有個故事，在哈佛大學旁邊有個書

店，裡面陳列了很多的書，有人做了個統計：沒上過大學的作家有克利斯蒂，他寫了《東方快車案》；上了小學沒上完的有馬克‧吐溫；上了中學又退學的有德萊賽；愛倫坡念的是維吉尼亞大學，福克納念的是密西西比大學，斯坦貝念的是斯坦福大學，但他們都沒念完。這特別讓人洩氣，在文學院面前擺了一大堆世界名著，作者竟然都是沒上過或沒有念完大學的人。

中國的情況也好不到哪兒去。北大寫校史，說沈從文是北大的驕傲。但我要指出，沈從文沒上過大學。他當兵以後來北大旁聽，確切地說是偷聽。後來寫作出名了，北大聘他當教授。所以說，不是北大的文學教育給了沈從文文學創作的靈感，而是他的文學成就幫助了北大文學教育的課程。

魯迅、郭沫若上過大學，但他們讀的不是文學，而是醫學。魯迅念的是天臺醫專，郭沫若在九洲帝國大學也是學醫的。有人說魯迅是學不下去了才轉行，這不對，有資料顯示，他的成績是中等，對留學生來說這已經不錯了。而郭沫若確實是學醫學不下去了才轉學文。我說他學不下去不是說他智力水準低，而是小時候得過病，聽力方面有問題，只好去搞文學、歷史，當政治家去了。今天活躍在文壇的余華，以前也是學醫的，據說是他父親走後門送他當醫生，給人拔牙。他長期在醫院裡，見慣了鮮血和死亡，因此可以在他小說裡常常能看到殘酷的死亡氛圍，還有許多表現與死亡抗爭的意志。

當然，也有著名詩人作家是上過大學的。北京大學有個馮至，魯迅說他是中國最好的抒情詩人。他是德語系的畢業生，後來德語文學研究做得很好。他當時常去聽中文系的課，後來喜歡詩歌、寫詩都與那時有關係。還有一個是汪曾祺，他寫過《西南聯大中文系》、《沈

從文先生在西南聯大》等文章，裡面強調西南聯大的文學教育對他日後文學成就的影響。沈從文說，假如我沒到西南聯大，我不會成為今天這樣的作家。

有個人是真正北大中文系的，就是劉紹棠，但他拒絕念下去。他早年聰慧，十三歲開始發表文章，一九五二年上高一的時候，《中國青年報》發表過他的一篇小說《青枝綠葉》，收進了高二課本。他上大學受到胡耀邦的親切關懷，進了北大中文系，但上了一年就申請退學。因為他希望趕快出成果，制訂了很多寫作計畫，課聽不進去，不願學下去，提出退學。但學校不同意，教育部也不同意，最後胡耀邦拍板，讓他退學，給他制訂了專門的寫作計畫。可惜，過了一年，被打成「右派」，二十年以後重新出來，他的文學才華大受影響，與其他的鄉土作家們的水準相差較大，有點辜負了大家的期待。

文學很重要，但主要是修養，而不是記憶。大學可以幫助你提高文學修養，但文學不一定要在大學作為專門的課程學習。

■ 三、趣味和專業之間

文學，是幾乎所有人都在談、都敢談的。在座的大多數不是學文學的，但我相信大家都敢談文學。這是文學人的幸運，也是不幸。我說幸運，是因為誰都知道你在做文學研究；說不幸，是因為誰都敢跟你談。

我以前在廣州坐火車時，別人問我幹什麼的，我說在北大讀文學。別人一聽，每個人都跟我談文學，他們說：「我也讀過作品！」「昨天我看了一本書，我們來談一下吧。」我本來很累，想休息，但別人纏著我要談文學。後來我想了一招，別人問我學什麼，我告訴他

們，我學天體物理的，再沒有人敢跟我談了。

文學是所有專業中最不專業的專業，誰都多多少少懂一點文學，都可以談。我們學校開學術研討會的時候，發現文學處在最不利的地位，誰都敢跟你說。而其他如學生物的，學梵文的，別人都不懂，不敢開口。

在大學裡面，各種各樣的人都會談文學。這裡面，可能是專攻唐詩宋詞的文學博士，也可能是物理化學的教授。我們學校的厲以寧先生，是經濟學家，喜歡寫詩詞，常與中文系老師交流。還有個老師，喜歡編字典，也常跑到中文系來交流。很多非專業的人跟我們交流，他們談起文學來膽子絕對比我們大得多。十年前，北大傳統文化中心聘請金庸為北大榮譽教授，開了個小型交流會，十幾位教授在一起，有文科的也有理科的。我發現文科的老師根本上抵擋不過理科的。比如，搞電腦的王選先生說：很多年了，我在上海和北京之間每次坐火車，都跟金庸先生「過」，不是《天龍八部》就是《神雕俠侶》，一遍又一遍地看。金庸先生在座上聽了連聲說「不好意思，不好意思！」還有個人更離譜，他說：他胃疼時就看金庸的小說，一看他的書肚子就不疼了。當時我就想，我們文學教授在那個場合，一點用都沒有。我們專攻文學的都不敢說話了。和非專業的人談文學的時候，我們專業的文學教授，往往是膽戰心驚的。我這樣說，不是在嘲笑他們，而是因為文學的談論和批評分為專業的和非專業的。

專業的文學批評，有自己的術語、批評範式和標準，不能隨便說。而非專業的、個人的、純興趣的批評，可以隨心所欲自由發揮，而且往往有獨到的見解。專業的文學教授，往往長於「知古」，而對於剛剛出現的文學作品缺乏敏感，這時候需要非專業的人如記者、獨

立撰稿人，或者對文學感興趣的其他學科教授進行批評。他們沒有學科限制，很可能會有很精彩的批評。所以說，在這個意義上，文學事業不僅靠大學文學教授，它是由專業和非專業的批評者共同來做的。

有一個前提請大家注意：我們今天的課程，主要依據的是京師大學堂。今天的文學教育已成為一個特別龐大的學科，建立起一個完整的知識系統。這在某種程度上對我們的藝術感悟造成了壓抑。一九〇三年前，文學章程，對文學的要求是像古人一樣寫碑傳等。一九〇四年以後，開始建立以文學史為中心的文學體系。今天，大學文學的科班教育主要學的是文學史，而不是進行文學創作的訓練。文學史知識取代了文學技能的訓練，沒有要求學生學完文學史後進行各種題材的寫作，比如說，不會讓你學完以後寫個雜劇，寫部章回小說。所以，文學已經不是一種技能而是一種知識。結果我們的學生很可能有豐富的知識，但缺乏寫作技能。現在，大學裡文學課程設置得非常齊全。從課程代碼上你就可以看出來，比如說，代碼750.11的是文藝理論，代碼750.14的是文藝美學，代碼750.17是文學批評，代碼750.21是比較文學，還有一個代碼為750.99的是文學其他學科。

可以說，大學文學的課程已經形成一個龐大的家族。全國有多少人在學文學？我拿到了兩三年前的統計資料，拿文學學士學位的學生占在校大學生的百分之九點六。我所說的文學指拿文學學位的，還包括藝術、新聞和語言等。一千四百萬在校讀書大學生，有一百萬左右專攻文學學位。現在文學教育成為龐大的知識培訓體系。大學中文系所開的課程，我不擔心。體制的力量會使每年都有一百多萬人去學文學。我擔心的是其他一千多萬不學文學的人，他們的文學興趣如何培養？他們的文學修養怎麼提高？作為興趣的而非專業的文學，如何在

大學落地、生根？

　　二十世紀五〇年代，北大新生入學時，中文系主任楊晦在第一堂課對新生說的第一句話就是：「北大中文系不培養作家。」你們要知道，那個時候很多人是帶著作家夢來到北大中文系的。這位老師這樣說，可能有兩種理解：一是北大中文系有很多專業，如語言學、古典文獻、文學理論等；二是作家不是培養出來的，你想培養也培養不出來。以前曾經開設少年作家班，招過少年作家，但他們進來後學不下去，很多課程不及格，最後都被淘汰出去了。現在他們中只有一個比較有出息，原來學英文的，現在在哈佛大學當教授。所以說，中文系不拒絕學生成為作家，但不以培養作家為目標，換句話說，不以文學技能的培養為教學中心。

　　大學校園裡的文學包括校園文學課程、文學社團、文學刊物、文學評獎和文學講座等。二十世紀七八十年代，很多大學，比如中山大學、武漢大學、北京大學等，文學氛圍非常好，搞了很多文學活動。甚至還出過一本全國性的大學生文學刊物，叫《這一代》，不過只出了一期就被查禁了。現在北大未名湖畔，每年舉行詩歌節，一代代的青年學生都熱情洋溢，積極寫詩，朗誦。我知道，在其他很多大學都有類似的文學活動，有文學社。臺灣地區有個雜誌裡面講到，現在臺灣地區的很多大學設立了專門的文學獎。臺灣地區一百六十一所大專院校中共有六十二所設立了專門文學獎，各種文體的比賽都有，還頒發獎金。獎金數目有多有少，最高的是臺大中文系設的小說獎，獎金三萬新臺幣（相當於八千元人民幣），獎金最低的是臺南護理學院，三百元新臺幣（相當於七十多元人民幣）。但不管多少，都是一種鼓勵。通過這樣的活動，辦刊物、講座、比賽等，培養文學興趣。有人

統計，臺灣地區的作家幾乎毫無例外是從校園文學獎中走出來的。今天大陸的文學批評界卻過多地關注如韓寒、郭敬民等成功的少年作家的商業寫作。過早的商業化短期內可以有很多「粉絲」，拿很多稿費，但從文學角度來說，他們不代表未來的文學的主流。而現在在大學裡參加文學社團、文學活動的人，將會成為未來文學界的主流。參加校園文學的，可以是各種專業的學生，只要你有興趣就行。

　　大概從十多年前起，各大學裡都專門設立通識課程，有的叫大學語文，有的叫大學文學。搞了這麼多年，應該說有一定成效，但還有點遺憾。各學科的同學，他們喜歡文學，不能靠一本《大學語文》解決，文學修養不能靠一本《大學語文》課本。建議開設各種各樣獨立的、相互之間沒有關係的文學課程，讓學生自己選擇，比如李白研究、莎士比亞研究，中國的神怪小說、武俠小說。學文學不必循規蹈矩，可以挑你喜歡的，只要修夠學分就行。至於你喜歡李清照還是其他的誰，選什麼課，都由你自己決定。沒有說不讀李白的，就不能讀杜甫的。可是現在很多大學的語文成了「拼盤教育」，使得學生無法形成真正的文學興趣。我覺得沒必要系統性，這麼多的文學作品，不可能在一個學期或一年之內讓學生全部讀完，學校沒必要讓學生從古到今的文學一路學下來。我現在呼籲讓大學語文改體，大學開設各種各樣、五花八門的文學課，允許非專業的同學選修，這樣才能使他們養成興趣。只要形成了興趣，以後他們會自己去讀書的。不這樣做的話，將來大學的文學課，將會成為「營養學分」，學不學無所謂。我相信我們的同學多多少少總會喜歡其中一些作家作品，對一些偉大的作品感興趣。

■ 四、何妨附庸風雅

讀文學，讀什麼好？有人說讀時尚，有人說讀經典。有學問的人都說，要讀經典。今天的時尚可能明天就是經典。當然，對時尚保持一定距離，做一個審視。《詩經》、《楚辭》太難，很可能讀不下去。經典因為時間和空間的推移，對當代中國人來說，閱讀有所困難。這個時候，經典配著時尚同時讀，是可以理解的。問題是，當我們讀不懂時，還要不要讀？

附庸風雅，本來是個貶義詞。可是在十幾年前我在東京大學的時候，有個偶然機會，使我對「附庸風雅」有了新的認識。當時在日本的一個美術館有個展覽，做了大量宣傳。我去時，發現很多人在排隊，最後一個是員警舉著一塊牌子，寫著三小時三十分鐘，說的是還要排隊三小時三十分鐘才能到門口。我說我哪有時間等那麼久，於是想到展覽快結束的時候才去，日本人拿小凳子排隊。我最後一天去，結果還要四小時四十分鐘。我很奇怪，日本人那麼積極去參觀展覽，他們都能看得懂嗎？日本女人的音樂修養比男人高。男人白天上班，晚上陪夫人聽音樂會。而日本女人很多沒有工作，就經常去上各種音樂、美術補習班。但是我還是不相信日本人有那麼高的美術修養。有人告訴我，正因為不懂，才要學，才要去。我想，這大概就是文化。通過慢慢積累，就會提高修養。

我們的古人不是說「敏而好學」嗎？我們也許會因為種種原因，或天賦不夠，或沒有足夠好的環境，但我們要長期去慢慢地「泡」，積累起藝術的感覺。日本人會以能看畫為榮。到了中國，發現一個問題，首先要知道什麼叫風雅。在很多時候，我發現我們很多人不以風雅為雅，不以粗俗為恥。「我是流氓我怕誰」。日本人附庸風雅，中

國人假裝流氓。照我說，假裝流氓不如附庸風雅。很多時候，假裝假裝就變成真的了。關於附庸風雅，應該重新解釋。所謂「取法其上，僅得其中」如果沒有高的目標，就不會取得好的效果。人都有向上之心，但也有向下的惰性。我讀大學時最欣賞的是加繆，喜歡他的《西西弗斯的神話》。現在很多人會不理解西西弗斯的行為，推不上就不要推唄，放棄就會很容易往下走。當年的「我是流氓我怕誰」，挑戰了假崇高，這是王蒙表揚王朔的地方。「我是流氓我怕誰」作為一時的反抗和叛逆是可以理解的，但如果成為了一種社會風氣，則是很可怕的事。

北京大學有個教授叫金克木，在東語系，與季羨林兩個人都是很有名的。季羨林是科班出身，在德國讀書拿了博士學位的，而金克木先生是自學成才。金克木先生說，他當年認准了幾個教授，就在圖書館跟他們讀書，他們讀什麼他也讀什麼，讀不懂也硬跟著讀。後來發現自己眼界不錯。比讀那些老師列出參考書目的學生的成就要高。我曾經說過，在大學教授裡邊，金克木先生是善於提出「天問」的學者。他涉及的領域非常多，很多東西都敢談。雖然沒有寫成專著，但他有他的想法。日後諸位如果想從事人文社會科研究，建議你們去看看金克木先生的書，他有很多奇妙的想法，而且不是毫無道理的。雖然很多問題他沒有解決，但提出來了。我們很多時候讀不懂，但還是要讀，因為它有讀不懂的好處，可以留下一大堆的問題，供你日後思考。所以說，我們何妨「附庸風雅」？

▌五、作家還是作者

所謂作家，是個專有名詞。不是所有寫書的人都是作家，有的叫

作家，而有的叫作者。中國人講的作家，一般指通過虛構的形式，用華美的辭藻來表現自己的想像的人。寫學術論文和科普作品的不叫作家。「文學」在《大英百科全書》的解釋是這樣的：「用文字記錄下來的作品的總稱，常指作家用想像寫成的詩歌和散文等作品。」在中國，十九世紀前的文學，章太炎有句話這樣說：「文字著以竹帛者皆為文學。」文學有好壞，但寫下來就是文學。這個概念在二十世紀以後被大大修正。今天講的文學，不包括你們老師寫的學術著作，也不包括日常的書信等。文學有個特定的概念，不過這個概念值得斟酌。

為了說明這個文體，我講些有趣的例子。剛才我講到紐曼，紐曼特別表揚英國史學家吉本的《羅馬帝國衰亡史》，說《羅馬帝國衰亡史》是特別了不起的著作，不僅是偉大的史學著作，也是偉大的文學著作。研究西方文學的王佐良先生寫散文流變時在他的書裡提到《羅馬帝國衰亡史》，說這本著作的那種混合了表面典雅和骨子裡的嘲諷的語調，在十八、十九世紀影響很大。還可以舉出兩個更有趣的例子：一九五〇年，諾貝爾文學獎設立五十周年的時候，諾貝爾文學獎頒給了羅素，他既是哲學家又是數學家，也可以說他是人道主義者，但他寫的著作，沒有一本是詩歌、散文、戲劇等純粹的文學作品。一九五三年，諾貝爾文學獎又授給了邱吉爾，他寫了六冊三百多萬字的回憶錄，他的回憶錄也算是文學。

我特別關注晚清以後的一個變化。我關心兩種人：一種是「有學問的文人」，另一種是「有文采的學者」。傳統中國文人一般都有學問，「文」、「學」兼修。晚清和「五四」的學者，是最後兩代能夠兼具文章和學問的，如魯迅、胡適、周作人等，都是有「文」有「學」的人。二十世紀一〇年代以後，分科以後，學者可以寫不了文章。

前面我引用過黃庭堅的「江湖夜雨十年燈」。幾年前劉心武不小心說他夢中得句「江湖夜雨十年燈」，被很多學者嘲笑說沒學問。可是我覺得，作家可以反過來嘲笑學者沒有文采。今天的學者，有多少人還能寫一篇漂亮的文章？現在做學問的人離文采風流越來越遠。而以前的學者是有文采風流的。清代章學誠《文史通義》中說，「史所載者事也，事必借文而傳」，「良史莫不攻文」，好的歷史學家一定會寫文章。現在人們以為做學問能翻材料就行，這是不對的。我不敢說所有學科的學者都必須會寫文章，但我敢說，學文學、歷史、哲學的人文學者必須會寫文章，否則是很大的遺憾。胡適曾跟人說，晚清兩個學者，康有為和廖平，在經學等學術方面有很多相同的地方，但康有為名氣大得多，因為他會寫文章。廖平有想法，但說不清楚，這就難怪少有人接受。所以說，學者會寫文章，這很重要。當代學者會寫文章的，有，但不多。我說的學者會寫文章，不是說學者要像季羨林先生那樣寫散文隨筆，而是在學術著作中有意識無意識體現出來的文采風流。比如朱自清《經典常談》，費孝通《鄉土中國》，宗白華、朱光潛以及金克木、季羨林等人的學術著作。國外學者特別喜歡引用經典的文學作品，這樣既可以顯示他們的修養，也有利於論題的展開。我們不一定要加入作家協會，成為作家，但是，作為學者、作為人文學者、新時代的學者，假如學識豐富、興趣廣泛，而且有很好的文類意識，能寫一手漂亮的白話文，那是非常好的，我以為也是很重要的。

　　我說了這麼多，無非是「誘惑」你們，希望你們能夠熱愛文學，親近文學。當你在做自己的專業學習和研究的時候，當你成為某一專業領域的頂尖專家以後，不要忘記，在你的隔壁還有位朋友值得你不

時地去拜訪她，那就是文學。

二〇〇六年在華中科技大學的演講
魏貴芳根據錄音整理

大學之道和現代大學教育的缺失

張汝倫　復旦大學中國哲學系教授

　　各位華中科技大學的老師們、同學們，晚上好！很高興今晚能有這麼多人來聽這場講座，如果在復旦大學的講座也有這麼多人，絕對是老師引以為榮的成就。上一次我來華中科技大學還是三四年前，當時四場講座場場爆滿，所以華中科技大學的同學給我留下了很深刻的印象。

　　楊叔子老校長在我們國家一直提倡大學的通識教育、大學的人文素養的教育，我們文科的教授一直覺得他講得很好。所以我今天晚上要講的題目與楊叔子老校長一直關心的問題是同一個問題，大家從我演講的題目就可以看得出——大學之道和現代大學教育的缺失，這個問題也是我這些年一直在思考的。同學們可以發現，我自己是在大學裡教了二十幾年書，當然也是受了大學教育。另外，最近幾年大家可以看到，中國教育界越來越有一種焦慮，一方面各個大學都急不可耐地提出要辦世界一流大學，而且定下了時間表，比如五十年或者三十年，每年國內外有什麼大學排行榜，大家也都很在乎；另一方面，事實上，我們現在從校長到老師，沒有幾個人對大學滿意。上海每年都要開一個會議，叫做「中國大學校長高層論壇」，可以看到著名的大學校長實際上對我們大學裡面的各種各樣的問題還是很清楚的，知識分子就更不用說。在最近這三四年裡，關於中國高等教育向何處去這

樣的論文集，我所看到的就有五六種以上。

　　問題的癥結到底在哪裡？我所思考的是，我們現在有沒有一個辦學理念？如果要辦一所大學，就必須搞清楚為什麼要辦大學。比較流行的說法有，辦大學是為了以後培養幾個像比爾‧蓋茨一樣的人，培養幾個當官的人，很少有人說辦大學是為了以後培養幾個拿諾貝爾獎的人，而且嚴格來講，真正的人才不一定是學校培養的。大學，應該把真正的立足點放在一般的同學身上，因為每一年有幾千幾萬個同學在這裡學習，可能裡面一個比爾‧蓋茨也沒有。如果大學的教育方針不是放在這幾千個幾萬個普普通通的同學身上，不是把他們培養成出色的人才作為自己的目標，而僅僅只是說培養幾個總統、比爾‧蓋茨這樣的人，我覺得這不是一個實際的想法，而且也不能算作一個理念。蔡元培先生在辦北大的時候接受了德國著名的教育哲學家和政治學家洪堡的教育理念，他提出，大學絕不能是職業養成所，大學的根本目的在於學生能力的全面發展。在德國的大學教育理念裡，大學是培養一個完整的人，跟將來從事的職業並不掛鉤，而一旦成為一個身心完整的人，就能夠從事任何職業。這樣的理念得到了蔡元培先生的推崇，至今北大仍是中國大學的榜樣，可是後來這些理念逐漸被我們忘記。大部分人認為，一個大學辦得好不好，就看有幾個重點學科、有幾個博士點、有幾個國家重點實驗室等這些量化的指標，理念是沒有的。所以我以上所談的，就是大學一定要有教育的理念，不僅關係到辦學，也關係到我們的老師和同學。

　　而我今天所要談的大學之道，已經很遺憾地被我們遺忘了太久太久，所以有必要提出來思考。我們現在講的「大學」，據說是日本人最先用來翻譯西方的university，用我們中國古代的「大學」一說來翻

譯的確很妙。四書五經有《大學》這一篇，出自《禮記》。在中國古代也有這樣的說法，一個人受教育分為「小學」和「大學」，《大戴禮記·保傅篇》上就有「古者八歲出就外舍，學小藝焉，履小節焉。束髮而就大學，學大藝焉，履大節焉」的說法。「束髮」在古書上理解為十五歲，十五歲開始學「大學」，而「小學」學的是兩種，一是算術，一是認字，還要學習如何待人接物，這個同樣非常重要。我們中國是禮儀之邦，但是我們現在的教育，從小學到中學就開始脫節，以致很多受過高等教育的人都不知道面對不同的場合和不同的人，如何來使用得體的語言表達自己。

　　以上是「小學」所學的。那麼「大學」學什麼呢？「學大藝焉，履大節焉。」「大藝」和「大節」也即是我們中國古代所講的「六藝」。這個時候我們古人提出來的大學之道，我認為即是《大學》開篇的那幾句：「大學之道，在明明德，在親民，在止於至善。」此處的「親民」後來在北宋的時候，被一位大哲學家改為「新民」。在春秋時代孔子以前，教育控制在國家層面，沒有私塾而只有官學，上學的都是特定的貴族。因為中國在秦漢以後才算是一個一般的古代社會，在秦漢以前是一個宗法社會，官學是被國君及其親屬所掌握的，貴族上學是為了當官，老百姓是沒有資格上學的。所以，為什麼說孔子偉大，堪稱萬世師表？正是因為到了孔子的時代，禮崩樂壞，國家長時間不辦學，因此孔子提出「有教無類」，而不管出身。從此以後，中國的教育獲得了一個解放，私人可以辦學，平民的孩子可以上學，因此才有「朝為田舍郎，暮登天子堂」這樣的事情。所以《大學》裡面開頭的這幾句話本來是對貴族子弟講的：第一個層次「在明明德」，明瞭掌握世界上做人做事的道德；第二個層次「在親民」，

因為貴族子弟讀書後是要當官治民的，而到了北宋時代，宗法制的官學早就瓦解了，所以「親民」被改為了「新民」，也即要把自己的所學為社會作貢獻；第三個層次「在止於至善」，跟洪堡的教育理念是一致的，一個人充分培養和發揮自己全部的才能，最後達到至善，這也是大學的最終目的。

今天我們所主張的大學之道，是受到了解放前長期擔任清華大學校長的梅貽琦先生的影響。他曾經在一九三六年寫過一篇很有名的文章，叫做《大學一解》，他認為現在的大學和中國古代傳統的大學很不一樣，但是精神上應該是一致的。今天的大學教育從表面來看似乎與「明明德」「新民」不相干，但梅先生認為：「然若加深察，則可知今日大學教育之種種措施，始終未能超越此二義之範圍。」他談到，大學各系科學術的傳授和研究，固然可以格物致知功夫目之，課程以外的學校生活，以及師長持身、治學、接物、待人之一切言行舉措，也對學生格致誠正的心理生活不無裨益，而人文科學和社會科學學科的設置、學生課外的社團活動，以及教師以公民資格參與社會的種種活動、學生的實習、樹立一種風氣等，都對學生將來離開學校，貢獻於社會有所幫助。「此又大學教育新民之效也。」我非常贊同梅先生的觀點。現在國內有些人，對美國的大學過於神化，但是大學所存在的問題是全球病而不是中國病，在後面我會詳細講到。

無論是「明明德」，還是「新民」，這些都是理想，中外辦大學的人最初都有這個理想。可是梅先生當時就發現，理想是理想，現實是現實，很多問題遠非個人也遠非一時之力能夠解決。梅先生也承認，現在大學的實踐與他所認同的大學之道有很大的落差，例如，「明明德」講的修己功夫中之所謂「己」，是一個整全的人格，至少

包括知、情、志三個方面。但今天大學教育所重視的，僅有「知」這一方面而已。學問做到一半的階段的確也可以很好，但是到了頂峰階段，我認為一定有其他的情和志兩方面的共同作用。

梅先生還提到，當時三〇年代中國的大學還普遍存在一個問題，那就是灌輸。「灌輸之功十居七八，而啟發之功不得二三。」這樣，要學生左右逢源，深造自得，幾無可能。專業知識的課程和教育已經非常繁重，人格教育和培養方面幾乎是一片空白，我們今天的教育也是如此。由於只重知識和技術傳授，學校也基本不要求老師對學生的人格培養盡力。更何況今天的老師本身也是只重知識傳授的現代教育的產物，能孜孜以求於專業知識已屬不易，持志養氣之道、待人接物之方的要求更不用談。由此，今天大學裡的師生關係非常冷漠，老師只管上課，學生只管聽課，沒有課下的感情和思想的交流，師生之間變成了一種買賣關係。梅先生在文章中也提到，以前我們中國人拜師，叫做「從遊」。「遊」字用得很好，大學好比一汪活水，老師是大魚，學生是小魚，小魚跟著大魚一起游在自由的空氣裡面，追求真理、探討學術，這才是真正的師生關係。所以梅先生講到大學教育重要的兩點，一是教與學，一是師生關係，而這兩方面在現代的大學裡面都已經出現了問題。現在大學裡面評職稱主要以科研成果為評選標準，我始終反對這種忽視教師教學的評選做法。我最近在上海有一個發言，後來被多家報紙轉載，其中我對梅先生有句話提出了不同的看法。梅先生有句話很有名：「所謂大學者，非謂有大樓之謂也，有大師之謂也。」而我認為，大學不在於有大樓，不在於有大師，而在於有學生，如果沒有學生，就沒有大學之說，所以學校一切工作的重心應該圍繞著學生和教學。在上海，每年舉辦中美大學的校長論壇上，

中美校長都一致認為，中、美大學的學生相差無幾，差距主要在老師。我們學校許多課程的設置，不是從學生需要掌握的知識出發，而是從老師的研究方向出發。

但話又說回來，今天大學的種種問題不僅僅在於老師，也不僅僅在於同學或者校長，而根本在於現在大學的理念有問題。我們今天遇到的問題遠比我們想像的要複雜得多、深刻得多。在中國傳統教育思想中，學生自身修養是最基本的部分，但在今天變為最缺憾的部分。梅先生當時認為，主要是現代大學的課程太多，課業繁重，以致學生沒有時間來加強自身修養。這的確是一個原因，但我覺得還不完全是決定性的原因。今天的社會看重的是成績單而不要求一個人的修養，所以學生覺得修身養性、完善自己的人格不是人生的主要任務。這形成了一種錯覺。梅先生還談到一點，那就是現代人「獨」的時間太少。中國古人講求「慎獨」，「獨」是「知人我之間精神上與實際上應有的充分距離和適當的分寸」，一個人獨對自己的精神世界，傾聽自己靈魂的聲音，出去以後知道如何保持與社會及他人的距離，使自己的人格不受到壞的影響，這樣才能獨立特行。而現代人因為「獨」的時間太少，所以容易受到不良的影響。另外，梅先生還談到，今天的學生往往札堆抱團，拉幫結夥，故「每多隨波逐流之徒，而少砥柱中流之輩」。「師友古人之聯繫」也失掉了，因為一個人如果自己都不能面對自己，又如何能夠「師友古人」，從古人那裡找到學習的榜樣呢？所以梅先生很遺憾，如今朋友之間只是「寒暄笑謔與茶果爭逐而已」，更何況「尚友古人」？「即在專考史學之人，又往往用純粹物觀之態度以事研究，馴至古人之言行舉措，其所累積之典章制度，成為一堆毫無生氣之古物，與古生物學家所研究之化石骨殖無殊。」

梅先生在此批評那些研究歷史的人,只是把古人和歷史當作客觀的事物來研究,而沒有投入心靈和感情,這樣的話我們對古人的研究就完全失去了陶冶靈魂的意義。在這種情況下,現代學子很少能理解什麼叫「如對古人」。

現代大學在「明明德」一方面少有建樹,在「新民」方面也乏善可陳。因為明德功夫為新民功夫最根本的準備,前者的缺乏,不能不影響後者。梅先生認為,現代大學新民方面之失,還在它只是培養專才,而不是通才。但「社會所需要者,通才為大,而專家次之,以無通才為基礎之專家臨民,其結果不為新民,而為擾民」。此外,他認為大學傳授的社會科學知識也有問題,「或失之理論過多,不切實際,或失諸憑空虛構,不近人情,或失諸西洋之資料太多,不適合國情民性」。這樣,大學教育所真能造就者,「不過一出身而已,一資格而已」。一句話,也就是文憑而已。我們現在在大學裡所講的中國的問題都是用西方的術語,不管合不合中國的實際,因此鬧出不少笑話。二十世紀三〇年代如此,現在依然如此。

大學若要有新民之效,還要有學術自由。梅先生用宋儒胡瑗的話「無所不思,無所不言」來解釋「學術自由」。學術自由也即思想沒有禁區,言論沒有禁區。但他認為「無所不思,無所不言」不是蕩放,因為「大學致力於知、情、志之陶冶者也,以言知,則有博約之原則在,以言情,則有裁節之原則在,以言志,則有持養之原則在」。因此,「無所不思,無所不言」是需要一定的原則來加以節制的。

儘管作為當時中國頂尖大學的校長,梅貽琦還是清醒地看到了現代大學的實踐與大學之道相去甚遠。現代大學是從中世紀大學發展而

來，但二者並不一樣。德國的哲學家雅斯貝斯在《大學的理念》這篇文章中特別聲明：「我的大學，是中世紀歐洲大學。」雅斯貝斯實際上已經看清楚了現代大學與中世紀大學不是一回事。現在國內有些人美化西方大學，並且把西方大學算為中世紀大學，認為大學的產生完全是從學術自由開始的，其實不然，中世紀大學也有大學的問題。現代大學雖然是從中世紀的大學發展而來的，但它基本是現代性的產物，它不能不服從現代性的種種意識形態要求和制度要求。關於這一點，韋伯看得很清楚。在《學術作為一種職業》的演講中，他反對崇拜人格，認為只有專心從事科學工作的人才有人格。但是，在德國中世紀的大學裡面，人格原則一度是大學通過科學進行教育的基礎，而韋伯認為人格不重要，對於科學來說，客觀性才最重要。他明確排除在科學中通過教育實現人格。可以看到，現代科學教育只是西方「理性化過程」的一部分，教育被完全工具理性化，如何達到最大的物質和現實利益成為首要目標，與此無關的就被剔除。

這樣理性化的過程是非常可怕的，表現在現代的大學制度上就是，大學必須服從經濟發展和資本增值的要求，比如考察一所大學好壞的標準之一就是畢業生的就業率，甚至就業率達不到一定的要求就會被取消辦學資格，這迫使很多學校造假，報紙也屢有披露。美國的大學也同樣重視學生的就業情況，至於教育本身應該是人自身完善的手段這個傳了千百年的理念被忘到了九霄雲外。而現在的人卻認為很正常，辦教育需要錢就要跟資本接軌，所以什麼來錢就辦什麼專業，房地產系、博彩專業、廣告……以致大學的專業變得非常不穩定。在這種情況下，學生抱著「明明德」和「新民」的態度來讀書幾乎是不可能的，就如放牛娃的故事一樣，放牛的最終目的是為了掙錢、娶媳

婦、生孩子、放牛，而我們上大學的目的也淪為了找工作、娶媳婦、生孩子、上大學。

這就是現代性的可怕，它讓有文化和沒文化的人都用一種很簡單的方式來思考和決定自己。所以我們如果不利用在大學裡的四年，對此有所反省的話，很可能就把最美好的時間浪費掉了，等到了生命無法挽回的最後一天時才後悔不已。人生一旦陷入了這個怪圈，我們又如何來體現人生的價值和意義呢？所以現在教育的這種理念非常有問題，而我們正陷於此中無法自拔。同樣，這也不是中國大學的問題，而是世界大學的普遍問題。我從德國的網站上看到探討德國現在的科學在世界競爭的態勢下是否有優勢，部分人認為德國科學在世界上仍然存在著優勢，因為政府近年對硬體的重視和投入；但是相當一部分的科學家提出反對意見，認為現在德國大學本科教育「空心化」，科學家致力於自己的科研，而對其「後備軍」本科生卻基本不上課，一流的學者不願意去上課而讓助教代替，這樣一來本科生教育當然受到影響。這種做法無疑是殺雞取卵，不僅沒有關注到學生未來的發展，也沒有關注到民族未來的發展。

今天大學教育存在的問題，如本科教育空心化、基礎理論研究萎縮、沒有道德和修身教育、分數貶值等，我在《文匯報》上發表的一篇文章對這些有專門的探討。比方說，分數貶值也是全球的問題，包括耶魯、哈佛等世界名校。分數實際上是老師和學生共同考察這門課的教學效果，以便於老師的改進和學生的提高，而現在分數對於學生來說只有找工作和評獎學金的意義。中國人過於重視分數，沒有想法只會考試，所以一旦在美國工作就施展不開。所以作為一名老師，我還是想要提醒同學們，不要把分數看得太重要，創造性、分析問題和

解決問題的能力才最重要。人生道路很長很長，一個人的成功和失敗並不在於大學的這幾年，對於成敗要有一個明智的看法。這就是我今晚想要跟同學們講的話，謝謝大家！

二〇〇七年在華中科技大學的演講
周小香根據錄音整理

大學的使命與大學文化內涵

楊福家　中國科學院院士，英國諾丁漢大學校長

　　（部分內容曾於二○○六年三月十五日在同濟大學「同舟講壇」上作講演，題目為：當代大學的使命與大學生的責任。最後修改於二○○七年三月六日。）

　　今天的題目是《大學的使命與大學文化內涵》。我非常欣賞上海一位中學特級教師講過的一句話：做了一輩子的老師，一輩子學做老師。我感到自己過去幾年一直在學習，學習怎麼做一個教育工作者。

■ 一、大學的使命

　　什麼是大學的使命？我想先談談兩所世界一流大學的使命。

　　首先來看耶魯大學，無論怎麼排，它總是在世界最頂尖之列，連續幾年在美國排第三位，緊跟普林斯頓與哈佛大學之後。它成立於一七○一年，現有大學生（耶魯學院）五三一六人、研究生（文理研究生院）二五二二人、專業學院學生（醫學院、法學院、音樂學院等十一個學院，均在大學畢業後進入）三五五二人，學生總數為一一四八三人。它的使命是什麼呢？在創立這個學校的時候，它就有一個建校的使命——為國家和世界培養領袖。它是老布希、小布希、克林頓等五六個美國總統的母校，它也培養了五百三十個國會議員。它為很多一流大學培養了傑出的校長，為墨西哥和德國培養了總統，

為韓國培養了總理，為日本培養了外交部長。後來又提出了它的基本使命——要保護、傳授、推進和豐富知識與文化。初看一下，它似乎只是詞語的堆砌，但是，如果仔細品味一下，就能了解，假如使命只有「傳授知識」這一條，那麼這個使命就對美國近四千所大學與學院都適用，若加上「推進和豐富」，馬上只有百分之三的大學能夠勝任，再加上「文化」兩個字，恐怕減到了百分之一，至於能夠涉及「保護知識和文化」的，只怕不足千分之三。耶魯大學擁有的世界上最好的稀有圖書館，正是承載著這樣的使命。世界上有些孤本圖書資料幾乎只有在這裡才能找到。使命要有差別，有特殊性，如果這個使命什麼學校都能用，那它的表述就不很貼切了。

那麼怎麼來完成大學的使命呢？

耶魯大學校長Richard C.Levin從他的老師、同事、經濟學諾貝爾獎獲得者James Tobin的文章中引出了：第一，要有有形資產（tangible assets）；第二，要有人力資源（human resources）；第三，要有文化內涵（internal culture）。

清華老校長梅貽琦早在一九三一年就說過：「一個大學之所以為大學，全在於有沒有好教授。孟子說『所謂故國者，非謂有喬木之謂也，有世臣之謂也』。我現在可以仿照說『所謂大學者，非謂有大樓之謂也，有大師之謂也』。」

這句話一點不錯，如果你理解講話的背景的話。在一九三一年，清華的基本建設已大體完成的情況下，他把重點放在大師上，而不是過多地關注房子。當時，梅校長並不是在全面論述一流大學的要素。對於一流大學的要素，我逐漸感到，單是大樓與大師是不夠的，於是在二〇〇二年加了「大愛」（見《一流大學需要大樓、大師與大愛》，

文匯報，2002年9月17日）。但後來發現，耶魯大學校長的提法更加完整，有形資產不僅包括大樓，而且還有設備、圖書等。同樣，人力資源也不僅僅指大師，還有學生和管理人員，特別應該提到的是學生，他們同樣是人力資源的重要組成部分，一所大學若沒有學生，沒有優秀的學生，它是成不了一流大學的。

　　大學更為關鍵的是其文化內涵。不同類型的學校，它們的側重點和社會分工不同。看看加州理工學院，它不叫大學，叫學院，很小，三百八十六位教師和研究員，大學生、研究生加起來二一七二位（二○○五年）。在建校時董事會就規定：不管什麼人做校長，都不能擴大它的規模。加州理工學院的使命：通過教學與科研相結合，擴充人類知識與造福社會。作為一個單一的學院，它在交叉學科的氣氛中研究科學技術中最富有挑戰性的基本問題，同時教育一批傑出的學生成為在社會中富有創造性的成員。這裡就沒有提到文化，不是說這個學校沒有文化，作為一個學院，它的使命在側重點上與耶魯大學有所不同。它做得怎樣呢？該院出了三十二個諾貝爾獎得主，這就是它對豐富人類知識寶庫的貢獻。第二次世界大戰中，美國火箭的百分之九十是在這裡設計的。二○○五年，它發現了太陽系的第十個行星，又進一步擴充了人類的知識寶庫。而且除了這三十二位諾貝爾獎得主，還有一大批沒有獲得諾貝爾獎的傑出校友，包括我國的物理學元老、一九二八年獲該校博士學位的周培源，原子核子物理的中國奠基人、一九三○該校博士畢業生趙忠堯，中國遺傳學的奠基人、一九三六年該校博士畢業生談家楨，我國第一號科學大師、一九三九年在該校獲博士學位的錢學森。所有這些大師奠定了這所學校在世界的地位，不需要排名的肯定，它就是世界頂尖的大學，雖然它自稱學院，不叫大

學。它在航太航空、生命科學和物理學三個領域，是世界一流中的一流！把加州理工學院辦成小而精，富有特色，這就是它的文化。小學校，做大學問！

　　再介紹一所大學，普林斯頓大學，連續七年美國排行第一。我們都知道哈佛，哈佛大學過去三年都和它並列第一，但是最近一次又落於其後。原因在於普林斯頓有兩個指標超過了哈佛：第一，五十人以下的小班比哈佛多；第二，校友的回報比哈佛多，回報不只是錢，回報是一種感恩之念，這點他們是很重視的。它目前有六六七七名學生，其中四六七八名大學生，一九九九名研究生。有些人說一流大學一定要研究生數量超過大學生數量，一定要有醫學院，一定要是綜合性大學，這些話對於普林斯頓大學都不適用。它設有二百七十七個博士學位，一百五十一個最終的碩士學位（念到碩士為止，不再往前念）。全日制學生與全日制教師之比為五比一。它沒有醫學院，也沒有法學院與商學院。（目前在中國，名列前茅的一流大學，哪一個沒有商學院、醫學院和法學院！）研究生也不過是學生總數的百分之三十，但它絕對是世界頂尖的大學。偉大在哪裡？除了造就了二十五位諾貝爾獎得主（其中十七位屬物理學）、十二位菲爾茲獎（數學的諾貝爾獎。全美共二十四名，名列第二的法國共十一名）得主外，除特色鮮明外，校園中那種自由又寬容的學術氛圍讓人嘖嘖稱讚。辦學要有特色，特色文化就好比我們去餐館要吃的王牌菜一樣。比方我很欣賞貴校物理系，它們的「王牌菜」──引力，在中國很少有學校能在這方面和它媲美，這就是它的特色。

　　沒有特色的學校是沒有前途的！中國高校的特色在哪裡？這是溫家寶總理非常憂慮的問題。去年溫總理召開了四次會議，在開會之前

與我談到了四個憂慮：一個就是高校的特色哪裡去了？他講到去看錢學森的時候，錢學森提出現在中國之所以沒有完全發展起來，第一個重要的原因就是沒有一所大學能夠按照培養科技發明創造人才的模式去辦學，沒有自己獨到的創新，老是冒不出大師級的傑出人才；第二個是高等院校的品質問題；第三個是高校如何辦出自己的特色？這些問題報紙上刊登了，第四個問題沒有登，中國公辦的高校借了多少錢？三千億、四千億，還是五千億？

■ 二、大學的文化內涵

大學不僅僅是客觀的物質的存在，更是一種文化存在和精神存在。物質存在很簡單，如儀器、設備、大樓等。然而，大學之所以稱之為大學，關鍵在於它的文化存在和精神存在。大學的文化是追求真理的文化，是嚴謹求實的文化，是追求理想和人生抱負的文化，是崇尚學術自由的文化，是提倡理論聯繫實際的文化，是崇尚道德的文化，是大度包容的文化，是具有強烈批判精神的文化。大學文化體現的是一種共性，其核心與靈魂則體現於大學的精神。

我想從校訓談起。校訓，是學校歷史和文化的結晶，是大學精神的象徵，是學校辦學理念的集中體現，也是對學校特有的文化內涵的一種簡練的表達。

一家報紙請四七六二人投票：你認為中國的大學哪個學校的校訓最好？清華的校訓：自強不息，厚德載物。獲第一名，拿了百分之五十四的票。「天行健，君子以自強不息」這是中國千古傳世名言。去年胡錦濤主席在耶魯大學發表演講時引用了這段話，講了中華文明歷來注重自強不息，不斷開拓創新，還講了在過去五千年我們之所以

生生不息，歷經挫折而不屈，靠的就是這種發憤圖強、相容並包、與時俱進的精神，講了改革開放以來所有的一切就是這種精神的生動寫照。上海大學校訓中也用了「自強不息」，同濟大學「同舟共濟」下面也是「自強不息」，但是用「地勢坤，君子以厚德載物」的並不多。貴校用了非常漂亮的校訓：明德厚學，求是創新。

大學的文化是追求真理的文化。

復旦大學的校訓得到第二名：博學而篤志，切問而近思。李政道說：「我最喜歡的是每句的第二個字，學和問，學問，學的是問，而不是回答的問題。」我逐步發現我們與西方有一個很大的文化差異，英國的家長看到小孩從學校回來問他的是：「你今天提了幾個問題？」我們的家長問：「你今天考了多少分？」而且有一次我看到，有一個人來學校上班的時候非常不高興，我就問他：「你今天幹什麼啦？」他說：「氣死我了，我女兒考了九十九分。」我說：「我搞物理的，差一分啊，按照誤差，達到了國際水準啊！」你猜他怎麼回答我啊，他說：「差一分能進復旦大學嗎？」我沒話可說了。每年暑假電視臺就講今年考大學差一分就絕對進不了。我們現在的制度是非常嚴格的，所以一分至關重要。

愛因斯坦說過一句話：「我沒有特別的才能，只不過是喜歡窮根究底罷了。」大家知道美國的氫彈之父每天都要問問題，至少每天提十個問題。但是至少有八九個問題是錯的、荒謬的，而他的偉大創造就是在那一兩個問題上。所以他說了一句話：沒有愚蠢的問題。所以各位同學要勇敢地提問題，不要怕別人笑你。沒有問題是沒有創造的，這應該成為我們大學文化內涵很重要的一部分。二千五百年前提了個問題——世界是怎麼組成的？這就標誌著自然科學的開始。自然

科學的開始是以問題開始的。

　　哈佛大學的校訓是什麼啊，一個字：truth（真理，有人把它譯為：讓真理與你為友）。追求真理，而不迷信權威。大學文化是追求真理的文化，嚴謹求實的文化。我去年碰到了已下臺的任期最短的哈佛大學校長，他曾是財政部長，他給我講了一個事情。說他做校長時，一位剛進哈佛的新生對他說：「我一直在跟蹤你的數據，你的數據有錯誤。」一個新生可以對校長說「你錯了」，這就是哈佛的文化：思想勝於權威。如果一個大學擁有這樣的文化，那它就有可能成為世界一流大學。

　　耶魯大學校訓：light and truth（光明與真理）。胡錦濤主席於二〇〇六年四月二十一日在耶魯大學演講時說：「耶魯大學校訓強調追求光明和真理，這符合人類進步的法則，也符合每個有志青年的心願。」在聖路易斯的華盛頓大學的校訓是：通過真理取得力量。這些都離不開真理兩字。二〇〇五年教師節的時候，溫家寶總理引了陶行知的話：千教萬教，教人求真，千學萬學，學做真人。之所以重提這十六字，因為在我們大學，出現了很多造假的事情：有些同學認為「簡歷不做假，典型是大傻」；在不少學校，作弊風屢禁不止，在一些著名大學也不例外；在學術上造假事件也屢見不鮮，造假申請科學基金的案例常被披露。這使我想起了李嘉誠的一本書，書名就叫《誠信就是資本》。

　　我做校長的時候我最感到臉紅是什麼？老是收到美國大學的來信，要我證明他們收到的同學的成績單是正確的還是假的，這是專寄中國的，對其他的國家不會計較。你說中國真的站起來啦？還有就是信用卡，到英國我感到很自豪，因為我是那裡第一個戴上金邊帽的中

國人，但是很快我感到臉紅了，中國同學來找我說：「我們向英國銀行申請信用卡，申請不到，中國學生他們一律不給。」我就氣了，你怎麼唯獨欺負中國人？跟我去的一個人也發現他想申請卻申請不到，中國人他們就是不給，後來他申請一張中國銀行的信用卡，銀行給他了，但是欺負他，只給了他三百鎊額度。為什麼欺負他？因為銀行發現他住的地方就是以前中國留學生住的地方，他們借了一大堆錢，人走了以後，也不留個地址，人家沒法追，結果氣了，乾脆所有中國學生不給你信用卡。你說丟臉不丟臉？

大學文化是一種崇尚學術自由的文化。加州理工學院的校訓「真理使人自由」就是這種文化的體現。耶魯大學校長說：「只有自由探索、自由表達，才能真正發掘人類潛能。」溫家寶總理在二〇〇六年十一月十三日與文學藝術家談心時，九次強調自由，並引了馬克思與恩格斯在《共產黨宣言》裡講的話：「每個人的自由發展是一切人的自由發展的條件。」總理在這樣的場合這麼講自由，我感到有很深的含義。

大學文化是提倡理論聯繫實際的文化。麻省理工學院崇尚理論聯繫實際，它的校訓是：動腦又動手（Mind and Hand）。諾丁漢大學的校訓是：城市建於智慧。用現代語言來說，就是「大學是經濟增長的發動機」。一個城市要想成為國際化的大都市，就必須擁有一流的大學作為後盾，但是大學帶給城市的不應該僅僅是物質上、經濟上的飛躍，還應該包含精神文明、文化修養上的提升。

大學文化是崇尚道德的文化。現在中國的小學、中學甚至包括大學教育的基本任務就是培養社會的好公民。我非常贊許貴校老院士裘法祖醫生的一句話：「要做好醫生，必須要做好人。」在美國，學生

要念了四年大學以後才能進醫學院。後來英國發現這樣做有好處，諾丁漢大學也改了。我們在四年前成立了一個新的醫學院，是大學畢業以後才能進去的。進去的首要條件：這個人的素質，而不是他是否念過生物，是否念過自然科學。而且特別強調：做醫生，首先要知道怎麼做人、怎麼對待人，以人為本。比如每天早晨醫生要到病房看望病人，不能叫他幾號幾號，得叫他某某先生，要把他的姓稱呼出來。只有這樣才是合格的醫生。

談到道德，美國真正意義上的第一所大學——賓州大學的校訓就講到道德：沒有道德的法規是徒勞的。上海交大的校訓體現了非常深刻的道德含義：飲水思源，愛國榮校。飲水思源用英文來講就是 thanks giving，感恩。英美很重視感恩節。如今我們的電視臺常常在說：感恩生命，感恩父母，感恩老師，感恩社會，感恩生活，感恩自然。最近，英國廣播公司介紹了發生在中國的動人感恩事例，其中包括：當今醫學巨擘裘法祖的妻子，天天到醫院探望保姆，為她擦身、餵藥、送菜，以感激這位保姆伺候她家幾十年；一位學生走出面試考場後，向為她拉開門的門衛鞠躬致謝；一位婦女好不容易積蓄了一千元，和丈夫一起到醫院，捐給醫院，還了五十多年前的願，感五十多年前的恩。報導的最後指出，人的生活中，感恩情懷是不可缺少的。感恩，人生的必修課。感恩，社會能更和諧。感恩，世界能更美好。

但是，也有些不協調的聲音。在很多大學，包括名牌大學，一些農村來的學生不願意見他的父母，覺得很不光彩。同樣，如果父母是很有錢的，就覺得很光榮。所以我想起了哈佛大學所提倡的：「一個人能不能有所成就，不單單看智商，還應該看他的情商，進而看他的德商。」一九九八年，聯合國教科文組織召開「迎接21世紀高等教育

大會」，聯合國文教總幹事在大會上作總結時講到：學校要讓學生學會做人、學會生存（learn to be），要讓學生學知識（learn to know），要讓學生學習如何掌握這些知識（learn to how to learn），還要讓學生學習如何與其他人相處（learn to deal with the others）。

上海交大校訓的後半句——愛國榮校，體現了道德的高境界，體現了中國文化的精華。但是，愛國決不是中國獨有的文化，它在世界範圍有其普適性。譬如，胡錦濤主席在耶魯大學演講時（二〇〇六年四月二日）曾說：「美國民族英雄南森·黑爾是耶魯校友，他的名言——『我唯一的憾事，就是沒有第二次生命獻給我的祖國。』」

我於二〇〇〇年七月四日正式登上這個位子，我當然感到很自豪，五星紅旗第一次在英國的校園裡飄起的時候，你們可以想像我激動的心情。我想告訴大家，這不是因為我個人怎麼樣，而是國家的強大。你們可以設想二十年前我是不可能會有這個位置的。有一次我坐車遇到一位華人的領袖，他請我吃飯時說：「你知不知道六十年前我來英國的時候他們叫我什麼？」我說：「叫你什麼啊？」他說：「叫我清人。」同學們，我不知道你們是否聽得懂什麼叫「清人」。清朝最腐敗，得叫他清人，不叫華人。但是沒想到今天這麼一所大學裡面的唯一的一頂金邊帽給真正的華人戴上了。他流著眼淚對我說：「每個華人都有個夢，要五千年文明的中國在世界上站起來！」一九四九年毛澤東主席講祖國要放眼世界，但是我們是不是站得很穩了呢？兩彈元勳鄧稼先講了一句話：「一個科學家能把所有的知識和智慧奉獻給祖國，使中華民族擺脫了任人宰割的命運，還有什麼比這更令人驕傲和自豪！」他和楊振寧是同學、同鄉，一起在美國拿了博士學位。鄧稼先先回來了，楊振寧留在美國拿了諾貝爾獎。一九七六年楊振寧

回到中國的時候要見他的同鄉、他的老同學，見了後問鄧稼先：「你真正地告訴我，中國發展核武器有沒有外國人幫忙？」楊振寧提這個問題很自然。美國三分之二的核科學家都是歐洲過來的，現在俄羅斯的很多資料都已經曝光了：蘇聯發展核武器有很多是靠歐洲科學家幫忙的，他們出於對新生社會主義國家的同情，並認為只有一個國家擁有核武器世界是不會太平的，因此他們幫了蘇聯。楊振寧問這個問題是很自然的。鄧稼先很謹慎，他說：「調查一下！」一個星期後，在上海一座高樓的頂樓，楊振寧吃晚飯的時候，外面傳來一張鄧稼先寫的條子，上面寫著：我調查過，確實是我們自力更生的結果。楊振寧看到這張條子便到衛生間流眼淚去了。他在很多自傳的書裡都寫到過這個故事。

　　還有一位大家恐怕不太熟悉，叫于敏，是我最尊敬的物理學家，天才，奇才！他對我們國家作出了巨大貢獻，土生土長，沒有出國留過學。去年他八十歲，有人稱他是「氫彈之父」。錢三強是在原子彈還沒爆炸之前就組織發展氫彈，很有遠見，而且還發現了于敏這樣的人才。年輕人如果沒有機會，是很難做出成績的，就算你很有天才，很努力，但是需要機遇，而于敏的這個機遇是錢三強給他的。原子彈是很容易造的，只要有材料就行，氫彈卻是很難、很難造的，但是我們花最短的時間把它造出來了！氫彈很美啊，不僅外表美，而且還充滿了物理的美。于敏先生第一次出國到美國儀器實驗室去，我很榮幸被同請去了，美國儀器專家看到他就知道這個人厲害之極。于敏講了一句話：中華民族不欺負別人，也決不受人欺負，核武器是一種保障手段。這種樸素的民族感情和愛國思想也一直是使我進步的動力。一個人要做什麼事情是需要動力的，英文就是motivation。很多青年學

子要到外國去留學，要我寫一封推薦信，其中就有一欄是填寫motivation，你要前進你就必須要有動力，于敏就說出了他們的動力。

大學是一個普適的university，愛國不是一國所特有的，它是中國古老文明中非常精彩的一部分，但它不是中國所特有的。有些國家老是誣衊我們老是講愛國主義，其實他們說的比我們多得多了。譬如玻爾就說過：丹麥是我出生的地方，這裡就是我生命開始的地方。他說：我就要在我這個只有五百萬人口的小國裡建立一個世界認可的物理學研究所。結果他成功了。

我這幾年來認識了一位朋友，美國的四星上將，美國戰略司的人。二〇〇五年乘專機和他一同從俄羅斯到哈薩克去，由於時間比較多，又是在同一個包廂裡，就聊起天來。他飛過五千個小時，飛過用來裝原子彈的飛機，飛過B52世界上最大的戰鬥機，飛過F15，F16，還飛過U2……他講到U2時，我就插了一句：U2在我們上空被我們打下來了。我就問他的夫人：「他這麼飛，你怕不怕？」他夫人講得非常坦率：「不怕是假的，當然怕，但是為了美國的利益，他必須這麼做。」美國人有一句話叫：Interests of the United States。美國總統尼克森來中國，人家問他：「你為了什麼？」「為了美國的利益。」他不是為了中國的利益，而是為了美國的利益而來的。最近做國防部長的羅伯特，他做國防部長前是美國農業與機械大學的校長，他得到通知，總統要他去做國防部長。於是他寫了封信說：「美國總統已經宣布要任命我為國防部部長，我非常榮幸。同時深深地感到悲哀，因為我熱愛這所大學、我熱愛這個州，但是我更熱愛我的祖國。我必須履行我的職責，所以我必須走。」

你看這就是大愛！大愛首先要熱愛自己的國家。文化內涵的重要

內容：愛國主義、理想主義、世界觀、人生觀、價值觀、榮辱觀。這是胡錦濤主席去年八月分講的話。

耶魯大學的一個畢業生說，耶魯給予他的不是與具體的知識相聯繫的東西，而是價值觀、道德觀、做人方式、思考的習慣，這些對他的一生都至關重要。所有這些都不是某個人教給他的，而是存在於大學教育的氣氛中。「我們的世界應該因你的存在而有所不同，為真理奮鬥意味著接受精神文化，精神能豐富人的生活。」這樣的一句話誰也沒跟他們明確地說過，可是這種精神卻彌漫在校園之中，於是就融入了學生的思想深處，奔騰在校友的血液裡。

▌三、一流大學的啟示

大學是群英匯聚的地方，因此我們既要走出去，融入到世界各地，同時我們又要請進來。

美國為什麼是一個超級大國？首先它是一個教育大國，而且也是教育強國。我們中國現在是教育大國，但不是教育強國。美國現在的毛入學率已經超過百分之九十了。中國現在很了不起：我國大學生的入學率從一九七八年的百分之一點四，到現在的百分之二十三，而且還在不斷地提高。我們今天大學生已經超過二千萬，世界第一。美國的教育基本理念是培養好的公民。公民培養好了，人才也就有了。還有句話在它教育部的門口：保證教育品質，保證教育公平。教育是要培養社會的好公民。公民是姓公的，心中要有公，學做真人。如何做好公民是非常重要的。一位搞歷史的人說：中國的五千年文明是很光彩的，很豐富的，但他認為缺少了「公」這個字。我們注重的是忠和孝，忠是對皇帝要忠，孝是對父母要孝，其中有一個很大的空間我們

忽略掉了，這就是「公」。

我在路上走時常會看到令我臉紅的事。像在德國，我最近看到一個中國人拿著相機在馬路上照對面的建築，他拿起照相機的時候，旁邊的司機居然停下來等他照完了再過去。而在中國，人行道明明是綠燈，過馬路時卻還是提心吊膽的，因為汽車可能會衝過去。有人說上海很快就會超過香港，的確，憑房子很快就會超過，但是教育的素質呢？人的素質呢？對「公」，我們還有很多路要走。現在最重要的是培養公民，培養社會的好公民。這應該成為文化內涵的重要內容。

大學文化中重要的一點是大愛，大愛首先要愛國，但還應該愛師愛生。我下面講幾個例子，說說怎麼愛老師、愛學生。

英國人安德魯·懷爾斯，一九八五年在普林斯頓大學升為正教授後，九年基本上沒有出文章。從校長到系主任，沒有人知道他在做什麼，也不管他在做什麼。九年以後，他解決了世界數學界三百六十年沒有解決的難題——費馬大定理，獲得了當今數學最高獎——菲爾茲特別成就獎，到此為止他是這一特別成就獎的唯一獲得者。

約翰·納什患精神病三十多年，但在他生病後，普林斯頓大學把他從麻省理工學院（MIT）請過來，給他辦公室，給他溫暖。他的家人和同事對他也無比關懷。三十年後，奇跡發生了，他恢復了，一九九四年拿了諾貝爾獎。這就是普林斯頓大學的魅力！納什教授的故事被寫成小說《美麗的心靈》，拍成電影，拿了奧斯卡獎。所以有大師還必須有大愛，在一流大學應到處可見美麗的心靈。「美麗的心靈」就是普林斯頓大學特有的文化內涵！關心老師，給他環境，讓他自由創造。類似的如巴黎去年拿菲爾茲獎的也是這樣，允許他青年時埋頭研究。

有一位美籍華人在美國一所很有名的大學當校長，第一年和九百名教授吃了一百頓午餐。我很遺憾，我當校長時和教授們只吃過幾頓午餐，而他卻和教授們吃了一百頓午餐，對人非常關心，把人才看作最珍貴的東西。結果在他任期之內，五位教授獲得了諾貝爾獎。另外他堅持為本科生上課，堅持帶研究生十三年。哈佛大學也有一個很好風氣，它有一座三百年歷史的樓，校長辦公就在裡邊，而最優秀的新生就住在該樓校長辦公室的上面。

　　耶魯大學愛學生有一套制度，它為什麼能為國家和世界培養那麼多領袖呢？耶魯校長謙虛地說：我們是向英國學習的，吸取了英國精髓的東西，學英國的住宿學院。

　　英國高等教育的亮點在哪裡？從十五世紀開始，牛津和劍橋就實行導師制，並且有了住宿學院。耶魯大學的校長說，所有後來成為總統的，都是在導師的指導下，在住宿學院裡組織的各種各樣社團中，擔任過領導職位的學生。社會工作是同樣重要的學習和鍛鍊，是重要的「第二課堂」！總統、領袖式的人物都是從這些組織中培養出來的。大學的精神就是融入在學校濃郁的氣氛之中，而這種氣氛不是一朝一夕形成的，住宿學院正是這種精神存在的載體之一。百年名校最可貴的也就是彌漫在校園裡的這種氣息。

　　現在說說導師制。我曾在哈佛大學醫學院碰到一位老教授，我問他帶了多少學生、輔導了多少老師，他回答有一百六十多個，我當時簡直不敢相信。而更讓我難以想像的是，他對每個學生方方面面的情況都了解得很清楚，所以人家稱他為「准父母」。這就是師生之間的愛。

　　三千年前有哲人就說過：「頭腦不是被填充的容器，而是需要被

點燃的火把。」牛津大學培養了那麼多的首相。它有一句話：導師在學生面前「噴煙」，直到把學生心裡的火把點燃。學生要在導師、家長、自己的幫助下，了解自己的火種在哪裡，並把火種點燃了，才有成才的可能。「人無全才，人人有才。」這是我們的一個基本理念。關鍵是怎麼發現這個才。

法國巴黎高等師範學校，它不叫學院，不叫大學，它叫學校，我們最看不起的名字，它卻把它保留下來了，不願意改，但它也是世界一流的大學。它的校長在北京說過一句話：學校的任務是發揮學生的天才。

哈佛校長在三百五十周年校慶時說，哈佛最值得誇耀的，不是獲得了多少諾貝爾獎、走出多少總統，而是使進入哈佛的每一顆金子都發光。首先，他承認進哈佛的每一個人都是金子，他的任務就是讓他們都發光。牛津、劍橋的辦學思想也都是開發學生的潛能，激勵個人的創造精神。

寧波諾丁漢大學，為英國人服務，但更重要的是應該札根自己的國家。諾丁漢大學實行小班教學，有九十多位從英國來的老師，我們有責任握住學生頭腦中的火苗，開發他們的潛能。一個班的人數對學校很重要，克林頓第二次當選總統的時候發表了一次演說，他講知識經濟要到來了。當時我在臺下就想，我要在教育上採取什麼措施迎接知識經濟的到來？其中一個措施就是要把中學二十二人的班級減到十八人，為此我連忙上報政府，使得十八人的班級普及。我前面講到了，普林斯頓之所以領先哈佛，其中重要一點就是它五十人以下的小班多於哈佛。我在向溫總理匯報的時候講了這些事情，溫總理加了一句：真正要培養研究生，李政道教授告訴我，要一對一地。所以，今

天的導師們應該與研究生有更密切的關係。寧波諾丁漢大學的使命是什麼呢？我們在校園裡種了兩棵樹，一棵是英國的，一棵是中國的，我們的使命不單單是要樹長大，而且要青出於藍勝於藍，我們要種出既是英國的也是中國的樹，要使得學生既懂得中國的文化，也懂得西方的文化。

▌四、大學生的責任

大學為年輕人創造機遇，大學生為大學作出了貢獻，從中也可以看出青年成才的一個重要要素：機遇。不管你多聰明，作出多大努力，如果沒有機遇，要成才很難。我們國家現在形勢大好，是一片希望的沃土，為青年人提供了從來沒有過的機遇。而我們的大學一直為年輕人提供舞臺，始終為青年學生創造機遇。

機遇偏愛年輕人，這是不以人的意志為轉移的，而只偏愛有準備的頭腦。江澤民同志在給院士作報告時講了一條普遍性的規律：綜合世界各地區的發展，許多科學家的重要發明、發現，都產生於風華正茂、思維最敏捷的年輕時期，這是一條普遍性的規律。諾貝爾獎的百年歷史，就是年輕人的創業史。我下面羅列的這些人都是在校期間就做出了他們後來獲諾貝爾獎的工作。布拉格父子，因為兒子在劍橋讀研究生的時候，糾正了他父親的錯誤，兩個人一起得到諾貝爾獎。到今天為止，他仍舊是最年輕的諾貝爾獎獲得者，當時他只有二十五歲。華生與克利克在一九五三年發現了DNA結構，二十世紀三大發現之一，當時克利克是物理博士生。前年獲得諾貝爾獎的三個人，在一九七三年做出獲獎成果時，一位是哈佛的研究生，一位是普林斯頓的研究生，另一位則是普林斯頓的講師。這樣的例子屢見不鮮。

年輕人獲得成功的另一個要素是好奇心、興趣。興趣驅動著人們非常努力地去工作，好奇心是科學研究的原動力。另外一個啟示：一流大學起很大的作用。上面提到的這些諾獎獲得者都來自於很好的大學。同時大學生又反過來為大學作出了巨大貢獻。

　　什麼叫大學？大學是University，它的詞根是universus，這個字本身就意味著普遍性、普適性、世界性、宇宙性。大學就應該體現出這種精神。一流的大學正是群英匯聚的殿堂，來自世界各地的學子和群英相聚在一起，在人類知識的寶庫裡探索奧秘、實現夢想。

　　我請大家特別注意的是，如果一所大學想要達到國際水準，就必須要有來自世界各地的學子，否則它永遠成不了世界一流的大學。來自世界各地的學生和來自世界各地的老師聚在一起，在人類知識的寶庫裡探索奧秘、實現夢想。

　　耶魯大學的校長經常這樣自豪地講：「我們學校實行普適教育，進耶魯大學的學生可以從一千八百門課程中選課。」現在我們的有些大學也開始行動了，實行廣博教育，進來不分專業。但是做起來不容易，這樣做必須有堅強的後盾。耶魯大學有一千八百門課程可供選擇，它包括了幾乎全部人類知識。它還有極其非凡、盡心盡責的教師輔導學生。沒有這兩個條件，要照樣畫葫蘆，只會落個東施效顰，貽笑大方。

　　最近，作為世界名校，杜克大學的校長，布羅德海德（Richard H.Brodhead）面對由紈綺子弟引起的校園風波，發表公開信：「要求全校師生員工參與校園文化倡議。」他特別強調：「創建大學的原則就是追求真理！」他要求「所有教員對學生的教育必須擴大到道德層面」，要學生理解，「對社會應有責任感，在差異面前應相互理解，

相互尊重」。這可稱為：亡羊補牢，為時未晚。他還明確指出：「杜克大學不是富人子弟學校。杜克錄取新生時，不考慮學生的家庭貧富，學校每年用五千萬美元使百分之四十學生得到資助。」確實，只有對學生充滿愛心的大學，才有可能成為一流大學。

我希望每個年輕學子都有一個夢，有大的夢，有小的夢。大的夢是一致的：讓我們的國家真正在世界上站起來，站得直，站得穩。

要成才，三個要素很重要：人生觀、興趣、機遇。我們國家走到今天，可以說處於一個非常艱難的境地，需要年輕人開拓貢獻。我們的GDP上得很快，但是我們消耗的能源、造成的污染，在世界上占的比重都太大，所以中央非常及時地提出了科學發展觀。我們正在十字路口。越是困難，問題越是多，機會也越多。危機、危機，有危才有機！而敢於面對與解決困難的動力在於信念。正像愛因斯坦所說：「我每天上百次地提醒自己，我的精神生活和物質生活都依靠別人（包括活著的人和死去的人）的勞動。我必須盡力以同樣的分量，來報答我領受了的和至今還在領受的東西。」這是他的信念，也應該是我們人生觀的一部分。

「讓進入哈佛的每一顆金子都發光」，不僅要自己發光，而且要使得別人也發光。我記得諾貝爾獎獲得者的一句話：你不僅要能夠享受欣賞自己取得的成就，同時應該能享受欣賞旁邊人取得的成就。舉個例子，到美術館，如果你只能欣賞自己的作品，不能欣賞別人的作品，那你不要去了。圖書館也一樣，如果你只能欣賞自己寫的書，而不能欣賞人家寫的書，那你也不要去了。所以應該學會能夠享受欣賞別人的成就。同濟大學的校訓「團結」所要宣導的也正是這種精神。

總結我今天講的：有形資產、人力資源與文化內涵是大學之為大

學的三個要素。簡潔地講：大樓、大師、大愛！

大愛是文化內涵的重要組成部分。它包含：愛國家，急國家所急；愛人民，做好公民，心中有公，心中有民；愛真理，求是崇真，學做真人；愛科學，激勵好奇心，挑戰權威；愛師愛生，營造環境，點燃火種。

溫總理說過：沒有愛心就沒有教育。他在與遼寧東北大學學生共度除夕之夜時又說道：「每一個學生首先應該懂得的道理和終身實踐的目標，就是熱愛祖國並為之奮鬥。只有對國家、對人民愛得深，才會有強烈的責任心，才會對國家、人民有獻身精神。學生要愛老師，老師也要愛學生。對人民要有真摯的大愛。只有這樣，才能成為一個真正的人，一個有道德的人。」（見《文匯報》，2007年2月19日頭版頭條，標題：《對人民要有真摯的大愛》）我充分相信在華中科技大學這麼一所馳名的大學裡，在場的各位都會響應這種號召，從這個校門裡走出的學生都會是真正有道德的人。

大學生主要的目標是做好好公民；大學的文化是崇尚自由的文化；大學是群英匯集的殿堂，來自世界各地的學子與群英相聚、寬容相愛；在人類知識的寶庫裡，在大學精神彌漫的氛圍中，自由探索，百花齊放，追求真理，付之實際，實現夢想。所有的年輕朋友們都要有夢想，努力吧，在這裡開始你的人生夢想！

謝謝！

本文部分內容發表於《文匯報》2006年6月18日、《新華文摘》2006年18期

2007年在華中科技大學的演講
歐陽來祿根據錄音整理

良知與明智

廖申白　北京師範大學哲學與社會學學院教授

今天我想講的，主要是有關儒家的良知概念，尤其是孔子和孟子的。我們如何看待儒家的良知概念，它和實踐性的理智，和明智這種實踐理智德性，是什麼關係，是很重要的問題。的確，對於我們中國人來說，怎樣處理好我們中國自己的文化傳統以及和西方文化傳統的關係是事關重大的。我們歷經兩百年激烈的思想震盪，卻遲遲找不到一個健全的、處理這兩種文化傳統關係的方式。直到現在才依稀明白一些，但還是非常朦朧。這是我對中國兩百來年的文化學術史的一個初步觀察。這個問題不能簡單處理，要認真思索。

一

今天我們把話題集中一點，我主要是要說，儒家的「良知」是一個實踐性的理智。

我之所以想談這個話題，是因為這些年我越多一點兒地閱讀亞里斯多德關於實踐理智的觀點，就越讓我反思儒家的「知」的概念。孔子提出的「知」的概念非常重要，幾千年來中國人未必讀懂。孔子的「知」與孟子的「良知」有內在的思想上的聯繫，從漢代到宋、明、清有幾千年的解說歷史。而由於時代歷史等種種原因，對這個概念的闡釋我個人認為還沒有深入到應有的程度。因為，我認為，哲學的理

解需要借助參照。我們須要對照希臘哲學的尤其是亞里斯多德的實踐理智的概念來思考孔子的「知」與孟子的「良知」，才會對儒家的「良知」理解得更深。

我讀亞里斯多德的實踐理智的概念的一點很強烈的感受就是，他把心靈本體以他的理解方式坐落在理智尤其是實踐性的理智上。心靈，在中國和西方的觀點中是一樣的，都有三個基本點：知、情、欲。亞里斯多德認為在三者的關係上，理智位次最高，它是我們作為人最重要的心靈力量，這樣的心靈力量與欲望和感情有不一樣的地方。這個特別的地方在於，它的展開要靠自己。但這是人獨有的，所以心靈要落座於此，這是亞里斯多德的基本看法。與亞里斯多德不同的是，儒家把心靈坐落在感情上，這裡有很深的內涵值得我們去琢磨。亞里斯多德認為心靈落座於理智，感情的優點或德性就在於聽從理智，這是感情的好的狀態，如果處在不好的狀態就是另一個樣子。這一點讓我感受很深。但儒家不同，他們把心靈坐落在感情上，感情的優點在於它自身發展得非常和諧、豐富。這個優點不是說感情去聽從理智，而是說發展得和諧豐富的感情本身就孕育良好的思想和意向，而有良好的思想和意向就含有亞里斯多德講的那種實踐性的理智。感情發展得和諧豐富就是「文」。「文」如孔子教導我們的，一要貼切於「質」，二要適中而不要過度，這才是健康的文化。儒家同時講「文」和「意」，因為「文」就含有「意」。「意」可以「會」，說出來理解了就可以「知」。所以「知（智）」在儒家這邊是在心靈的良好感情發展基礎上生發出來的。如果心靈的感情發展得不和諧、不豐富，心靈就談不上好，在這樣的基礎上生發的「知」也就不健康，就算不上是「知」。

儒家與亞里斯多德的這個對照讓我感受深刻。我讀儒家，會反過來想亞里斯多德，讀亞里斯多德也同樣是如此。儒家講的「知」，以亞里斯多德方式來解釋當然是實踐性的理智，明智按亞里斯多德的看法是實踐理智的德性。實踐理智和明智兩個希臘詞都有一個共同的動詞詞根，意思是思考。為了理解的方便，我說明智就是實踐理智的德性，對中國人而言這樣說會理解得清楚一點。亞里斯多德講的實踐理智，以儒家的方式解釋就是「知（智）」，但是在儒家這邊，明智不被看作是實踐性的理智的基本德性。而且在儒家這裡，「知」的概念沒有很清晰的總結，在孔子和孟子那裡都沒有，好像是不很需要。但孟子有個「良知」的概念是孔子「知」的概念的一個內在的續接。這個「良知」就是儒家的實踐理智的概念。而且，以亞里斯多德的方式看，儒家只有這樣一個實踐理智的概念，沒有一個在它背後的理論理智的概念。他這樣看也是對的。余紀元先生說，同西方人討論的時候他問過一個問題，為什麼儒家沒有一個理論理智的概念？他說，他發現西方人卻從來沒有問過這個問題，他也感到很奇怪。我認為，我們可以先來想想為什麼亞里斯多德除了理論理智，還一定要提出一個實踐理智的概念來。基於這樣一種審查，我們或許可以找到一個聯結點，基於這樣聯繫，才可以說儒家的良知是實踐性理智的一個表達。這樣一個聯結就在於，人的理智能力主要是面對人的實踐，也主要是要解決人的實踐的生活方面的問題的。在希臘，在中國，在其他地方都是這樣。所以，亞里斯多德一定要提出一個實踐理智概念，因為他的理論理智是不處理人的充滿變化的實踐事務的。而儒家關注的中心就是人的實踐的生活，它的「知」也就是這樣的一種理智，實踐性的理智。

我這樣說，首先是基於對德性的思想的解釋上。儒家思想和希臘時代柏拉圖、亞里斯多德這兩位重要思想家有很大的可以會通的地方。最重要的一點就是，他們都對心靈的知、情、欲三個方面有深入了解，並基於這種了解來說明人的德性。在對這三者的了解和基於這種了解來解釋德性這方面，兩者大道相通，都認為我們的心靈有知、情、欲三個基本原理，德性與這三者的關係與狀況相關。細緻來說，按照亞里斯多德或儒家的觀點，欲望是感情強烈的一端。如果把感情比作是由密到疏的一個光譜的話，那麼欲望就是在密集的這一端。在儒家和亞里斯多德的思想中都可以看到，欲望一定是偶然地著落於一個具體對象時的強烈感情，沒有具體指向的不能稱之為欲望。有些感情強烈於其他感情，有些感情某一時段強烈，但是欲望感情必須有具體對象物來作為著落點，這是毫無疑問的，這是第二。他們第三個共同的地方就是，欲望以這樣的方式形成後，就不太能夠擺脫而容易過度，儒家和柏拉圖、亞里斯多德都看到這一點。柏拉圖「靈魂馬車」的思想認為，當欲望發生的時候它是已經著落於一個具體的對象，欲望會忘卻一切。柏拉圖描繪得非常清楚，感情好比靈魂馬車裡非常聽話的那匹馬，欲望就是前面拉套的馬，感情可以做轅馬，馭手就是理智了。轅馬比較聽馭手的話，欲望比較反叛。這樣的對欲望、感情、理智的三個原理的描述，是儒家和西方之間大道相同的地方，但是也有差別。

　　亞里斯多德所注意的是欲望抵抗理智。亞里斯多德有個比喻，欲望像麻痺的肢體不聽使喚。在這一點上儒家體會有所不同。儒家認為在這種情況下，欲望傷害的是感情本體。這樣的兩種理解有很大差別。在亞里斯多德的觀點中，重要的是理智和感情要聯合起來訓導好

欲望。在西方藝術中，這樣的哲學思考表現得非常鮮明。比如基督教的藝術作品，就把理智、感情和欲望三者以鮮明的藝術表現方式表達了出來。在這些作品中，女性是感情的代表，她們的特點就是非常尊重和崇敬理性；而士兵、王公、收稅官則代表著欲望，表現出做惡者和陰謀的叛變者的特點。仔細觀察和體會基督教的作品就會發現，它們是以神聖的形式把這三種形象做了生動的表達。反觀儒家就有些差別了。儒家始終強調這三者是可以和諧的，不和諧的時候就是欲望過於強烈，由於過度而變得不良好。知、情、欲這三個元素的和諧是自然賦予的，這種可能性的原理在儒家叫做「性」，在自然裡就是原理的意思。欲、情、理智都是自然的「理」。欲天然形成，但要通過後天的調養；情、理智全靠人通過學習與實踐使它們豐富發展、和諧，發展得好才可能實現與欲望的和諧。這就是中西方不同的地方。

為什麼儒家會以如此不同的方式說明人的理智，以致在儒家這裡完全沒有把理論理智同實踐理智分別開的需要，而在亞里斯多德那裡則必須這樣地區分呢？在原因的解釋上，我有以下兩層描述。首先，儒家將心靈坐落於感情上，把感情看作心靈的本體。心靈的本原由自然給予，在感受生命存在環境的時候，我們的心靈就形成了，這是儒家的方式。如何去感受，感受的狀態如何，形成的感情發展如何，這些都是最重要的。這樣的感情體驗，在儒家有非常明確的實踐性。其次，儒家關注的始終是我們作為人的生活與我們所生活的世界，儒家所說的「知」也都是以這樣的題材為對象的。儒家的「知」就是實踐性的理智。儒家不走出這個範圍，自然而然地就沒有一個關於作為本因的理論理智的觀點。按照希臘哲學家亞里斯多德的觀點，理論理智要轉向生活才會發生實踐理智的思考。但是儒家並不這麼認為。儒家

的看法是，我們本就在這個世界裡，我們不是生就有或就是一個理論理智，落到這個世界裡才學會做實踐的思考的。這也是儒家的體會與亞里斯多德的不同點。關於廣大世界的概念，儒家用「道」來表述，認為這個世界先於人而存在，並且不以人的意志為轉移。但是儒家堅持一點，那就是「道」是人無法說清的。儒家同時又認為，「道」在人的心靈上呈現，它的呈現就是「德」：「德」就是呈現在心靈上的「道」，我們通過「德」來體會「道」。所以，儒家關注的中心就是這個「德」，因為這個「德」就是在人這裡的「道」，我們通過「德」來接近「道」，聞「道」。

由於這兩層的原因，儒家把感情看作是心靈本位的東西，把感情和諧豐富的發展看作是良好發展的心靈的根本的東西，看作是我們的良好知識的根基。這樣，「知」就被理解為在心靈感情的基礎上生發出來的與人的生活相關的不可能離開感情的理智能力。這樣，儒家就把實踐理智和人的感情緊密聯繫在一起，把二者看作是一個合體，對於它，最重要的是去感受它，而不是對它的「知」的方面做概念界定。這樣一個合體，在孟子那裡表達得分外清楚，孟子先說「心」，又說到「良知」，基本的道理在於「良知」就是良心之知，兩者是同為一體的，從感情這一面來說就是良心，從辨別和判斷來說就是良知。孟子講「良知」，並不界定它的概念，只說它是「不慮而知」，這是對我們有非常重要的啟示。為什麼可以「不慮而知」呢？因為良心就是一個發展得和諧豐富的感情——理智綜合體，人通過自身的實踐功夫，使他的由自然賦予了根源的感情獲得這種健康發展。所以孟子講良心就是「仁義之心」，講「仁義之心」是通過自然感情發展而來的。但是，也是要通過實踐、用工夫才能得到這樣的發展，成為

「仁義之心」。所以，當有事情需要判別的時候，良心就不需要思慮，它自己有判斷和辨別，會自動做出反應。這才是「不慮而知」的意思。

這些說明或許可以支援我們說，儒家的「知——良知」是一種實踐性的理智，儒家不界定「知——良知」，不提出與實踐性的「知（智）」區別的理論理智概念，有它的內在理由。

我們還可以從實踐性的理智本身給出這種支持。因為，實踐理智本身就有雙重性。它不像純粹理智那樣純粹，另外，它也不能離開一種良好的感情狀態。它是雙重性的，理解它也有兩種不同方式：可以像亞里斯多德那樣，把它理解為有另一個純粹本原的東西；也可以像孔子孟子那樣，把它體會為發生於良好發展的感情的。一種綜合性的道德哲學需要把這兩種可能性都容納進來。這樣的理解不僅在中國存在，在西方近代以來的思想家中也存在。巴特勒就指出，如果撤除判斷，就不可能對良心作出一個好的解說。良心具有判別的一面。這是巴特勒對西方思想很重要的貢獻。西方從近代以來，談到良心就不講明智，講明智也不大講良心，或者，認為明智不能被看為是理智的德性。這是因為西方近代以來，良心被看作是理性的，是「理性的法庭」，「明智」則被人們用deliberation來表達，這個詞的意思是慎思。按照康德的看法，「慎思」就是盤算，不能說還是道德。還有一個見證，就是基督教的righteousness。這個概念準確表達就是良心、正直的判斷，不歪曲。正義的人的判斷是不會受到心靈的曲解的，它的心靈也是一種正直的狀態。其次，不論在中國，在西方，人們都把「常識道德」看做是包含著判斷的。中國人的常識道德講「天地良心」，講良心給一個人的啟示和辨別不可以歪曲。康德與西季威克也都指

出，西方人的常識道德包含一些基本的道德判斷。

　　如果這樣看待人的實踐性的理智，我們就可以把良知看作實踐理智的一種方式，一種與需要區分實踐理智和理論理智的方式不同的體會實踐性的理智的方式。我們應該以這樣一種方式樹立儒家的良知的概念。

■ 二

　　從這裡我想再詳細一點地談談對孔子的「知」和孟子的「良知」的關係的理解。前面說了，孟子的「良知」是孔子「知」的續接。我認為我們可以說，孟子的「良知」是對孔子的「知」的闡發，而且他的闡發是符合孔子的意思的。

　　孔子的「知」是發端，孟子從中受到了啟發。孔子曾感歎，那個作詩的人是不是已經知道「道」了。中國人說「知道」或許就有這樣一個語言學上的來源。知道那個「道」是很難的。孔子認為，我們要知道那個「道」，就要從「不遠於人」的方面來談。這個「不遠於人」的「道」就是人的「道」，成人之道，為人之道。這個「道」非常重要，它是為人處世的根本。我們從醫、從藝、從事競技都要學習如何做人、做事。

　　這樣的「道」無處不在，但如何去表達卻比較困難。按照我的粗淺體會，我想用「志學知行」四個字來概括孔子為人之道的根本內容。「志」就是我們要確定一個去學習、去實踐而使自己成為一個好人的目的和決心，這可以說是為人之道的起點。這四個字裡，「學」是非常重要的，「學」既是學習，也是實踐，而且是一生的實踐。孔子的「道」可以用「學」這一個字來概括，「學」是一以貫之的。所

以「志」要落到「學」上，否則就落空了。同時，「學」就包含了「知」，是「學知」；也包含了「行」，是「學行」，在「學知」的基礎上來「行」。「學」對於「知」非常重要。那些特別傑出的人不學而知，但多數人還是需要學才能知。只有「學」才能依於「知」而行，才能達到好仁、樂仁這種內心狀態，使一切都發之自然。所以「學」無止境。孔子一生的經歷，都在表明這個道理。孔子所講的「知天命」，「耳順」，「隨心所欲不逾矩」，就達到了好仁、樂仁這樣一種狀態。孔子說到其他的「知」——「知德」、「知命」、「知禮」、「知人」，都是學而知的氣象。這裡面最重要的就是「知人」，孔子說的「學」而「知人」並不容易。只「觀過而知人」是不夠的，還要有積極的實踐。我們一定要尋找一個入手處，這個入手處孔子講的就是「里仁」、「處仁」，就是要在自己的生活中見得到「仁」，並且擇「仁」而處。這一點並不簡單，因為不可能先找到一些仁人，然後生活在他們身邊，使自己變得「仁」，因為仁人是非常少的。那麼我們怎麼樣才能「里仁」「處仁」？孔子在此給予我們的教導就是要在事上見到仁，即使周圍的人會有所不仁，我們仍然可以從偶然地表現出仁的事情上受教，這才是我們的入手處。我們看王陽明和學生的對話，很多內容都是在問學生有沒有這樣的體會，讀《傳習錄》都會有這樣的感受。孔子認為，只有這樣對於仁才能由「好」進到「樂」，才能「依仁而行」，否則對仁的「知」就不牢靠，就不能把所知的仁落到行動上，也就不能理解和把握為人之道、成人之道。

孟子講的「良知」是孔子的「知」的闡發。我認為孟子在兩方面上對孔子的思想有很大的發展。首先，孟子用「居仁由義」來補充「處仁」、「里仁」。「仁」「義」都是本於我們的本心，我們心靈的基

本自然感情。這些基本的自然感情我們要去擴充、宏大。「居仁」是我們要「安居」於仁,「由」是我們要從「義」出發,都有更積極的意思。孟子說「居仁」是「宅」,「由義」是「路」,就使這種「學」的實踐的入手處清晰可見。其次,在這樣的實踐的基礎上,孟子提出了「養氣」說。所「養」的是心靈基本的自然感情本身,這樣的基礎可以通過涵養工夫使它充實、明朗。孟子以這樣的觀點就補充了孔子的「知」:「學」不能懸空,要通過積極的實踐和涵養心靈的本然感情來落實。這樣,「學」得的「知」就不會落空,就對實踐工夫講得更深入細緻了。在這點上孟子對我們有很大的啟示。

在這個基礎上,孟子講「知『道』」。「知『道』」也就是要做到「居仁由義」。在這方面,孟子還講到了很重要的一個環節,那就是「本然之心」是可能迷失的。所以,我們先要注意內心不要迷失,如果迷失了,我們先要把它尋回來,這樣我們才能做到「居仁由義」,才能「知惡」,才能知道什麼事情可以,什麼事情不可以。因為,離開這條「仁義」的道路,「知」就會有問題,就有可能成為雕蟲小技,或者是「鑿」,對我們怎麼過好一個人的生活就無益了。

還有一個具體的例證。孔子教導我們如何「處仁」,講到要「知人」,要判斷一個人的品性。能夠辨別出正直的人,把這樣的人置於行為不端的人之上,這樣就使原本不正直的人變得正直,這就是「知人」。孔子還教導,「知人」就要「知言」,因為言如其人,知道一個人的言行就知道這個人怎麼樣。比如,言行不一的人從他的言和行的背離就能夠了解。孟子也講「知言」。但孟子講「知言」主要是說要知道各種不真實的言辭其不實和不真之處,因為只有知道「言」的性質才能防止這些東西生於心。所以,「知言」對於心靈能保持一個良

好的狀態非常重要：只有心靈保持良好的狀態，感情與理智才和諧一致共同發揮作用，才能夠「居仁」「由義」，才能知道為人、成人之道並遵循。

這樣，孟子把孔子講的我們的心靈可以通過「學」而獲得「知」的那個入手處「里仁」「處仁」，引申成為「居仁」「由義」，使它更積極，更了然於我們內心。同時，孟子也以這樣的方式更生動地表明，通過這樣的實踐而獲得於心的一定是「良知」。這是孟子以他的「良知」給我們的一些啟發。

孔子和孟子的「知」和「良知」所表明的這樣一種實踐性的理智，我就稱為「良知」。以上是對於它的一個大致的說明。

▋三

「良知」作為實踐性的理智，既是心靈的感情──理智能力，又是人的本身（就是說，在這種教養下，我們通常把自己等同於自己內心的良知），是人自身依從於它並運用它的德性。

但是，良知這種實踐性的理智與亞里斯多德的明智是否不可相容？

我們首先須要說明，儒家也有明智的觀念。這是儒家的兩種實踐理智路徑：一種叫明智或明哲，一種叫良知。這兩種徑路的確不大相同，明智這種徑路首先著眼於我們所要考慮的選項，而良知在這一點上考察的東西還要更多。首先是依據內心的「仁義」一件事是否總體上是有益的、好的，其次是它總體上是否恰當。良知在這一點上對心靈有個更清楚的、原點上的把握。所以，在儒家這裡，「良知」是本於內心的，是更主導的理智力量；明智是必要的輔助。也因為明智是

輔助的理智，它在儒家思想中也沒有設定一種理論理智本原的需要，所以也不同於亞里斯多德的明智。

「良知」的實踐性理智有兩個很突出的特點。第一，「良知」是有直覺性的，也即孟子所說的不經過思慮，而「明智」就要經過思慮。「明智」是推理的理智。亞里斯多德說，明智包含一種好的考慮，「良知」不是推理性的，它是無慮。第二，這種理智力量具有權威性，一旦呈現出來，就要求我們接受它。巴特勒說得非常清楚，這個能力置放在我們身上是用來做我們合格的治理者，也就是governor，別人的判斷要基於它之下。「良知」的判斷的確有這樣的權威性。我們在面對一種不能接受的行為的時候，這個判斷就會尤其強烈，不允許我們去遷就或附和，不論將它叫做良心還是良知都是一樣。這是「良知」作為實踐理智的力量的特點。

也由於這樣的特點，「良知」作為實踐理智可以把「明智」作為它的助手，例如在儒家的思想裡面。但是在「明智」的概念裡沒有「良知」的位置。亞里斯多德的「明智」就是足夠的實踐理智的力量，它的根據在理論理智那裡。對於「良知」而言，則沒有最後獨立的根據。「良知」就是人之「道」的一個呈現，在這種呈現中純粹理論理智是不在場的，「良知」自身就是最後的根據，所以它可以把「思慮」納入進來作為輔助的力量。

這些就算是對於良知與明智這兩種實踐性的理智的關係的一個簡短總結。

二〇〇七年在華中科技大學的演講
陳晨晨根據錄音整理

老子與道家智慧

許抗生　北京大學哲學系教授

　　我只是一名教師，一名普普通通的教師，說不上是什麼哲學家。我是一九六三年考的研究生，之後開始跟導師研究佛教，但不幸的是，一年後導師去世，我也就沒有再學下去。我認為學佛學和研究玄學關係非常密切，所以後來就轉向玄學了；又因為玄學與道教和老莊有關係，所以後來又對老莊的研究較多一些。中國的傳統文化以儒、道兩家為主，儒家是正統，占統治地位；道家則在社會上，尤其在知識上的影響是很大的，所以，中國傳統文化應該是儒道互補的文化，兩者都不可缺。所以，既然要研究中國傳統文化，道家也是非常重要的。

　　今天我就講講老子的思想。老子確實是一門很深奧的學說，要領會它的精神很困難。我對老子研究多年，但有些問題確實說不清楚，我也是在一步一步地探索，這裡只能把我在學習研究中的體會向大家匯報一下，看講得怎麼樣，有沒有道理，如果沒有道理，歡迎大家給我提出來。

　　《論語》裡有這樣的兩句話，叫作「仁者樂山，智者樂水」，這兩句話很有意思，「仁者」講的是賢人，就是道德品質高尚的人，這可以說是儒家的思想。「仁者樂山」是說仁者如山一般堅韌不拔，毫不動搖。做一個仁者，為了仁道的思想，甚至可以拋棄自己——這是

形容「仁者」的。而智者應該說是老子的思想，為什麼這樣說呢？智者愛水，水是千變萬化的，而智者的思想也是千變萬化的，很深邃，也很有智慧。我想，智者樂水，用來形容老子確實很貼切，老子的哲學，從某種意義上說，就是水的哲學。關於老子的家鄉，現在有兩種說法：一說是河南的鹿邑縣，另一說是安徽的渦陽縣。這兩個地方我去年都去了，看了一看，不論是鹿邑縣還是渦陽縣，都位於淮河流域。淮河流域是老子的故鄉，因此也可以說，淮河流域是老子的發源地，老子是由淮河撫養出的一位智者。老子思想確實是水的哲學。

　　下面我們就簡單地講一講老子的生平以及他的著作。老子的生平大家還是比較熟悉的，「姓李名耳，斯號聃」，這個「聃」的意思據說是耳朵又長又大，所以有福氣，能長壽，是善於養壽的人。據說老子活了一百六十歲，佛家則說他活了二百歲，甚至說「不知所終」，不知道活到哪裡去了，死了沒有也不清楚。當然，這些都只是傳說。司馬遷在《史記》裡把這些都記下來了。老子也做過官，叫作「守藏史」，管什麼的呢？方書、文獻、圖書，大概都是在他的管轄之下。現在就有人說，老子相當於現在北京圖書館的館長，國家的、首都的圖書館館長。但是我想他與現在的館長的職權還是不一樣，當時的一些文書、檔案都是放在他那裡的，我們現在不是有檔案館嗎？而檔案館與圖書館是分開的，但老子是既管圖書又管檔案。所以，老子在當時是一個大學問家，天文、歷史、地理都很精通，所以，孔子「問禮於老聃」。老子雖然在《道德經》裡面批評了禮文化，但老子其實是一位禮儀專家，他很懂得古代的禮。

　　老子留下來的《道德經》這本書，現在主要有兩個版本，都是差不多的。近二十年之間，又出土了兩部有關老子的書：一部是

一九七三年長沙馬王堆漢墓出土的帛書——《老子》甲乙本；另一部是一九九三年在湖北荊門郭店出土的竹簡《老子》甲乙丙三本，可以說後者是大大的早於前者，如果說一九七三年出土的是西漢初年抄下來的東西的話，那麼郭店出土的竹簡本，按照現在考古學家的說法，應該是西元前三百年左右，那就是很早了，那麼可能離老子去世只有一百多年，離孔子去世也只有一百多年，那離他們是很近的。

郭店的竹簡本《老子》一出土，就受到了國內外學者的關注與重視，當時中國的文物出版社剛把這本書整理出版，大家就召開了國際性的竹簡本《老子》討論會，這說明國際上也是非常重視的。甲乙丙這三種《老子》加在一起只有二千字，而我們通行的圖書本將近有五千字，兩者相差了三千字，而且有的文字、內容有明顯的不同。帛書本是德篇在前，道篇在後；竹簡本則是道篇在前，德篇在後。竹簡本沒有道經與德經的區分。因此，道篇與德篇的區別很有可能是後人編纂的。

還有一個很大的區別，通行本與帛書本有個很重要的說法，就是「續仁取義」，還有「夫禮者，忠信之薄，而亂之首」，這都是對儒家很厲害很猛烈的批判。但是竹簡本裡面並沒有這樣的說法，這說明最早的《老子》版本並沒有對儒家進行猛烈的攻擊，這種對儒家的猛烈攻擊很可能是莊子學派所為。莊子學派能重編《老子》，應該是對其進行了增加和修改，但是，到底春秋時代的《老子》已經有了五千字，還是後來才有五千字呢？這是學術界當前討論的一個很重要的問題。

一派意見認為，春秋時代的《老子》已經寫了五千字，這個二千字是五千字的摘抄本；還有一種意見是，先有二千字，五千字是在二千字的基礎上增加、發揮才有的。應該大概晚於西元前三〇〇年，

晚於竹簡本，在戰國晚期完成。對此，中國以前的一些老專家，比如說錢穆先生已經提到，通行本的五千字很可能是戰國時期的作品。當時就有人認為，《老子》整個都是戰國末年的。現在看來，這個肯定是不對的。我國古代很早就有一些老子的作品在民間流傳，比如說郭店出土的竹簡本甲乙丙三本，而且很有可能有竹簡本甲乙丙丁，在這以後，把它們總結起來，變成了五千字。但是，應當說在基本的思想上，通用本、帛書本與竹簡本是一致的。竹簡本雖說沒有猛烈地攻擊儒家的思想，但是認為儒家的思想不如道家思想，不如道與德的思想，正所謂「大道廢，有仁義」，意思是說大道廢除之後，然後才有仁義，才有仁義的教化，所以儒家思想的教化是次要的，最重要的還是道家思想。

應該說，版本之間的基本思想大體上還是一致的，但是，對於這個問題，目前學術界還是存在不少的爭議。

下面，我們主要來談談老子的基本思想，在此之前我們應該首先了解一下當時的時代背景。在當時出現的社會危機，主要是禮文化的危機──「禮樂崩壞」。隨著機器生產的出現，農業生產力得到了顯著提高，生產關係也隨之發生了一些變化。原先，土地主要是王有制，由於機器工具用於農業生產後，能夠大片地開闢荒地，破壞井田，產生了私田，使得土地王有制向土地私有制轉變，經濟基礎發生了變化，上層建築也跟著隨之變化，造成了「禮樂崩壞」。

「禮樂崩壞」給社會帶來了很大的影響。道德被封殺，禮儀文化變成了虛偽的人們相互欺騙的工具。對待這種禮儀文化的危機，當時主要有兩種態度，一種是孔子的儒家的態度，另一種就是老子的道家的態度。儒家的態度是採取維護禮儀文化，改良禮儀文化，使其符合

當時社會的要求——這是孔子所走的路。而老子呢？則是批評禮儀文化，他要在禮儀文化的基礎上創造一種新的道德文化來代替禮儀文化。至於如何來構造這個新的體系呢？孔子說，他要把虛偽的禮變成實實在在的禮，他增加了「仁愛」的思想來解決這個問題，老子他走的則不是這條路。

老子走的道路是什麼呢？老子認為，要治理好社會，必須首先從自然當中，找出自然的法則來治理社會。他是由「天道」而推「人事」，研究自然的法則，希望在自然的法則中找到治理社會的思想方法。這樣一來，老子就要研究外在的世界，研究天地萬物，研究天地萬物是怎樣產生的，怎麼演變的，它的法則是什麼？所以說，從某種意義上來講，老子在中國古代最早建立了比較完整的哲學體系。

那麼，究竟宇宙、天地萬物是怎麼演變，怎麼產生的呢？在老子看來，天地萬物都是「有形有象」、有規則性的有限事物，這些有限的事物又是怎麼來的呢？如果說，這些具體的事物又是由另一些具體的事物當中產生出來的，那麼，那些具體的事物又怎麼能夠產生出無窮無盡的萬事萬物呢？這個是不可想像的。因此，老子說，不應從具體的事物中去追尋萬物產生的根源，而是應該從「有形有象」的對立面來找尋，所以老子的思想方法跟孔子不一樣，孔子基本上是從肯定方面來推導問題的，老子則是從反面來看問題，他用的是逆反的思維，用的是否定的思維。

從「有形有象」、有規定性的具體事物的反面來考慮，那麼產生出「有形有象」的事物來的這種東西，一定是「無形無象，無色無味」，總之一句話，就是一定是無限的東西。用老子的話就叫做「無極」，它沒有極限。有限的東西可以用語言來稱呼它，表達它；無限

的東西卻無法用名詞來描述、反映。因為一旦用一個名詞來代替事物，這就有了規定性，你說它是白的，就不能說它是黑的。而無限的東西是不能用語言來表達的，它與萬事萬物的具體物正相反，具體事物用字來說，它是物的存在，老子認為，它的對立面便是「無」，而不是「物」。

當前，在物理學方面有這樣一個說法，叫做「物質」與「反物質」。事物，老子是看到了，但是在物質之外還有一個反物質的世界。這當然是用我們的語言了，老子還沒有這樣的語言，但是老子講「無」還是很清楚的，萬事萬物是有物的，而宇宙的本質是什麼？是「無」。這個思想是非常深刻的。為什麼現在的天體物理學家、理論物理學家對老子都非常欣賞呢？因為他們從老子的思想中可以受到啟發。

進一步地，老子分析：宇宙的本質是個「無物」，是個「無限」，它不能用語言來表達，但是由於我們能夠體會到這個東西，又不能不說，因此，應該勉強地給它一個名詞。比如說它「大」，它是無限大；也可以說它「小」，它又可以是無限小；也可以稱它為「道」，為什麼呢？這是因為萬事萬物可以說都是按照「道」的法則生長起來的，是「萬物之所由」。魏晉時期有一個非常出名的哲學家，二十三歲就去世了，叫王弼。他也說，道是什麼？道是「萬物之所由」，從意義上講，它叫做「道」，但是，仔細考慮一下「道」，它又有哪些性質呢？老子說，「道法自然」，就是說「道」的本性是自然，「法」的意思就是它自己，自己而然，自然而然，不用人為，自己本來的樣子就是這樣，這叫做「自然」。不要人為，不加人為——這是「道」很重要的性格。

因為道的自然無為，所以道沒有理智，沒有欲望，是自然地存在著的，它生長萬物也是沒有理智的，沒有欲望的，是自然而然地生長出來的——「道法自然」是老子一個很重要的思想。

　　還有一個很重要的思想就是，認為道是「無形無象」的，是「虛」的，道之作用就是「弱者道之用」，所以它能夠戰勝剛強。還有一個很重要的思想，「反者道之動」，意思是說相反地把這個轉化，使道變得靈動。

　　道是怎麼生長萬物呢？老子講：道生一，一生二，二生三，三生萬物。道在天意當中，自然而然地產生一，「一」一般認為是用來分化的，有人說是「氣」；「二」呢，分化出來陰陽二氣；「三」呢，是陰陽相互作用，產生的合氣，合氣進一步生成了萬物，萬物又要回到「道」那裡去。因此，是道生物，物又回過頭來，回到「道」那裡去。整個宇宙是一個大循環的系統，這是老子的思想。因此他說，它的道裡面有轉回來向相反方向轉化的意思，它還包含陰陽對立面的意思，這是他思想中很好的東西。

　　既然，道是這樣的一個性質，道是自然而然地產生萬物的，而人也是萬物中的一種物，道生出天地，所以人也只是宇宙演化過程中的一種產物。因此，人的行為就不應該違背自然的法則，也就是不能違背道的法則。老子說「人法地，地法天，天法道，道法自然」，因此，人的行為就應當按照自然法則來辦。

　　因此，治理社會的聖人、最高統治者應該體悟到這個道理，而體悟「道」，就應該按照道的法則來辦，道既然是「自然無為」，那麼聖人、最高統治者治理社會，也應該是「無為而治」，怎麼樣理解「無為而治」呢？

現在，我們來講講「無為而治」的管理學。首先來看看「無為而治」的概念，所謂「無為」，就是不加主觀的意志，任其自然，按照自然本來的面貌，按照自然的本性去辦事。所以，老子有句話「以輔萬物之自然而不敢為」，就是說，人要隨著萬物的生長而自然生長，自然變化，而不敢妄為。而這樣就好理解了，老子的思想是講國家的最高統治者的，所以，後來有人說，老子的思想就是「君人南面之術」，「君」就是領導人，「南面」指皇帝面朝南面而坐，實際上，用我們現在的講法，就是最高統治者的領導藝術，應該採取「無為而治」。

　　老子說「我無為而民自化，我好靜而民自正，我無事而民自富，我無欲而民自樸」，用我們現在的解釋就是：在上的統治者要清靜無為，不要干擾老百姓，不要管得太死、太毒。而是應該讓老百姓自己去生存、去發展，這樣老百姓自己就能夠走上正路，自己就能富裕起來。所以，最高的統治者不要貪得無厭，不要有欲望，老百姓自己就能艱苦樸實，這樣天下就能治理好了。

　　為什麼說聖人採取無為而治，老百姓就能走上富裕的道路，就能端正呢？老子也是做了一番研究的，他說，老百姓生活貧窮，難以治理，就是因為統治者違背了「無為而治」，不能符合萬物之自然而強為之，也就是「有為而治」，因此，老子說，老百姓為什麼會受凍，為什麼會吃不飽？是因為上面收稅太多了；老百姓為什麼難以治理呢？是因為上面太有為了，太干擾老百姓了，「民之輕死，以其求生之厚」，意思是說，老百姓之所以輕生，是因為統治者干擾老百姓太厲害了，致使老百姓民不聊生。

　　因此，要治理好天下，最高統治者就應當「無為而治」。老子又

說，我為什麼知道無為才能取天下、領導天下、才能治理好天下呢？這是因為天下頒布的禁令太多，老百姓就會束手無策，什麼都不敢幹，這樣就會越來越貧窮。如果上面的君主多技巧、多智慧，社會上的邪惡之士就會更多，國家就混亂。國家頒布的法令越來越多，滋事就會越來越多，因為他們會鑽法律的空子。所以說，聖人要治理好天下，必須採取無為而治，這個「有為」就是耍小聰明，所以老子說，不要用「巧為」來治理國家。

老子還用一個很形象的比喻來形容，就是「治大國者若烹小鮮」，「小鮮」就是指小魚，就是說在烹煎小魚的時候不要翻來覆去的，否則就容易爛掉，在治理大國的時候，就像煎小魚一樣，不要老是翻來覆去，應該什麼都不做，任老百姓自己發展。

老子又說：「聖人常無心，以百姓之心為心。」這句話的意思是說聖人要依靠老百姓，老百姓說得好，就應該按照老百姓的說法去做，所以聖人應當任其百姓之治法。

因此，以前大多數人都沒有很好地理解老子的「無為」，認為老子講「無為」便是主張什麼都不幹，不是這個意思，而是因循自然而為，「輔萬物之自然而不敢為」，這裡的「不敢為」是不敢強為，不敢妄為。同時，還要通過「無為」達到「無不為」這樣的效果，還可以說，用「無為」甚至「少為」，用很少的力氣就能辦成大事。

那麼應該怎麼「為」呢？老子說：「圖難於其易，為大於其細。天下難事，必作于易；天下大事，必作於細。」意思是說要辦好事，首先要從容易的事做起，要從細小的事情做起，這個也是很好的。所謂「是以聖人能成其大焉，以其終不自為大，故能成其大」，聖人總是從小事情做起的，也不是一口氣能吃成個大胖子。所以，從小事情

做起，少花力氣也能做成大事。有時候，你一開始就想做大事，費了好大的勁，結果什麼都沒有完成，老子的這個思想也是很深刻的。

治理社會也不是不要治，要看治在什麼地方。「治之於未亂」，沒有亂的時候就要治，「治之於未兆」，沒有徵兆的時候就要治，因為「未兆易謀」，在沒有徵兆的時候，一點東西都沒有起來的時候，你就能夠很容易地把它治了，所以「為之於未有，治之於未亂」；「合抱之木，生於毫末，九層之臺，起於累土；千里之行，始於足下」。「治之於未亂」，否則，一旦等到亂了之後再來治理，就很困難了。這些思想都是很好的，都是無為，都是遵循了自然的法則。老子講無為與無不為，要從小事做起，要花小的力氣辦成大事，就應該研究謀略。老子確實是位智者，他研究了謀略、策略、思想。

既然要無為、少為，用較小的力氣辦成大事，就要懂得因循自然，又要發揮自己的智慧。老子反對與自己的對立面、與自己的敵人作硬碰硬的鬥爭，而提倡「法道」的無為、無爭，「法道」的柔弱，用柔的策略戰勝剛強。老子充分地認識到了柔弱的力量，他說「天下莫柔弱于水，而攻堅強者莫之能勝，以其無以易之。弱之勝強，柔之勝剛，天下莫不知，莫能行」，天下萬物當中最柔弱的就是水，所以「水幾於道」，它的性質是與道差不多的。雖然水柔弱，但是卻可以戰勝世界上最剛強的東西，為什麼水的力量會那麼大呢？我經過三峽的時候便充分認識到了水的力量，水硬是把最堅硬的山給劈開了，那麼，「道」當然比水還要牛。

柔弱戰勝剛強，並不是說弱者一定會戰勝強者，而是說我們一定要研究鬥爭的策略，我自己給老子總結了這麼幾條，一條叫作「不敢為天下先，不能成其先」，一條是「將欲取之，必先予之」，一條是

「以曲則全」。這一共是三條。

「不敢為天下先，不能成其先」，用我們現在的話說，就是弱者要想戰勝剛強的人，應當是後發制人。老子說，古代用兵的人有句話，叫作「吾不敢為主而為客，吾不敢進寸而退尺」，意思是說，我不敢主動地進攻敵人，但是我可以採取主動的被動，一旦變化，我可以從退到一側攻入，而不前進一步——這是採取的以退為進的策略。老子說，我最最害怕的是「禍莫大於輕敵，輕敵幾喪吾寶」，輕敵盲動，毛毛糙糙地去打仗，結果自己的法寶都丟掉了。

作為一個弱者，採取後發制人確是有道理的，可以打個比方說，毛主席領導的井岡山鬥爭，就是採取後發制人的策略，把敵人放進來之後，找到最好的時機便攻其最弱的地方，所以後發制人的原則確實是很好的。老子提出「哀兵必勝」，被打的一方能夠引起同情心，可以鼓舞士兵鬥爭的士氣。當然，後發制人也要看具體情況，在先發制人必要的時候，該出手時就出手，不要猶豫。

第二條叫作「將欲取之，必先予之」，這條也很重要，老子說不要進行硬碰硬的鬥爭，而要採取迂迴取之的策略。老子說：「將欲歙之，必固張之；將欲弱之，必固強之；將欲廢之，必固興之；將欲奪之，必固與之。是謂微明。柔弱勝於剛強。」意思是說，你要削弱它，先要強壯它；你要廢了它，先要興起它；你要取代它，就要先給它一些東西，這些都是微妙的智慧。實際上，這裡講的是矛盾的轉化，辯證法的道理。在老子看來都是「國之利器」，不可以拿出來見人，不能給人看，這也是一種策略。也正因為如此，後來就有人把老子稱為「陰謀家」，而其實，老子是位偉大的謀略家，是懂得辯證法的大師，陰謀是暗地裡跟你作鬥爭，不是光明正大的，與老子所說截

然不同。

第三條原則就是「以曲求全」，要懂得用曲折、正確的鬥爭策略，在有條件的時候，取得勝利。如果一味委屈了，也就不可能最後實現「全」。

我想，老子的智慧中「無為而治」的管理思想，可以用在國家的管理、企業的管理，以及商戰之中。下面就講一下莊子說和黃老學。

老子思想後來向兩個方向發展，一是向內的發展，一是向外的發展。中國國學，不論是儒家，還是道家，都有所謂「內聖外王」之道，這與老子講的治身、治國是一個道理。老子認為，內聖與外治是統一的，所以他能養壽，活到一百六十歲。老子的思想也向兩方面發展——向外的黃老學和向內的莊子說。

黃老學認為，治理天下就是用老子的無為而治思想來管理社會，以前一直弄不清楚黃老學究竟是怎麼樣的思想？屬於一個什麼樣的門派？馬王堆出土的幾篇文章，裡面有一篇講到黃帝，大家一致認為，這就是黃老學，它抬著老子的名義，實際上宣揚的是老子「無為而治」的思想，而黃老學最大的創見就是在「無為」上面。「無為而治」吸收了儒家的倫理思想，尤其吸收了名家的「名理」的思想，特別是吸收了法家的「法」的思想。它認為：治理社會，做一個君主，一個最高統治者，應該實行無為，主要是頒布法律，法律頒布了之後，君主就要無為。而大臣則是有為的，每個大臣都有其具體的工作，君主不要代替大臣去幹，要讓他們自己去做。正所謂：「君無為而臣有為」，這是黃老學的一些基本思想。

在漢初的時候，政府就用了黃老的思想。黃老清靜無為而治，朝廷不要去擾民。馮友蘭先生在與我談這個問題時，講得非常的簡單，

就是說在當時戰亂才停止，老百姓要恢復生機，要休養生息的時候，就應該讓老百姓自己去幹，你統治者不要干擾就行了。漢初的統治者就是採取了這種思想，所以生產力很快地發展了起來，實現了歷史上著名的「文景之治」。

這裡有一個非常有意思的現象，在歷史上最最繁榮的時期，統治者採取的都是黃老之學，比如漢初的無為而治，給百姓休養生息，便有了「文景之治」，而後才有了漢武帝時期的強盛。到了唐玄宗，也是用老子之道來治理社會，實現了「開元之治」。這說明我國歷史上最繁榮的時期，統治者用的都是老子的道，即無為而治的思想，而不是儒家的思想。這是很有意思的一個問題，值得研究研究。

老子思想的另外一支發展成為莊子思想。在當時社會，戰亂紛爭，並且戰爭的規模都非常大，死的人很多，老百姓流離失所，政府腐敗，官員之間徇私舞弊，勾心鬥角，仁義道德已經變成了很虛偽的東西。在這種情況下，一些知識分子認識到自己沒有力量去改變這種社會現狀，怎麼辦呢？他們不僅要保全自己，而且還要堅持自己的思想，就是要使思想不為外來因素所干擾，不畏權力權勢，追求心靈的寧靜，追求獨立和自由，在這個混亂的社會中找尋自己的精神家園——這就是莊子，我認為他是中國歷史上最早推行思想自由的人。

莊子認為，人必須不為外界干擾，甚至要忘掉人世間的萬事萬物，包括人的各種各樣的欲望，也包括自己的形體，也就是莊子所說的「超越」。超越到哪裡去呢？超越到「與道同體」，也就是說得到了無限的本質同體。莊子認為，得到了無限，也就是得到了絕對的自由，不然的話，人總會受到外界的限制。而得到了「道」，也就得到了無限的自由。這就是莊子《逍遙遊》裡面的主要的思想。

但是，莊子是個很現實的人，它仍然要活在這個世界上，雖然他的精神可以超越，但是他的身體仍然存在，那該怎麼辦呢？因為他認為在當時，根本沒有什麼是非可言，人與人之間互相欺詐，勾心鬥角，你有你的是非，我有我的是非，到底誰是誰非？他認為是非都是一樣的，你爭論它並沒有用，所以應該超越是非，不去談它。你說是也好，非也好，都沒有什麼區別。所以，人應當不為世俗的思想干擾，這個就是超越。這種思想在當時是很合理的，而且在今天也有合理的成分，不是嗎？現在社會上，確實有不少人為了名、為了利、為了權勢勾心鬥角，你說這又有什麼是非可言呢？還不如早點超越這些東西，使自己的心靈得到一種安寧與平靜。當然，這個世界上還存在著大是大非。對於那些大是大非，我們可不能含糊，因此，對於莊子的思想我們應該一分為二看。

二〇〇二年在華中科技大學的演講
陳晨晨根據錄音整理

哲學與科學

關於復興儒學的思考

湯一介　北京大學哲學系教授、中華孔子學會會長

　　非常高興來到華中科技大學和大家見面。我今天主要是講關於復興儒學的思考。為什麼講這個問題呢？因為現在又有個國學熱。其實我們國家有兩次國學熱的興起：一次是在一九九二到一九九三年這個時期，當時《人民日報》有一大篇文章《國學在燕園悄然興起》，報導北京大學當時國學的情況，後來國學熱了一小段時期，沒有完全熱起來；但是現在國學可以說有一點熱了。大家都知道，最近幾年，在不同地區成立很多讀經的組織，特別是幼兒讀經，北京有、深圳有……這是一個現象。特別是現在，于丹講《論語》，帶起了一個《論語》熱。于丹的《論語心得》到現在已經賣了四萬多冊。這引起了很大的反響，有各種各樣的說法，有的反對，也有的很擁護。于丹到臺灣地區去講《論語心得》，臺灣地區有個報刊報導很有意思，這個報導的標題是：「塗抹口紅的女『孔子』于丹」。于丹不僅是熱在大陸，也熱到臺灣地區，她甚至還到新加坡去講過。這讓我們思考一個問題，到底怎麼看待儒學？所以我就想講講復興儒學的一些思考。

　　對儒學的復興，可能從兩個方面來考慮它復興的原因。一個是，儒學的復興和中華民族的復興是聯繫在一起的、分不開的，這是由於歷史的原因所造成的。因為儒學從孔子以來，就自覺地以傳承三代文化為己任。從歷史上看，中華民族的發育和成長都和儒學有密切的關

係，相比之下，儒學比道家和佛教在中國的影響更大，因為它是歷朝各代思想的主流。那麼這樣一個曾經對中國文化的發育和成長有如此密切的聯繫和這麼巨大的影響的儒學，我們不可能把根子斬斷。如果人為地把這樣一個中華民族的根子斬斷，那麼中華民族的復興就有問題了。因此我們只能適時地，在傳承文化命脈的基礎上，讓它不斷更新，讓它適應現代社會生活的要求。我想，這可能是我們當前要重視儒學的一個內在的原因，一個從我們民族自身發展的要求上的原因。

再從一個外部的原因來看，當然，這個外部的原因也可能成為我們的內部原因。一百多年來，中國的傳統文化、特別是儒學，受到西方文化的衝擊，全方位的對儒學的衝擊。那麼正是由於西學對中國文化（包括儒學）的衝擊，使得我們得到一個對自身文化傳統的自我反省的機會，考慮自己的文化到底哪些是有價值的，哪些是沒有價值的，哪些是要改變的。那麼，由於這個原因，在長達一百年中，我們曾不斷地學習和吸收西方文化，這為儒學從傳統走向現代奠定了基礎。儒學畢竟是一種傳統文化，是從歷史上傳承下來的，西方的衝擊給了我們一個機會，這讓我們對它進行反省，促進它從傳統走向現代。這是我今天要講的第一點，我總共要講六點。

第二點，就是現在發生的情況，由於在二十一世紀，我們國家提出建設和諧社會的要求。而在我們的傳統的儒學思想中，包含了和諧社會的理想，以及大量可為和諧社會建設而提供的思想資源。比如大家都知道的《禮記》的《禮運》篇，提倡的大同思想，可以說在歷史上，曾經是中國和諧社會理想的藍圖。比如說《易經》有個「太和」的觀念，這個觀念經過歷代儒學思想家的發揮，它已經具有了普遍和諧的意義，所以王夫之曾經講過：「太和」是什麼，是「和之至」，

是和的頂點、和的最高要求；像《論語》講的「禮之用，和為貴」、「和而不同」；《中庸》中所說的「中和」⋯⋯這些思想，以及以後宋儒對它們的發揮，可以說，為中國哲學提供了一種世界觀和思維方式。所有這些都是我們今天建設和諧社會有意義的資源。這是我們研究儒家思想的非常重要的原因。

　　還有一個情況，進入二十一世紀，在不同的國家的一些學者提出「新軸心時代」的觀念。怎麼提出新軸心時代的觀念呢？軸心時代的觀念是德國哲學家亞斯貝爾斯提出來的，他認為在西元前五〇〇年左右，在世界不同的地域，出現了一批偉大的思想家。比方說在歐洲，出現了古希臘的蘇格拉底、柏拉圖等思想家；在印度出現了釋迦牟尼；在中國出現了孔子、老子等；在以色列，出現了猶太民族的先知。他說這些思想家，在當時是沒有互相影響的，他們是獨立發展出來的。但是他們的思想，卻成為人類精神的寶貴財富。到了近二十一世紀的時候，比方在美國、在哈佛大學，在歐洲，在中國，主要是一九九九年，費孝通先生召開的一次會議上，我也提出新軸心時代的觀念。那麼，為什麼要提出新軸心時代的觀念呢？因為當今是一個大變革、大轉折的時代。亞斯貝爾斯有一段話：「人類一直靠軸心時代產生的思考和創造的一切而生存，每一次新的飛躍都重新回顧這個時期，並被它重新燃起火焰。自此以後，情況就是這樣。軸心期潛力的復蘇，和對軸心期潛力的回憶或者曰復興，總是提供了精神的力量。對這一開端的復歸，是西方、中國、印度不斷發生的事情。」在大轉折的時期，常常出現這種情況，就是它要回到它文化的原點，來考慮它的發展。

　　歷史上有很多例子。歐洲的文藝復興，當時的口號就是要回到古

希臘，回到古希臘再考慮它怎麼繼續發展。由於它當時要回到古希臘，因而從中世紀走出來，使得歐洲有了一個非常重大的社會發展。在中國也出現過類似的情況，就是儒家文化，在相當長的一個時期，從西漢到隋唐，受到印度佛教文化的衝擊，在長達數百年的衝擊之後，到了宋朝，提出要重新回歸先秦的孔孟，而使得儒家出現了新儒學。那麼在今天全球化的形勢下面，作為軸心文明的重要一支——孔子的儒家文化，在長達百年的西方文化的衝擊之下，我們可以預見，它將得到復甦，也就是復興，以貢獻人類社會。所以從全球人類的形勢看也有這種可能性。從我們建設和諧社會，儒家文化會提供一些有用的思想資源；從當前是一個新軸心時代，不同的學者都在呼喚新軸心時代的到來，如果會出現的話，也為儒學的復興提供了可能性。這是我要講的第二點。

今天上午山東電視臺採訪我，問新軸心時代和兩千多年前的軸心時代有什麼不同。當時我就想了幾點，新軸心時代的各種文化必定是在相互影響中發展的，而以前的是各自獨立地發展起來的。我們在一個全球化的時代，文化交往是非常頻繁的，因此文化的研究可能會朝著跨文化的方向發展，它是在不同文化的比較和互相吸收中得到發展的。羅素曾說過一句話：文化之間的交流，在歷史上多次被證明是文明發展的里程碑。所以這是一點很大的不同。那麼第二就是新的軸心時代，不僅是跨文化的時代，也是一個跨學科的時代。在近代開始工業化的時候，學科之間的劃分還是很嚴格的，化學是化學，物理學是物理學。但是現在，從自然科學上講，跨學科更有發展前途，比方說有物理化學，也有化學物理學。在自然科學和社會科學間也是跨學科的，比方說經濟學就離不開數學。不僅社會科學和自然科學是互相影

響的，其實人文學科也受到自然科學的影響，比方說比較文學，常常用的一種理論就是普里戈金的耗散結構理論。學科之間也在互相滲透，因此可以預見在二十一世紀，學科的滲透是有相當的前景的。第三點就是，精英文化可能會向大眾文化靠攏。為什麼會是這樣的情況呢？兩千多年前的社會進步是慢節奏的，而今天是非常的快。精英文化如果不能比較快地影響社會大眾的話，就會被淘汰。別的不說，就說哲學這個學科，從西方來看，在二十世紀，沒有一個學派的影響能連續超過五十年。比方說，二十世紀開始的時候，實用主義影響了一段時間，但是到了五十年代就沒什麼影響了；分析哲學影響了一段時間，後來也漸漸衰落了，我一九八三年到哈佛大學，分析哲學還有很大影響，現在哈佛大學在哲學界往往是倫理學才有影響。所以這種變化很快，如果精英文化不能適應時代步伐的話，它就會被淘汰掉。現在西方比較流行的是現象學、詮釋學、後現代主義，但大概都不會有很長時間的影響，因為它變化很快。在這種變化很快的情況下，你就必須適應社會的需要才不致被淘汰。這是新軸心時代與原來的軸心時代的很大不同。

第三點，由於儒學是歷史產物，在我國歷史上，對儒學有種種不同的看法。就拿《論語》這部書來看，據日本人統計，它有三千多種不同的注解，這說明每個時代都是根據它的需要來注疏的。所以說它是個歷史的產物。那麼對中國來講，特別是五四運動以後，對儒學的看法變化也很大。五四運動提出要打倒孔家店，認為這些東西已經過時了，應該拋棄掉。實際上在五四運動後不久，就有兩位著名的學者：一個是梁啟超，一個是梁漱溟，提出不同的意見。梁啟超去了一趟歐洲，因為當時正好是第一次世界大戰以後，他就提出歐洲的科學

破產了；另外梁漱溟，他研究東西文化及其哲學，他區分了不同類型的文化，印度是一種，中國是一種，西方也是一種；像科學與民主，我們必須引進來，但是引進來以後，我們就要把中國文化端出來。這種關於儒學的看法，從五四運動時期到現在，也有種種不同。

前一段時間，有的學者提出復興儒教的主張，就是把儒學當作一種宗教復興起來。他們說必須全方位地復興儒教，以應對西方全方位的挑戰，因此主張把儒教立為國教，在我國恢復自古以來的政教合一的狀況。我覺得這樣的事情是不可能的。因為在袁世凱的時候立儒教為國教的嘗試就失敗了，從西方的歷史來看，它們是從政教合一走到政教分離的，而我們倒要反其道而行之，是不可行的。因此它遭到了兩方面的批評：一是自由主義的，他們認為儒教救國論是對當代民主政治的反動，是對平等觀念的踐踏，把儒教立為國教，會把儒教意識形態化，為專制主義服務；另外有來自馬克思主義的批評，他們認為儒教救世的思想，實質上是以道德作用的自我誇大，也是以天道性命的形而上學來追求王道政治，只能重蹈封建專制主義的覆轍。當然也有另外一批學者來復興儒教，可以說他們是從維護和發揚儒家思想的角度出發，對儒學作了比較公正的肯定，希望實現儒學的現代化。這裡面的代表的人物，重要的是牟宗三。牟宗三是熊十力的學生，他們可以算現代新儒學的第二代，當然第三代就是杜維明了。他們有一個基本的主張，就是認為儒家的內聖之學，就是那套道德修養的學說，可以開發出來，適應現代社會民主政治的外王之道。另外他們認為儒家的心性之學，可以開發出認知的系統，實際上就是說可以開發出民主和科學。當然我覺得這是不可能的，不能從這個角度來考慮儒學的發展前景。而且還有幾個其他的論點，比如杜維明先生提出文化中國

的觀念，當然這對弘揚儒學，使儒學走向世界，有它的意義。他認為儒學的核心區是中國大陸、臺灣地區，第二個範圍是我國香港地區，以及新加坡等華人聚集的地方，第三個區域就是儒學影響的周邊國家韓國、日本、越南等，第四個是國外研究中國的漢學家也是文化中國的一個部分。當然這些說法都是可以討論的。但是他有一次演講突然提到，文化中國這個稱呼非常大，像馬克思、釋迦牟尼都屬文化中國。那就麻煩了，如果這個理論成立的話，如果人家提出一個文化歐洲的觀念出來的話，那我們的孔子、老子也都跑到歐洲去了，所以這樣的說法就給人一種拼湊了的感覺。你可以說釋迦牟尼在中國有影響，但你不能說他就是文化中國。當然，現在還有些學者在反對儒學，因為五四運動已經否定了儒學，現在要恢復儒學，應該說是一種反動了。特別是我們北京大學出現了一個事情，當時有人提出，是否可以在北大建立儒學院，北大的一位教授就提出來，北大是五四運動的發祥地，你要在這裡建立儒學院，那不是反動嗎？這些說法都是可以討論的，這說明當前對儒學有各種不同的看法，這其實也是一種好事，說明我們對儒學已經重視起來了，所以才有不同看法。而且這種種看法都可以提出來討論，意味著我們前進了一步，可以比較好地貫徹百家爭鳴的精神了，而不再是一家之言。當前的形勢對大家自由討論已很有好處。

　　第四點，由於儒學是歷史的產物，又有兩千多年的歷史，因此對它有種種看法是很正常的。那麼今天，在全球化和現代化的時代，我們應該或者可能怎麼樣來看待儒學？我認為有三個角度來考察，這三個角度是：政統的儒學、道統的儒學、學統的儒學。從這三個不同的視角來思考我們今天該如何繼承和發展儒學。從政統的儒學來考慮，

因為儒學曾經長期和政治結合在一起，而且這樣一個傳統是被劃到其三綱六紀裡面，而三綱六紀無疑對專制統治起到非常重要的作用。而且儒家注重道德教化，因而對中國社會在一定程度上，從正面來講，起了一定的穩定的作用。但是把道德教化的作用誇大了，使得中國二千多年的社會重人治而輕法治，這種影響一直持續到今天。那麼這樣重人治輕法治的社會，很容易使得政治道德化，而美化了政治，又使道德政治化，使道德成為政治統治的工具。所以總的來說，政統的儒學在歷史上存在著比較多的問題，需要認真分析。作為一個社會講，人的治理當然是非常重要的一個方面。我們看今天的西方社會，我前些天去瑞典開了一次會，歐洲社會，特別是北歐社會，它為什麼比較穩定？它們事實上有兩套制度，一套是政治法律制度，一套是基督教制度。基督教起道德教化的作用，但如果光有人治的方面，而沒有法制的方面，那樣的社會是不穩定的。所以對我們國家來說，這個問題要慢慢解決。第二關於道統的儒學，任何一個有歷史傳承的成系統的學派，它一定是有它的傳統的。從中國歷史上看，有儒釋道三家，各有各的傳統。特別是儒家，是以傳承三代的文化作為自己的責任的，而且對其他學說，在一般的情況下，還有比較多的包容性。我們從來沒有因為學術的不同而打仗，儒家主張「道並行而不相悖」。但是也要看到，一個學派之所以成為一個學派，不能說它沒有排他性。儒家也有它的排他性，比如孟子就拒楊墨，說人家無父無君，當然這就有點過分了。另外還有一個例子，也有點過分，它要把佛教的書燒掉，把寺廟毀掉，和尚還俗。一個道統過強的話，它很可能就會對其他文化進行排斥、對異端進行壓制，而異端思想往往是建立在對權威思想的突破，甚至顛覆的基礎上的，並且可能成為新的思想的方

向。第三是學統的儒學，這是從它的學術思想的傳統來看的，包括它的真善美的思想，世界觀，等等。我想這個方面，儒學能提供的思想資源會豐富一些，但是我們也要對它進行分析。

下面是第五個問題。

既然我們應該特別注重儒學學統的一方面，那我們應該怎麼樣從學統的角度看待它？當然對於其他傳統文化的學統也應該採取這樣一種態度。下面提供我的四點看法。

第一點，要有文化上的主體意識。因為任何一個民族的生存和發展，都必須根植在其自身的土壤之間，只有對自身文化有充分的理解與認識、保護與發揚，它才能適應它自身社會合理健康發展的要求，它才有消化和吸收其他文化的能力，以豐富自身的文化內涵。否則，它將或者被消滅，或者被同化。因此必須有著主體性。

第二點，任何文化要在歷史的長河中發展，就要不斷吸收其他民族的文化，在互相交流與對話中才能得到適時的發展。在歷史上，中國文化有著吸收和融化外來佛教文化的寶貴經驗，我們確實是經過長達幾百年的時間，把印度佛教文化融化和吸收在我們的文化當中的，讓它成為中國文化的一部分。這是一個寶貴的經驗，我想這個經驗應該受到重視。我們今天在全球化的時代，面對西方的強勢文化，我們應該更加善於吸收和消化西方和其他民族的優秀文化，這樣才能使中國文化更加具有世界意義，這樣才能使中國文化為世界做出更多的貢獻。今天山東電視臺訪問我時，也提到這個問題。我們可以想一想，在歷史上我們吸收印度文化的時候，我們花了很大力氣。佛教的經典，現在保存最好最完整的，在中國內地和西藏，西藏保存了藏傳佛教的文獻，漢地保存了漢地的文獻。現在印度要研究佛教，它必須從

中國吸收東西回去，很多文獻他們已經沒有了；印度哲學也是如此。現在有個文化倒流的現象，也就是說本來是印度的東西，現在反而要用我們的材料來幫助它了解它的傳統。

第三點，社會不斷發展前進，文化當然也在不斷更新。但是我們要注意到，古代思想家提出的那些文化的和哲學的思考，以及他們的思考，他們的智慧之光，並不因為歲月的消逝而過時。他們有些思考的問題和重要理念，今天還是非常重要的，甚至是萬古長新的。希臘人提到的最基本的問題，是共相和殊相的問題，實際上這些問題，也是現在西方哲學的重要問題。它不能回避古希臘提出的問題。現在我們研究中國哲學，中國哲學不能回避的問題是什麼？孔子已經提出來了，那就是性與天道的問題，也就是天人關係的問題。中國哲學所要討論的基本問題，從歷史上來講，就是性與天道的問題。你不能回避。所以有些古人的思想和智慧，對我們今天還是非常有意義和啟發的。

第四點，任何歷史上的思想體系，甚至現今存在的這些思想體系，沒有完全正確的，沒有放之四海而皆準的絕對真理。它必然都有它的局限性，它的體系往往包含某些內在的矛盾，就算是其中所具有普遍價值和意義的精粹的部分，也往往要給以合理的現代詮釋。所以，孔子的思想也好，柏拉圖的思想也好，釋迦牟尼的思想也好，所有的這些思想，都是歷史的產物，都有它的限制，都有它沒有解決的問題。我們看整個哲學史就能看出來，為什麼孔子探討的問題孟子還要討論？就是因為孔子並沒有解決這些問題。比如說關於人性的問題，孔子主要講「性相近，習相遠」，至於人性到底是什麼，孔子並沒有給它規定性。可是孔子以後，對性的問題的討論非常充分，在先

秦就存在了五家不同的學說，特別有代表性的是孟子的性善論和荀子的性惡論。西方也是如此，康德要解決的問題是什麼？他要解決的是Hume（休謨）留下的問題。所以說這樣的思想才有發展。不能說某個思想體系已經把人類要解決的問題都解決了。

　　下面我向大家介紹兩段我認為非常重要的話。一段是恩格斯的，這段話很少有人重視和引用，他在《反杜林論》草稿片斷中間寫道：

　　在黑格爾以後，體系說不可能再有了，十分明顯，世界構成一個統一的體系即有聯繫的體系。但是對這個體系的認識，是以對整個自然界和歷史的認識為前提的，而這一點是人們永遠也達不到的。因而誰要想建立體系，誰就得用自己的虛構來填補無數的空白，就是說用不合理的幻想而成為觀念論。

　　羅素還有一段話，我覺得也很重要：

　　不能自圓其說的哲學，絕不會完全正確，但是能自圓其說的哲學，仍可能全盤錯誤。最富有結果的各派哲學，向來包含顯眼的自相矛盾，但是正為了這個緣故，才可能有部分正確。

　　人類歷史上往往有這樣的情況，一個哲學家提出問題，下一個哲學家幫他解決一部分，後一個哲學家再幫他解決一部分，問題是這樣不斷發展下去而解決的。所以我認為這兩段話，對我們研究思想文化是很有意義的。因為任何思想文化都是在一定歷史情況產生的，它不可能解決人類社會今天和明天的所有問題。就儒學來說也是一樣，正因為儒學是歷史中的一種學說，它有歷代各種詮釋和批評，而今後仍然會出現新的詮釋、新的批評和新的發展方向。也會有儒家學者對它自身存在的內在矛盾的揭示，以此來發展它。人類進入全球化的時代，不斷反思儒學存在的問題，不斷給儒學以新的詮釋，不斷發掘儒

學的真精神中所具有的普遍意義和有價值的特性。遵循我們的古訓：「日日新，又日新」，自覺地適時發展和更新它自身，才是儒學復興的生命線。這是我想要講的第五個問題。

第六個問題，復興儒學要有問題意識。

我們為什麼要復興儒學？我們復興的是什麼？這些必須清楚。當前我國遇到了什麼問題？全世界又遇到了什麼問題？這應該是儒學必須考慮的問題。對這些問題有自覺性的考慮，對這些問題提出新的解決思路，由此而形成的理論才是有真價值的理論。當前，我國以及全世界已經遇到了哪些重大問題？我想可以這麼講。第一，近二百年來，由於對自然界無限地開發、殘酷地掠奪，造成了生態環境的嚴重破壞，這是一個非常大的問題，如果不解決，人類將來就無法繼續發展。第二，由於人們片面的物質利益的追求和權力欲望的無限膨脹，造成了人與人之間，國家與國家之間的矛盾衝突和戰爭。二十世紀已經遭遇了兩次世界大戰了，我們中國現在的社會問題也比較嚴重。這是人類社會自身的矛盾，歸根結底就是人與人之間的矛盾。第三，由於過分注重金錢和感觀享受，使得身心失調、人格分裂，而造成自我身心的扭曲，而成為了一種社會病。因此人類社會當前要解決的，甚至今後長期要解決的，可以說，一個是人和自然之間的矛盾，一個是人和人的矛盾，一個是人和自身的矛盾。所有這些問題實際上都是人的問題：人和自然的、人和人的、人和自身的，都是要人自身來解決。那麼儒學能不能對這三個問題，提供一些有意義的思想資源？當然，我不是說儒學可以解決這些問題，特別不是說它可以全部解決這些問題，但是它可以提供一些有意義的思想資源。

比方第一個問題，從人和自然的關係來看，我們中國哲學從來就

是主張天人合一的。天人合一思想在《易經》裡面已經有豐富的闡述。在湖北荊門地區出土的郭店竹簡裡面有一條說：「易，所以會天道、人道也」，就是說「易」是要想方設法把天道和人道會通起來，這實際上就是一種天人合一的思想。對天人合一的思想，當然在中國歷史上有很多的解釋，郭店竹簡已經把這種思想很好地表述出來了。朱熹有句話我覺得很重要：「人即天，天即人，人之始生得之於天，即生此人，則天有在人矣。」這個「即」是離不開的意思，而不是說人就是天，天就是人，只是說天離不開人，人也離不開天。羅素《西方哲學史》中有一段話，他講笛卡兒哲學，他說笛卡兒哲學從古希臘柏拉圖開始，一直經過中世紀的基督教哲學，都是講精神和物質二分的，笛卡兒是把這個主客二分講得圓滿了。笛卡爾認為，研究天的問題就可以不研究人的問題，研究人的問題就可以不研究天了。而中國哲學不一樣，朱熹講人不能離開天，天也離不開人。「人之始生得之於天」，人是由天而產生的，「即生此人，則天有待人矣」，人既然產生，那麼彰顯天理（天道）的任務就落在了人的身上。孔子提出了兩個思想，一個叫「知天」，一個叫「畏天」。知天，就可以利用天來為人謀福利；畏天，就不至於隨便損害它了。如果你僅僅知天的話，你就把天看成一個死的東西了，然後去征服它，這樣會破壞自然。如果僅僅畏天也不行，那就把它看成神秘的東西了，就沒有辦法利用它了。知天和畏天是互補的。如果這樣來考慮天人關係的話，儒學就可以給我們提供很多思想資源，同時我們可以對它加以現代的詮釋，使得我們能夠負起利用自然的責任和保護自然的責任。

又比方說，在人與人的關係問題上，我想儒家也提出了一些有意義的命題。在郭店竹簡裡面也有一句話：「道始於情。」人間的道理

是從人的感情開始的。孔子說：「仁」是什麼？「仁」就是「愛人」。愛人的根據到底是什麼？孔子說：「仁者人也，親親為大。」仁愛的精神的根據就在於愛著自己的親人，這種精神是人自身所具有的，它的出發點是愛親。但是儒家認為，不能僅僅停留在愛親上，要從愛親推廣到愛人們，仁愛老百姓。在郭店竹簡中也有一句話說：愛父親愛到頂點也只是愛，繼之而愛別人才叫仁。所以這種親親必須擴大到愛老百姓。這個思想在孟子那裡有了比較大的發展，在《論語》裡面沒有「仁政」這兩個字，但是《論語》裡仁政的思想也非常多。比方說「泛愛眾，而親仁」等都是仁政的思想。孟子講仁政比較多，我想孟子講的最重要的一點，應該是這樣一句話：「民之為道也，有恆產者有恆心。」什麼意思呢？就是老百姓的道理是，他有了恆定的產業，他才遵循道德規範和禮儀制度，他才能安定下來。所以他說仁政是從「正經界」開始的，他宣導井田制度，目的也就在此。為什麼我們今天要制定物權法？我想也是這個意思，就是要保護大家的財產，使它沒有那麼容易被剝奪。馬克思在《資本論》第一卷裡，有一段話說：共產主義，在資本主義高度發展以後，生產資料的分配，是要經過一個公有制、國有制的階段，但是經過這個階段以後，要實現的是個人所有制，最後必須是個人所有。這些東西最後必須成為全體老百姓個人所有。恩格斯最後也發現了這一點，恩格斯在活著的時候出現了股份制，他就有個想法，能不能在分配制度上，用股份制度來解決貧富不均的問題，有沒有可能實行社會財產的二次分配。我想我們的《物權法》對這個問題是可以用孟子的思想來稍微作些解釋的。當然我們現在的《物權法》還不是很理想，但是慢慢過渡，就會理想了。在一個國家，老百姓都有恆產了，那他肯定就穩定和諧了。在全世界，大

國小國都擁有自己應該有的財富，那麼世界爭端就會少很多了。這些思想，對我們當前社會都很有意義。在湖北出土的郭店竹簡，把原始儒家思想講得非常精彩了。還有一個觀念，過去大家都認為儒家都不大講「情」，但是郭店竹簡裡面有一篇叫「性自命出」，另外在上博竹簡裡面也有一篇「性情論」，兩篇內容基本一樣，這裡面大量講了情，表明原始儒家非常重視情的觀念。這些都為我們現代社會調節人與人之間、國與國之間的爭端，提供了資源。

第三個方面，儒家身心合一的思想，可以在調節自我身心、內外矛盾上起到一些有意義的作用。所謂身心合一，就是說肉體的生命和精神的生命，存在著一種相即不離的關係。儒家認為，要達到身心合一，要靠修身。在郭店竹簡裡面有這樣一句話：「聞道反己，修身者也。」意思就是說，你聽到做人的道理和合乎道理的學說，就應該反求諸自己，這就是修身。這種修身的思想，特別是在《大學》裡面講得最多了，《大學》講修身、齊家、治國、平天下，下面有句話說：「自天子以至庶人，壹是皆以修身為本。」從天子到庶人，都要以修身作為其根本。當然修身非常重要，但是要說得完整一點，每個人的道德修養對自己非常重要，而社會制度對一個人的身心的和諧也非常重要。儒家學說有個相當大的問題，它比較重視人的道德修養，但是對外在的社會政治法律制度的建設不太注意。當然道德修養非常重要，孔子有段話，說他自己最大的憂慮是「德之不修，學之不講，聞義而不能徙，不善而不能改，是吾憂也」，不修養道德是不行的，不講究學問也是不行的，聽到合乎道德的話而不去實踐也是不對的，錯了不改也是不好的。可見他是非常注重道德學問的，這都是修身做人的基本要求和道理。

如此看來，在調和人與自然、人與人、身心之間的矛盾上，儒家思想對我們今天還是很有幫助的。但是我們不能說儒學能解決我們現代社會所有問題，因為現代社會是非常複雜的，所要解決的問題也是多方面的，包括政治經濟的、科學技術的，需要各方面綜合起來才能解決問題。但是儒學給我們提供的思考的路是非常有意義的。我們應該對它的思想進行現代詮釋，讓它適應現代社會的要求。最後，我想引用司馬遷的一句話：「居今之世，治古之道，所以自鏡者，未必盡同。」就是說，我們生活在今天，要了解古今治亂興衰的道理，要把它作為一面鏡子來反觀自己，但古今未必就相同，所以我們要繼承它、研究它、發揚它，但是不能認為它就把所有問題都解決了。因此我們今天的任務就是要對自古以來的思想，包括儒家思想，給以現代的詮釋，創造適應現代社會的新的理論。我今天就講這麼多，謝謝！

二〇〇七年在華中科技大學的演講
胡維平根據錄音整理

哲學與文化

王　路　清華大學人文學院哲學系教授

　　我們今天講的題目是哲學與文化。我們國家的大學生有一個體制教育，有一個基礎課和必修課，這就是哲學，因此大家可能都學過哲學。即使不是哲學專業的同學，你對哲學也都有了解。所以哲學就是這麼一個學科。因此今天給大家講這麼大個題目比較難。我想一上來先給大家做一個限定，把我們的題目講得小一點。

　　首先，為什麼我們在口頭上非常喜歡說哲學這個詞呢？比如我們可以說有愛情哲學，有處世哲學，有生活哲學，前幾年在金融危機的時候還有人說索羅斯哲學。有些作家，比如說王蒙，寫了《我的人生哲學》。似乎哲學是人人都可以用的，人人都可以說的。似乎不談哲學就不夠檔次，不足以表達思想。這樣我們教哲學的人就會想到，哲學到底是什麼？你們有一個對哲學的理解沒關係，因為你們學過哲學。我今天給大家講一講我對哲學的理解，在這個基礎上跟大家做一個交流。

　　第一個問題，我想先講一講哲學的含義。首先可以做幾點區分。第一點區分就是可以有日常語言中的哲學，也可以有學科上的哲學。剛才我給大家舉的例子就是日常語言中的哲學。學科上的哲學是什麼呢？我覺得就是哲學系上哲學課學的那些哲學，或者說在國際上哲學家之間互相是有交流的，在學術平臺上有一個共同的東西，是這種意

義上的哲學。這一點我認為要做一個區別，我講的是學科意義上的東西。第二點區分我要講，大家知道柏拉圖早就說過：國家應該由哲學王來治理。這是古希臘很著名的一句話。今天很多搞哲學的人就認為現在情況不對，都是一些搞工科的人管理國家，應該由搞哲學的人來管理國家，因為柏拉圖說過應該由哲學王來治理國家。這也是我們理解上有歧義的一個東西，什麼應該是哲學？哲學王是怎麼回事？那麼我們就要把哲學王和今天說的哲學家區分一下。我所理解的哲學家就是今天在哲學系或者哲學研究所從事哲學研究的那些人，比如說像我這樣要教哲學課的人。柏拉圖所說的治理國家的哲學王實際上跟我們今天的哲學家不是一回事，這個我們後面再講。第三點區別，現在大學的公共課，不管是理工科還是文科，除了哲學系的學生以外，都要學哲學課，儘管名稱可能不同。但是你們課上學的哲學和我們哲學系裡學的哲學是有區別的。哲學系的同學要學很多：西方哲學、馬克思主義哲學、科學哲學、倫理學等。而你們哲學課上學的東西一般來說叫做世界觀、方法論。我做了這些區分以後，我們的題目就會變得小一點。我要告訴大家，你們頭腦中有一個對哲學的理解沒關係。今天我從學科的意義上，從哲學家的角度給大家講一下我對哲學的理解。有了這樣一個哲學的觀念以後，從這樣的角度我們再來談一談哲學和文化的關係。文化我就不定義了，假定它是自明的。它可以是一個很寬泛的概念，它可以是包羅萬象的東西。這是我今天講的第一個問題，哲學的含義。

第二個問題，什麼是哲學？首先我給大家念幾段經典定義的話。一個是毛澤東的話：「什麼是知識？自有階級的社會存在以來，世界上的知識只有兩門，一門叫做生產鬥爭知識，一門叫做階級鬥爭知

識，自然科學、社會科學都是這兩門知識的結晶。哲學則是關於自然知識和社會知識的概括和總結。此外還有什麼知識呢，沒有了。」就是說，哲學是關於自然知識和社會知識的概括和總結。什麼叫自然科學知識，什麼叫社會科學知識呢？毛澤東說世界上只有兩門知識：生產鬥爭知識和階級鬥爭知識，自然科學和社會科學都是這兩門知識的結晶。結晶是什麼？「結晶」實際上是一個物理學的概念，在這裡是一個比喻的說法。所以說毛澤東在這裡對哲學的說明借助了一個比喻的說法，因此我認為他的定義是不清楚的，他並沒有告訴我們什麼是哲學。馬克思對哲學的定義是：哲學是時代精神的精華。當然這句話的前身是黑格爾說的：哲學是時代的精華。精華也是一個比喻，就是最好的東西。所謂天地之精，日月之華。哲學這個學科跟其他學科不太一樣，哲學要求我們在探討問題時要在概念的層面上表達思想，能夠把我們想說明的東西說清楚，這是哲學一個非常主要的特徵。當我們用這樣的比喻來說什麼是哲學的時候，實際上是有缺陷的，我們大概說不清楚。這說明在哲學的定義上是有困難的，哲學本身的說明是比較難的。但是毛澤東和馬克思的說法讓我們基本也能理解，大概哲學就是一個層次最高的知識，最好的東西。當然這兩個作家是馬克思主義哲學的經典作家，那麼我們再看一個西方哲學經典作家羅素的說法。他說，哲學是在宗教和科學之間的東西。「在什麼與什麼之間」是一個空間的概念。空間概念是清楚的。但是這裡說的並不是空間概念，因此他實際上是用一種比喻的方法來說明。我給大家舉這樣的例子不是說他們說的沒有道理，也不是他們說的並沒有使我們對哲學有更好的理解，我想說的是，他們用比喻這樣的方式來說明哲學，這表明哲學本身是比較難定義的。這是跟哲學這門學科的性質有關係的，

所以我要強調這個問題。什麼是哲學呢？比如說像我們在哲學系裡，從學科的意義上，我在課堂上總要告訴學生什麼是哲學，我們總是希望能夠說明哲學是什麼。這是我們從經典作家的角度來看。

下面我們從哲學史的角度來看。如果單純從概念的角度說不清的話，那麼我們從歷史的角度看一看它到底是怎麼回事。哲學這個詞，它的英文是philosophy。這個詞來源於希臘文，詞根是兩個詞：philo和sophia。sophia的意思是智慧，philo的意思是愛。也就是說，從希臘詞的詞根來說，哲學這個學科實際上最開始是圍繞著愛智慧形成的。愛智慧是希臘哲學中最主要的一個特點。古希臘哲學家們愛智慧的表現是，他們探討世界的本源是什麼，比如為什麼世界會有四季變化，是什麼造成這樣的變化，世界的本源是什麼。對於這些問題人們提出不同的回答，比如有人說世界的本源是水，有人說世界的本源是氣，有人說世界的本源是火，還有人說世界的本源是數，這就是畢達哥拉斯學派。這些東西就構成了希臘哲學中的自然哲學，這些東西在我們今天看來就相當於自然科學的前身。但是除此之外希臘人在愛智慧的活動中也有一些關於我們自身的探討，比如他們討論什麼是正義，什麼是勇敢，等等，這些探討實際上形成了關於人的倫理、政治等方面的認識，這些東西就相當於我們今天說的社會科學。就是說古希臘的哲學，愛智慧這樣的活動，實際上涵蓋了今天我們所說的自然科學和社會科學的整個範圍。所以大家想一想為什麼柏拉圖說應該由哲學王治理國家，這些人實際是社會上最有聰明才智的。他們探討世界本源，同時探討與人相關的很多東西。在當時就是這樣的一種哲學活動，是人類用理性來探討我們周圍世界的一些活動，被統稱為哲學。在這裡面我們實際上可以看出一個非常顯著的特點，就是當時的學科

沒有分化，當時的哲學涵蓋了我們今天所說的自然科學和社會科學。所以我說現在的哲學家和當年的哲學王不是一樣的。今天我們所說的哲學家實際上是學科分化以後的產物，是這種制度下培養出來的人，我們稱他們為哲學家。他們和柏拉圖所說的哲學王區別非常大。現在我們可以看到，哲學這個用語從古希臘到今天是沒有變的，但是它的含義是有變化的。我們應該認識它的這種含義到底是怎麼回事，才能達到對這個哲學概念本身的理解。

在哲學的發展過程當中，有一個很重要的人物是亞里斯多德。亞里斯多德在當時建立了邏輯，而且他在哲學上也有很多研究，後來在他去世以後，人們把他的著作集起來。他的邏輯是一系列著作，被稱為《工具論》。他關於修辭有很多說明，他關於physics有很多說明，還有關於倫理學、動物學等的論述。這些著作分門別類，開創了西方思想史上學科的分類。但是人們發現有一類著作不好分類，按照內容，它與physics相似，但又不是physics，與其他內容則完全不同。因此人們在編排這部分著作的時候給它放在了physics這部著作之後，然後加了個詞頭：meta。這個詞頭就是表達在什麼之後的意思。從那以後，metaphysics這個詞就成為亞里斯多德哲學的代表。西方哲學後來延用了metaphysics這個詞，它的字面意思就是「在物理學之後」。我們中國人把這個詞翻譯成「形而上學」，我們是根據《易經》裡的一句話，就是「形而上者謂之道，形而下者謂之器」。我們知道亞里斯多德有一個非常大的特點，他的學科分類是對西方思想文化的一個重大貢獻。西方學科的分化是從亞里斯多德開始的。西方整個思想文化在科學意義上的分化也是從亞里斯多德開始的。如果大家讀柏拉圖的著作就會發現柏拉圖的對話集是被保留下來了，但是那些對話是不分

學科的，柏拉圖很多東西是混在一起討論的。到了亞里斯多德這裡就有了學科的區分。這樣一種區分在亞里斯多德的《形而上學》這篇著作中是表現得非常清楚的。亞里斯多德說：在愛智慧這種活動中實際上是有層次區別的。比如說，一個工匠對一個東西的認識，和一個技師對一個東西的認識實際上是不一樣的。比如一個工匠用泥瓦刀來造房子，他對房子有一個認識，一個技師設計房子，他對房子有一個認識。而關於房子的建築、用途還會形成一類專門的認識。這樣，人們會形成一類一類的認識，從而形成一門一門的學科。亞里斯多德認為，我們每一門學科對一類東西的認識也是不一樣的。在這一層一層的認識區別下來之後，他認為在這些層次上有一個最高的層次，叫第一哲學。第一哲學研究的不是具體的某一類學科的東西，比如不是關於數的研究，不是關於天文學的研究等。用他的說法，這樣研究是關於being本身的研究，就是being as being。他為什麼這麼說呢，按照我的理解，實際他認為對任何一類東西，在任何一個學科，我們都要說是什麼，但是第一哲學的研究要超乎所有這些學科之上，要對「是什麼」本身進行研究，要說明這種「是本身」是什麼，是怎麼一回事。這就是他認為的在愛智慧活動中的最高層次，也就是他說的第一哲學，這個就是後來人們說的形而上學。

我們知道自從亞里斯多德的形而上學出來以後，西方一直把哲學分為兩個層次，有理論層次，就是theoretical這個層次，還有一個就是practical這個實踐層次。實踐層次比如說道德哲學、政治哲學等，而理論層次就是亞里斯多德所說的第一哲學。亞里斯多德當時提出一個非常出名的觀點，他說，研究這樣的東西只有在解決了溫飽以後才能來研究。我的理解這就是說這樣的研究跟我們的溫飽是不會有直接的

關係的。比如說工匠直接造一個東西，這是可以解決具體問題的，這樣的東西是跟我們的溫飽是有聯繫的。比如你製鞋，製了一雙鞋後你可以把它賣出去，賣出去就可以掙錢，這種具體的東西都是跟溫飽有直接關係的。但是形而上學實際上跟溫飽沒有直接關係。所謂只有解決溫飽以後再來搞這個東西，這裡面體現了亞里斯多德關於到底什麼是哲學的一種理解。我認為這種理解表明哲學與實際離得比較遠，哲學不會給我們帶來直接的物質上的東西。不僅如此，在我看來，它還體現了另外一種東西，這就是為知識而知識，為科學而科學的東西。

我們剛才說了三個經典作家的關於哲學的探討，大概我們能感覺到哲學是什麼。看了亞里斯多德這些關於哲學的說明，看了古希臘這個詞的起源，我們關於哲學是什麼又有了一些了解，但是關於哲學到底是什麼，還是沒有說明白。在哲學界有一個很多人都認同的說法：哲學就是不斷地問為什麼，問到最後就是哲學。「最後」是一個時間或排序概念，因此也是比喻，是不清楚的。今天我給大家一個我關於哲學的說明，我認為哲學就是研究先驗的東西。當然搞哲學的人可能會對我提出質疑，但是這就是我的看法：哲學是關於先驗東西的研究。先驗的東西我認為就是用後驗的、經驗的方法無法解釋的東西。今天我們能拿科學證明的東西實際上都是後驗的、經驗的，能拿常識證明的東西也都是後驗的。簡單地說，憑看、聽、觸摸、嘗、嗅等感官感覺的都是後驗的，先驗的東西是用這種方法無法證明的。為什麼先驗的是這樣的東西？因為自然科學也好，社會科學也好，它們的探討實際上都屬於我們周圍的一些東西。世界也好，或者跟我們自身相關的東西也好，都是這樣一些東西，它們都和我們有直接或者間接地聯繫。唯獨哲學研究的先驗的東西在很大程度上跟我們不是有直接的

聯繫。如果說有一種間接的聯繫，那麼這種間接的聯繫是在什麼程度上的呢？比如自然科學研究，尤其是一些基礎理論研究，一開始的時候與現實生活似乎沒有什麼關係。大概幾十年以前的研究時人們可能想不到現在我們坐在課堂裡拿著手機可以跟美國那邊通話，上午我們就能看NBA的轉播，幾十年以後人們確實感到科學研究為我們生活帶來的變化。而作為哲學來講，這個先驗性還不是那種基礎理論跟實際的那種聯繫，在我看來這種先驗的東西跟後驗的東西幾乎沒有一點關係，這是我對哲學的看法。哲學的性質在這裡面就體現出來了，所以哲學中有些問題，比如說什麼是人，人是理性動物，那麼你要問什麼是理性，為什麼理性是人的一種定義，不僅如此，人們還要問，這種思考問題和回答問題的「是什麼」究竟是什麼意思？對這種東西的探討，大概既不能用自然科學來證明也不能拿我們的感覺經驗來證明。對這種東西的認識是一種專門的認識，而要認識這樣的東西，這是人的本能的認識的一種體現，或者是人的智力活動最終的一種體現。因為我們知道既然人有智力活動，有認識活動，你就不可能規定哪些活動可以想，哪些活動不能想。因此哲學在這裡就超出了自然科學所做的工作，這樣的研究就不是我們在實驗室裡憑著具體的操作動手做出來的東西。它在理論證明上還有另外一些東西，它不能像數學和邏輯那樣做出那種純粹的精妙的準確的系統的理論的證明，但是它要有充分的論證，尤其是與邏輯相關的論證。這就是我所認為的什麼是哲學。正因為這樣，人們才會覺得哲學這門課的性質是非常特殊的，非常難講清楚的。

但是，既然哲學是一門學科，它有什麼樣的性質，它的作用是什麼，這就是一個很現實的問題。我想借用一下剛才說的羅素的比喻：

哲學是宗教和科學之間的東西。羅素假定了兩個東西：宗教和科學。假定宗教是什麼我們是清楚的，假定科學是什麼我們也是清楚的，哲學在它們倆之間。我借用這個例子給大家講一講哲學的性質是什麼。剛才我說了哲學的主要性質就是先驗性。宗教最主要的特徵是信仰，比如基督教相信上帝存在，其他東西都可以懷疑，唯獨上帝存在是不能懷疑的。在信仰的前提下，上帝是不能問的，你要不斷地去體驗，這是宗教的一個特徵。科學的特徵是證明。證明有兩類，一類是理論的證明，一類是經驗的證明。沒有這兩類的證明，不配稱為科學。理論的證明比如說邏輯，經驗的證明比如說自然科學提供的東西都是經驗的證明。證明是科學的一個最主要的特徵。當然這樣說很簡單，除此之外還有很多要求，比如理論要系統化，它的物件應該明確，它要有專門的方法，它的理論和方法應該能夠傳承，等等，但是它最主要的特徵是證明。現在來看，哲學是在這兩種東西之間的東西，哲學跟宗教的區分就是哲學不能夠有信仰。哲學跟科學的區分就是它不能夠有證明，不能有經驗的證明也不能有理論的證明，這是哲學的特徵。我舉一個最簡單的例子，比如武大的陳修齋老師曾經說過一句很出名的話：哲學無定論。因為哲學不能從宗教出發，不能從信仰出發，也就是說你不能從一個固定不變的前提出發。那麼它是一種愛智慧的活動，就是對什麼東西你都要進行思考，你要不斷地問是什麼，是怎麼回事。因此你不能不問，你要進行思考，你要提出你自己的答案，這是哲學的最基本的特徵。但是這樣的解答又不能像自然科學那樣提出經驗的證明，因此哲學無定論。所以說同學們在學哲學的過程中，如果誰要說這個結論是一個科學的結論，那它一定不是一個哲學的結論，如果誰說這個認識是一個不能改變的東西，那麼它也不是一個哲

學的定論。由於哲學本身沒有這兩個性質，既不能信仰，也不能證明，因此哲學的性質就是它不會有固定的結論，它的結論是可以討論的。這也就是為什麼哲學從古希臘到今天，人們反復探討這樣的問題：什麼是本質，什麼是真，什麼是必然，什麼是可能。那麼多人給出那麼多答案，很多人還是不滿意。因為這些答案都沒有證明。如果從數學上從邏輯上能夠提供一個證明的話，就不用再做了。所以陳老師這個哲學無定論的說法我是非常贊同的。哲學的這種不能有信仰不能有證明的性質，我認為是哲學先驗性的一種體現。

這種性質的體現表明了哲學的一個特徵，我認為這就是哲學需要論證。論證比證明這個概念寬泛，論證實際上是從前提到結論的一個過程。就是說對一些問題你可以從前提出發，最後你得出一個結論，那麼你用前提去論證這個結論。這個論證過程也可以看作是證明，當然我們都知道它不能像數學、邏輯那樣的證明，也不能像自然科學那樣的證明，但是這個論證過程必須得有。因為哲學是愛智慧的活動，它是人類認識活動的一種體現，認識我們身邊世界的一種具體的活動，所以哲學是不能隨便胡說八道的。在這種情況下，哲學應該借助於其他學科所提供的理論成果和工具，比如說它要借助於數學的、物理的、語言學的、邏輯學的等各種學科所提供的理論成果，用這些成果作為自己的方法進行論證。因為哲學討論的問題，實際上在我看來比自然科學討論的問題要難得多，因為研究先驗的東西比研究後驗的東西難得多。我們在研究問題的時候，有些問題依靠一些方法總是可以解決的，或者至少借助一些方法暫時可以解決的，這樣的東西總是相對容易的。可是有些東西是我們總想解決可總是解決不了，這說明一個可能是我們比較笨，另外一個可能是這個東西本身比較難。

西方有一個比較有名的哲學家叫達米特，他說許多哲學問題實際上壓根不像有些人想像的那麼簡單，也許它們從根本上來說就是非常技術性的。哲學本身應該是非常技術性的東西，只不過我們現在還沒有找到那種合適的技術，我們還不能像自然科學那樣找到技術來證明它們。這是我們對哲學的性質的一種理解，但是我認為我們一定要有一個論證。論證實際上也是一種非常艱苦的工作，它要借助現在其他學科的理論成果來進行論證，這是哲學的一個性質。

這樣的哲學有什麼用呢？亞里斯多德那時候說了，滿足了溫飽以後再來考慮。這說明這個東西實際上跟我們現實沒有關係。馬克思的說法不同，他說哲學家們只是用不同的方式解釋世界，而問題在於改變世界。這裡體現了馬克思對哲學的一種看法，這一句話是一句論綱沒有上下文，對這句話的解釋空間比較大。在我看來，你可以把這句話看做馬克思站在哲學之外說的話，馬克思認為我們重點是要改變世界，哲學沒用。雖然他批判了哲學無用，但是多少可以看出他跟亞里斯多德對哲學的看法一樣，就是哲學和現實沒有關係。但是許多人把馬克思當作哲學家，那麼就要站在哲學之內看馬克思說的這句話。這樣就會認為，應該用哲學來改造世界，在改造世界的過程中，使哲學成為我們鬥爭的武器。這是對馬克思的話的一種解釋。今天我們把馬克思主義哲學當作我們的一個指導思想，這裡面存在我們如何解釋馬克思的話的問題。如果這樣解釋馬克思的話就存在一個問題：到底什麼是有用什麼是沒用？在座的大部分同學大概都不是學哲學的。在你們上大學的時候，我想你們的家長給你們選專業的時候，絕大部分家長不會給你們選哲學，首選大概都是學醫、學法學、學電腦，大概哲學是最後的選擇。因為今天人們已經認為哲學沒有用了。人們對哲學

的理解確實有很大的區別。我在上大學的時候是在「文化大革命」中，一九七三年到一九七七年，那時候我們經常要做的事情是批判十七年修正主義教育路線。一九四九年到一九六六年，就是新中國建國以後的十七年，「文化大革命」是一九六六年到一九七六年。當時批判十七年修正主義路線的時候，我聽北大哲學系的人說了這麼一件事，哲學系在歡迎他們新生入學的時候貼著大橫幅：歡迎未來的縣長、縣委書記。這說明在過去我們認為哲學是有用的，因為哲學是世界觀，是方法論，能夠改造世界，是能夠幫助我們幹事情的。但是今天哲學家們風光不再。實際上在「文化大革命」中，批判歸批判，哲學曾經普及到人人學哲學的程度，當時流行許多說法，比如顧阿桃學哲學，一塊石頭打開哲學的大門。當人人都可以學哲學的時候，當把這樣的東西看作是哲學的時候，就覺得哲學特別有用。那個時候全國一起來學哲學，覺得哲學能夠解決一切問題。但是到了今天，我們突然就覺得哲學沒用了。我講這些不是想討論哲學有用沒用，我想讓大家看到，我們對哲學的認識與西方是不一樣的。在西方的傳統文化當中有這麼一種對哲學的認識，它體現的是為知識而知識，為科學而科學，它不是功利性的東西。

回到我們的主題，我講講學術與文化。我剛才講的哲學，儘管我說的也可能沒有那麼清楚，但是我是站在一個科學的角度上來理解哲學。因為哲學是我們今天大學學科裡的一個系或者說一個院、一個專業所講的東西，因此它是一個科學的或具有科學性的東西。因此我們對哲學可以做學術的理解，可以在學術的意義上理解哲學。所以我們可以談一談學術與文化。在座的同學可以從兩個角度考慮我所說的東西，一個是從你自身所學專業的角度出發，來考慮學術與文化的關

係；同時還可以從你對於哲學的理解出發，從我告訴大家什麼是哲學，我關於哲學的理解，來考慮學術與文化的關係。我認為，科學發展的今天，學術與文化的差距是非常大的。為什麼我要跟大家強調為知識而知識，為科學而科學這樣的東西，我並不是說讓大家都去搞這樣的東西，我也不是說你們學的具體的那些科學的東西、具體可以應用的那些東西沒有價值，也不是說要和過去中國文化中那種比如說學而優則仕、學以致用的精神來唱反調，我只是想強調在學術傳統中，除了那些與應用密切相關的學術以外，實際上還有一種學術，這種學術可能沒有什麼具體的應用價值，但是它仍然是一種學術的東西。這樣的東西到底在哪個學科上能體現出來我不知道，但是我知道它至少在哲學上體現出來。我知道，我這種觀點即使在哲學界裡也不被人廣泛接受，因為在哲學界很多人也認為哲學就是要改造世界，就是要解決和回答重大的現實問題的。而且許多人認為哲學就是要指導一切。我們知道在國內有一個說法已經提了很多年了，叫做哲學社會科學，就是說我們認為哲學是指導一切的，它能夠指導而且我們相信它能夠指導。但是我認為這個說法是有問題的。哲學在古希臘曾經是一個母體，孕育了那麼多學科，但是今天這麼多學科已經從它裡面分離出去之後，哲學自己仍然是一個學科。因此它一定有自身一些獨特的東西。哲學可能有些方面具有實際的意義，但是從哲學分離出去的那些學科，那些獨立門戶的學科幾乎都是經驗性的學科。由此也可以看出，哲學裡面一定有一種獨特的東西，一種具有學術意義的東西，這種東西是和實踐離得比較遠的。

　　基於哲學來考慮學術，關於學術與文化我想談的有兩點。第一點就是大學的素質教育。我認為在座的同學不妨把你們的視野放得寬一

點，不要把目光局限於自己狹隘的專業上。大學的素質教育是培養你們的知識結構、塑造你們的知識結構，在這個階段我希望你們能夠把眼光放得寬一點。你們今天學的東西有些實際是沒有什麼用的，但是這些東西作為素質教育來說，對於你們知識結構的建立來說，對你們一定是有幫助的。這一點我覺得哲學大概是一個比較典型的例子。因此不要太急功近利。在我們的頭腦中，根深蒂固的東西就是要學以致用，學的東西要有用，以這樣那樣的方式我們總能表現出一種嚮往，一種功利。我建議大家在大學期間不妨有一些學術的精神，有一些為知識而知識的精神，不要那麼功利。

第二點，我想講一講今天我們所說的社會批評的問題。你們看報紙的時候，很多人批評今天的知識分子，認為今天的知識分子沒有終極關懷，缺乏人文精神，認為他們躲在自己的象牙塔裡，只關注自己的學術，缺少對社會問題的批評。這裡面我想有兩個問題：一個問題是社會批評確實是知識分子的一個功能，但是社會批評我覺得是與文化結合在一起的，因而是超出學術範圍的；另一個問題是學術本身有一種要求，也就是說，學術本身有一種東西，這種東西我覺得不是一定要和現實結合在一起的。因此，站在學者的角度你如何能夠把這個關係擺好。我經常跟人說這麼兩句話，我說，我們搞哲學的人不要認為，你身在哲學系、身在哲學所，你談的就一定是哲學。我的意思是說，哲學似乎是很寬泛的東西，哲學的性質似乎可能使我們什麼都談，自然科學可以談，人文科學可以談，我們什麼都可以談，但是我覺得關鍵作為一個哲學專業的學者，還要看你能不能把所說的東西談成哲學。如果談不成哲學，你談的與其他人談的還會有什麼區別呢？因此我認為，站在文化的角度上說，學什麼學科都是一樣的，無論是

哲學還是其他學科，無論是自然科學還是社會科學。比如我們談一個社會問題，哲學家說的話會比其他人說的話更合理更恰當一些嗎？因為真正對文化發表評論的時候，都超出你自身的學術範圍。你可能是學物理的，他可能是學數學的，他可能學經濟學的，這樣學不同學科的人來談一個問題，怎麼能說學哲學的就一定比學其他學科的談得更好呢？但是許多人今天確實有一個想當然的認識，就是認為學哲學的人當然就能夠談歷史、談文化，而且學哲學的人當然比別人談得好。我對這種觀點是持懷疑態度的。我認為這是不可能的。真正作為專家的話，其實哲學的研究跟現實沒有什麼關係，那麼真正談現實的東西你怎麼能比那些有相應學科背景的人談得更好。在學術圈裡大概我們都是專家，但是一旦跳出各自的圈子去談文化的時候，我們大家都是外行，因為我們都站在學術之外，誰也不要說誰是專家。因此在講社會批評的時候，批評固然要有，而且似乎誰都可以做，理論上說，知識分子似乎更是責無旁貸。但是我們的批評要不要負責任？批評時你利用了你的知識結構和學術背景，或者你是站在一個專家的角度提出了批評呢，還是僅僅因為你是一個學者，你是一個名人，你的批評就一定是對的呢？舉一個例子，最近于丹很紅，很多學者就批于丹，說她曲解了古代經典。其實我想于丹是一種文化現象，她不是一種學術現象。文化是什麼呢？我在國外有一個經歷：一上車，公共汽車也好火車也好，我們買一份報紙，看完之後，下車時報紙往那一扔，我們就走了。那上面的東西很多都是文化。學術是什麼東西，就是我在家裡書架上擺的那些東西，那些東西不能扔的，那是學術。你也可以說那些也是文化，但是至少其中有學術。文化是寬泛的，學術是有專門要求和標準的。

我們大家在大學學習的時候，不妨逐漸地建立起一些學術的觀念。儘管將來你可能不會去當老師，不會專門去搞科研，但是我覺得我們不妨建立一點學術的觀點。畢竟一百多年來西方的思想文化引進中國，它是以一種學術的方式引進的，一開始就是以一種分科的方式引進的，而我們對它的接受也是以這樣的方式接受的。我覺得這正是我們中國傳統文化中欠缺的東西。中國人總愛說西方人有什麼，我們也有什麼，但是我認為，這種學術的觀念、這種學科的分類，恰恰是我們欠缺的。我認為談起文化，中國大概不比任何一個國家差，但是談起學術的時候，我們就是比別人差，因為我們沒有亞里斯多德這種在知識論的意義上探討對世界的認識，我們沒有這種意義上的愛智慧的東西，因此我們沒有科學意義上的學科分類。我們這樣的認識是引進的，是通過學習西方建立起來的。你們每個同學都學習一門專業，從你們自己的知識背景出發，你們的專業都是一種學術意義上的東西，因此你可以基於你這種學術理解看一看什麼是文化。在你這個學術範圍之中，你不妨理解一下什麼是學術，什麼是文化，你也可以跳出這個圈子來看。這是今天我要給大家講的。

最近中國人民大學出版社出版了一種六卷本的書，是一個美國非常出名的哲學家蒯因的《蒯因文集》，他說sophia是必要的，philosophia不是必要的。智慧是必要的，而哲學不是必要的。潛臺詞就是說，哲學是專門性的東西，不需要那麼多的人來搞哲學。他還明確地說：我不明白為什麼我要懂哲學以外的東西，我也不明白為什麼要求那些外行非要懂我這個東西。我想大家可以好好體會這句話。謝謝大家！

二〇〇七年在華中科技大學的演講
田小桐根據錄音整理

美學的新方向

張世英　北京大學哲學系教授

　　有人把哲學分為認識論、本體論、倫理學、美學、歷史哲學等，把美學當作哲學一個小的分支。我認為哲學應該詩化，應該和美學結合為一體，就是說哲學發展的頂峰應該是美。不要把哲學搞得讓人望而生畏，一提到哲學，好像就是一些抽象的概念的東西，讓人覺得哲學枯燥無味。我的看法是，雖然哲學離不開概念和抽象的東西，但是哲學發展到高峰或者說是頂點的時候，應該和審美的意識結合起來，所以我今天講的美學就是要把美學和哲學結合為一體。

　　「美學的新方向」實際上要聯繫哲學發展的新方向。美學在西方由古典轉向新的方向，是和哲學由古典轉向現當代的新方向緊密相連的。這裡，我們先從哲學的轉向談起，了解一下哲學是怎麼由古典哲學轉向當前的現當代哲學的。

　　從古到今，從中國到外國，各個哲學家和各個學派都為哲學下過各式各樣的定義，但是大體上說，哲學就是打破沙鍋問到底，追問事物根本的學問就叫哲學，這是最通俗的說法。追問事物的根底，古今中外有各種方式，就西方哲學來講，我把它歸結為兩種。

　　一種方式是從蘇格拉底、柏拉圖到十九世紀中葉的黑格爾，是古典時期，幾千年基本上一個路子。這種追根問底的方式主要是從蘇格拉底及他的學生柏拉圖開始的，柏拉圖寫了《對話集》，記錄的是他

的老師和別人的對話。在柏拉圖的著作《斐多篇》裡面有一段話，是蘇格拉底說的，基本上代表了哲學思維的方向。他說，年輕的時候，老師總是說要問事物的根底究竟在哪裡。前輩有這麼一些人，像泰勒斯、阿拉克西曼德、赫拉克利特等，他們是怎麼回答事物的根源的呢？古希臘的第一個哲學家回答道：所有事物的根底是水，接下來有人說是五行，最後有人說是氣，有人說是火。這麼一說，就把我搞得稀裡糊塗。總看見他們在找根，這太糊塗了，火是萬物之一，水是萬物之一，氣也是萬物之一，怎麼能用事物的某一個東西去作為萬物的根源呢？所以都說不通。到具體的事物裡面去找根源，不算找到事物的根源。蘇格拉底經過學習之後，感覺到要推翻老師的意見，他說我現在感覺到萬物的根源都在我的心靈裡面。

所謂的心靈就是人所構造起來的概念，後來，蘇格拉底的這個觀點被學生柏拉圖加以發展，成為「理念說」，認為人心所構造的概念的東西才是萬物的根源。這一下就把哲學的方向做了一個大的改變。

為什麼說概念是萬物的根源呢？譬如說方的東西，我們眼前的桌子都是方的東西，各式各樣的方的東西，它們的根源在哪裡？都在方的概念裡面，凡是符合這個概念的都叫做方的東西。在這個概念裡，方的東西有四個邊，每一個邊等長，有四個角，每個角都是九十度。所以方的概念就是方的東西的根源。同理，圓的東西就是有一個中心點、半徑等長，凡是符合這個概念的就把它叫做圓的東西，各式各樣的圓的東西，根源都在它的概念之中。於是桌子的概念、椅子的概念、人的概念、狗的概念……就是各種事物的根源。這樣一來，人們就由過去在各種具體事物中找根源，轉到了到概念裡面去找根源。蘇格拉底、柏拉圖的思維方式統治了西方兩千多年，直到十九世紀中葉

黑格爾死去。當然西方古典哲學各種各樣，有同意剛才這種思路的，也有反對的，但是占主導地位的就是這樣一種思維方式，我們可以就把它叫做「柏拉圖主義」。

西方現當代很多哲學家說我們幾千年來都被柏拉圖主義的思維方式所統治，都認為概念或者理念是最高的世界，我們都生活在個別的世界中：像個別的桌子、蟲子、魚這樣具體的東西之中，我們要從感性的個別的東西，通過思維或者理性的認識來達到超感性的、概念的世界裡面去。所以搞哲學就要像爬梯子一樣不斷地向縱深發展，最後把握住抽象的概念世界，只要抓到了那個世界就到達了境界的最高點。這種思維方式最大的弊病就是把概念抬到最高，大家都去崇尚抽象的東西，弄得人生枯燥無味，蒼白無力，脫離現實，就像我們剛才說的，一提起哲學人們就望而生畏。

講一個小插曲，念大學的時候，我們學哲學的人老是講「思維和存在，抽象與具體，普遍與個別」的概念。解放前我念西南聯大的時候，民主運動蓬勃發展，共產黨強調我們要重視現實、改造現實，不要老是生活在國民黨的統治之下，而學哲學的人脫離現實，實際上就是為國民黨的反動統治服務。於是在民主運動發展到高潮的時候出現了一張海報，畫的是一個帶高度近視眼鏡的年輕人爬梯子，上面有一個廟，廟裡面坐著的祖師爺是馮友蘭的畫像，頭髮被描寫成雲霧繚繞狀，然後雲霧上面寫的是「本質與現象，抽象與具體，思維與存在」，都是哲學家們講的概念。我當時還很生氣，因為我戴著近視眼鏡，好像就是在諷刺我。（笑）這個漫畫說明共產黨在還沒有掌權時候，就已經感覺到搞抽象哲學的人是完全脫離現實的。

西方在十九世紀中葉就已經感覺到，概念哲學讓人一天到晚限制

在概念的圈圈裡面，把人生弄得越來越沒有意義，所以十九世紀以後的現當代哲學，主要指二十世紀以來這一百多年的哲學，都是在針對概念哲學進行批評。他們也並不是說不要概念，我們知道，科學需要進行概括，把特殊的東西去掉使之成為普遍性的東西。但是現當代哲學家覺得我們的思想僅僅停留在這個層次上是絕對不行的，哲學要從概念的抽象王國下降到現實的人間，研究現實的人生。西方的現當代人把他們的哲學叫做「後哲學」，意思是說老一套的東西不能再要了，我們現在是後哲學的時代，激烈一點的就說哲學已經死亡了。這種思想在西方，我們平時稱之為「資產階級思想」，其實是反對抽象哲學王國，要求哲學回到現實。馬克思也表達了這個思想，他曾說「我要否定哲學，我要消滅哲學」，其實並不是不要哲學，要消滅的是抽象概念王國的哲學，所以他下面還有一句話：「然後哲學要在現實中實現。」可見他還是要哲學，但是這個哲學不是老一套的哲學。所以，我常常說要在這方面建立一個聯合陣線：馬克思主義不是都把資產階級哲學當作敵對，就這一點來講，他們一樣，都是強調「哲學要回到現實」。

我們現在還是回到西方現當代哲學。西方的現當代哲學家特別是歐洲大陸人文主義思潮的哲學家，他們強調現實，但並不是庸俗哲學，不是說搞哲學的人只要抓到眼前的利益、看到當前的一點東西就行了，哲學家們從來不這樣看。現當代哲學家也主張要超越當前的事情，只不過古典哲學家超越當前的東西是要達到一個抽象的感念，而現當代的哲學家進行超越要達到什麼？達到當前東西的背後的東西，這些背後的東西就是事物的根源。

因此西方哲學家特別是以海德格爾、德里達為代表的歐洲人文主

義思潮的哲學家，特別是德里達，把所有的事物分成在場和不在場。所謂在場就是出場的、當前的東西，所謂不在場就是背後隱藏的東西。每一事物就當前來講都是出場的這一面，它們其實都有背後的根源。背後的東西沒有出場，但它確實構成當前事物的背景。比如說我今天在這裡出場，為什麼以現在這樣的一個姿態出現在你們面前，講出這些話？其實我的背後有很多東西沒有出場，我父母的遺傳，我接受的教育，我周圍的朋友，我看的書，我接觸的中國人和外國人……這些東西都沒有出場，但是它凝結成我當前這個樣子。每一個人的現在的體態、這種那種性格，都跟背後沒有出場的東西有關。

哲學家要幹什麼？就是要教會人不要停留在當前的表面，而要追求構成表面背後的根源。可是背後的東西是無窮無盡的，所以現當代的哲學也還是講超越——超越當前的在場的東西，到背後的不在場的東西裡找根源。背後的不在場的東西也是現實的、具體的東西，而不是抽象的概念，這是不同於古典哲學的。古典哲學講超越，是從感性的東西向中心發展，由表及裡，去粗取精，找到一個抽象的概念。現當代哲學是從現實的、在場的東西找到不在場但也是現實的東西。可以說，我的背後：父母、遺傳因素、教育、我跟某一個學者的聯繫、某一個朋友對我的影響、我看的書，這些東西都是現實的，不是抽象的概念。我把頭一種超越叫做縱向的超越：由感性的、個別的東西向縱深發展，找到一個源頭概念和普遍性的東西。現當代哲學是一種橫向的超越，由現實的東西超越到另外一個現實的東西。這個名字其實不是我的獨創，法國有一個哲學家叫做伊波利特，是研究黑格爾的大哲學家，就曾經用了這樣的名詞，翻譯成中文是「縱向的超越」、「橫向的超越」。它們可以代表兩種不同的哲學方向：一個是古典的，一

個是現當代的。

縱向的超越追問的根底是概念，橫向的超越追問的根底是不在場的東西。縱向的超越認為概念就是底，那麼橫向的超越有沒有底呢？橫向的超越是無窮無盡的，要追求根源的話，可以向無窮無盡的東西追問。打個比方，你說我這個人講話急躁，那麼急躁就可以反映我的血型，這與我的父母有關，你再追問，我的父母又與我的祖父母有關……一直追到猴子那兒去都可以。（笑）因此，我們可以這樣認為，縱向超越是一個「有底論」，比方說概念「方」就是方的東西的根底。可是橫向的超越是沒有底的，可以追到無窮，所以現當代哲學的追問是一個「無底論」。如果說是有底的話，那也是「無底之底」。

法國現當代哲學家德里達說「人要追求真實的東西」。他是一個文藝理論家，用詩的語言來講他的哲學：「我們要追求事物的根源，我們要聆聽無底深遠的深淵。」就是認為任何事物真實性的根源都在背後的無底洞裡，人生活在其中，追尋背後支援我們的東西，是找不到一個終點的。「要聆聽無底深遠的深淵」這句名言很有代表性地指出：西方現當代哲學要找的事物的根源在事物背後不在場的無底深淵裡面，這個「無底」不是抽象的概念，而是很現實的。

我們怎樣從縱向的發展達到概念？我們又怎樣通過在場的東西到達無窮無盡的背後？這兩者有兩種不同的途徑：第一個途徑就是我們平時說的從感性認識到理性認識，簡單地說，就是通過思維的方式。一般而言，哲學上認為怎樣到達概念？就是先感性認識個別的東西，然後通過抽象思維把每一個特殊性都抽掉，構成一個共同性和普遍性的東西。凡是符合定義的就歸為某類事物：這種東西叫桌子，那些東西叫凳子。這就是我們思維的方式，所以達到概念的途徑是思維。

那麼，現當代的哲學是怎麼通過在場的東西抓住不在場的東西？它們又是怎麼結合在一起的？這個不是光用思維就可以解決的，現當代哲學家們強調「想像」，要達到背後隱藏的東西要用想像。想像是什麼意思？它有兩種定義。一種是古典意義的，從柏拉圖就開始的：有一個原本，離開了原本在人的腦海裡造成了一個影子，這種想像的公式大家把它叫做原本與影像的公式。比如說我現在看到這個瓶子，這是一個原本，我看不到它時我的腦海裡有一個瓶子的影子，這就是對原本的想像。古典的「想像」的定義基本上不脫離原本和影像這個公式。

　　從康德以後經過現當代哲學家胡塞爾等人的發展，想像的意義有了進一步的發展，已經不是原來的意義了。想像力是什麼意思呢？把不在場的東西和在場的東西綜合為一體的綜合能力就叫做想像力。

　　我舉幾個例子來說明這個意思，這對我講美學的方向非常重要，因為如果不懂得想像的意思就不會懂得現代西方的審美意識。

　　先用康德的例子，他說，一尺長的一條線，為什麼說它一尺長，是因為看的時候從這邊起分成第一寸、第二寸、第三寸……當看到第二寸的時候，我為什麼會說出是第二寸？實際上我經過了第一寸之後就把第一寸埋藏在想像裡面了。說第二寸的時候，第一寸已經不在場，說第三寸的時候，第二寸就不在場了。如果我說到第三的時候，就已經忘記了第二，是不是就不能說它是第三了？我說到第十，如果把前面的九寸只當是沒有的，那麼第十寸和第一寸還有區別嗎？其實，當我說一尺等於十寸的時候，就把前面不在場的第一、第二……通過我的想像將潛在的和在場的結合為一個整體，所以沒有想像就沒有整體的觀念。我們經常想到一個東西是一個整體，總是有一個陽面

和一個陰面，有一個在場的一面，一個不在場的一面，在場的這一面我借用中國的話叫作陽面，不在場的那一面我叫作陰面。所有的東西都是陰陽兩面構成的，你看到的總是陽面，當你想看到陰面而把物體轉過來時，陰面馬上又變成了陽面，所以陰面只有靠想像。我們為什麼有一個整體的觀念？這都是因為我們可以通過想像把陰陽兩者結合起來。

如果看書的時候，看了後面的就忘了前面的，那就簡直沒法看書。如果說話的時候，說到後面就不知前面是什麼，比如我說「今天從北京飛到華中科技大學」，當我說到「大學」的時候，把前面的「從北京」都忘記了，我自己都會弄不明白自己說了些什麼，大家更加無法理解。只知道在場的東西，沒有把背後的東西和它結合為一體，就得不到一個整體的觀念。

我們打麻將用的骰子有六個面，但是實際上真正出場的只有一面，一扔總是有一點到六點中的一個面擺到桌子上，但是你從來不會說骰子就那麼一面，你看到的它總是立體的，那些沒有出場的，你通過想像把它們和在場的這一面結合為一個整體。任何一個東西「thing」都是不能離開想像的，否則就不成為一個東西。其實今天我跟大家見面都在通過想像，如果不通過想像，那麼我在你們面前出場的是一個沒有厚薄的平面：張老師背後有沒有後腦勺你們都沒有看見，至於張老師的腦袋裡想一些什麼，那都是沒有出場的。但是我們通過想像，就都覺得每一個人是具體和立體的。

胡塞爾有一句話說得非常深刻：「沒有想像，我們連一個東西為什麼成為一個東西都把握不了。」過去的哲學對想像是完全貶低的，覺得通過思維抓住概念就萬事大吉，哲學就到了頂峰了。而胡塞爾為

什麼使哲學有一個大的轉捩點？原因之一就是他把想像的地位提得很高。

上面講的哲學方向的一個轉變，從縱向思維的超越到橫向思維的超越，從重思維到重想像，這個哲學的轉向，影響到美學的方向的轉變，表現為從古典的「典型說」到現當代的「顯隱說」。

古典哲學所強調的美，搞文藝理論的都知道，普遍認為美就是創造典型。典型是什麼？就是通過剛才說的概念哲學抓住事物的普遍性，然後用一個具體的形象表現出來。所以「典型說」的根基就是古典概念哲學。譬如說，要描寫一個美人，個人的美有個人的美的特點，張三美的特點和李四美的特點不一樣。但是現在因為概念哲學要強調各種美的普遍性，就要找出一個美的概念，畫一個美人，就應該畫一個「美之所以應該為美的東西」，把所有的美都集中在所畫的美女上面。再比方說，莫里哀的《偽君子》創造了一個偽君子的典型，把各種虛偽的特點都集中在一個人的身上來表演，你就覺得這是一個藝術典型。所以過去的美學就是要創造典型的人物或者典型的事蹟，把各種特殊性去掉，把各種你想要描寫的特點，都集中在一個東西上面。「典型說」是縱向超越的概念哲學的一種反映，因為典型是概念在具體形象上的表現：描寫概念、把抽象的概念具體到一個形象裡面來。古典的美學一般都是這個樣子。

這種美學的思想影響到很多人對美的本質的思考，美到底是什麼？就是創造典型。那麼怎麼樣去創造典型呢？就是通過感性認識到理性認識，抓住概念。要描寫美女就要把美的概念搞清楚，把特點抓出來；要描寫一個英雄人物就要認識什麼是英雄，把英雄的性格都集中起來，通過思維的方式來把握英雄的概念。所以「典型說」離不開

認識論，離不開從感性認識到理性認識的思維過程。

　　舊的美學觀點在二十世紀六〇年代有一場三個派別的爭論：有的人主張美在於客體本身的特性；有的人主張美不在於事物本身而在主體這一邊，在於主觀；有的人主張美在於主體和客體的統一，通過認識把主體和客體統一起來。但是這三派現在看起來都沒有超出古典哲學的窠臼，都限於通過認識來達到一個概念，然後將這個概念具體到形象的人物和典型事蹟。所以舊的美學思想基本上都認為通過認識抓住普遍的概念就可以達到美。當時三派爭論得很激烈，但是大家都承認「美學就是認識論」。

　　現在看來，這完全是西方幾千年的古典哲學和美學思想，西方的現當代美學已經不這樣看了，他們認為，美主要不是在於追求典型的概念，而在於通過在場的東西來顯現不在場的東西，這樣才具有詩意，具有審美的意義。現當代的美學和哲學認為人和世界是融合為一體的，人不僅僅是一個認識的主體，除了「知」之外還有「情」、「意」，就是說人是有認識、有情感、有意志、有欲望、有潛意識、有本能的整體，所以美不光是認識。我們說一個東西美，並不一定認識到那個東西是什麼，而主要在乎主體人和客體交融為一的境界，這才是美。美學並不回答世界是什麼的問題，從來不問「What is it？」，從來不問「what」，如果要問的話呢，就是「how」——怎麼樣的，怎樣生存的，人和世界是怎麼融為一體的，更具體地說，在場的東西如何顯現不在場的東西。

　　美學回答的是「如何」，這是美學的一個大的轉向，我們怎樣從在場的東西去想像不在場的東西？就是運用剛才說的想像力，用顯現的東西去表現隱蔽的東西，所以我叫它「顯隱說」。

「顯隱說」其實在中國的古典詩裡面表現得獨具特色，中國的古典詩講的是含蓄，但是中國的詩論家沒有這麼說，我覺得西方現當代的在場不在場的理論可以將此講得更加明顯一些。

大家都知道劉勰有一篇文章《隱秀篇》，「情在詞外曰隱」，說的是，意思在言說之外，說的是出場的東西，可是意思在背後，讓你去想像和體會。「狀溢目前曰秀」，就是說形象像水一樣露在面前，歷歷在目。這個「秀」不是秀氣，而是顯現的意思。可以說《隱秀篇》把西方的「顯隱說」用中國古典的最簡單的語言表達了，「狀溢目前」都是在場的東西，一張畫、一首詩，大部分有價值的藝術作品，往往都以歷歷在目的、在場的形象讓你能夠想到隱藏在幕後的情和意。

西方現當代的美學家特別強調的是，藝術品的藝術價值在哪裡？美在哪裡？就在於讓你通過在場東西去想像不在場的東西，想像的空間越大，這個藝術品就越有藝術價值。

海德格爾舉了一個例子，是梵·高的一幅畫。一個農婦穿著一雙破鞋，鞋上有一個黑洞。經過梵·高的藝術表達，人們站在畫前就會有無窮的想像：想像到這個農婦在寒風凜冽之中穿著這樣的破鞋，為了麵包，經年累月地在狂風暴雨中走在田埂上；想到人在死亡面前的顫抖；想到社會的不公平；甚至無窮地想像下去……梵·高的畫是通過在場的形象表現出來的，儘管是一雙破鞋，但是你看到以後會流連忘返。為什麼呢？你通過那些在場的東西，想到了無窮無盡的沒有露在表面的東西，這就具有詩意，具有藝術價值。這是海德格爾通過梵·高的畫對於「顯隱說」作的一個說明。

由此我想到，中國的古典詩是非常具有這樣的特色的。譬如說元稹的《古行宮》：「寥落古行宮，宮花寂寞紅，白頭宮女在，閑坐說

玄宗。」古代的行宮非常繁華，特別是唐玄宗的時候。玄宗是一個風流人物，宮女成群。但是這一切都過去了，宮廷變得非常寂寞，只有花還照樣開，卻沒有人看，「宮花寂寞紅」，但是「白頭宮女在」，過去爭寵鬥豔的宮女現在變成了白頭的老太婆，無聊得很，「閑坐說玄宗」。畫龍點睛的地方就是那個「在」字，什麼都沒有了，只剩下了幾個老太婆在，宮廷集中了天下的美女，現在卻都是老太婆了。這個「在」用得非常好，我覺得就是「在場」。（笑）通過白頭宮女的在場，讓你想像到一切繁華都過去，感覺非常淒涼，所以詩意的感覺、無窮的味道都是「在」這個字所起的作用，這個在場就顯現了不在場。

還有杜甫的詩，杜甫描寫戰亂後國破家亡的情景，用了兩句話「國破山河在，城春草木深。」國破家亡什麼都沒有了，只有山河在，城裡到了春天，長滿了草木。人多的地方肯是沒有草木的，但是現在到了春天，城裡面都長了草，這都是通過在場的東西，讓你想像不在場的東西。司馬光是一個政治家，又是一個散文家，可是他很懂詩，他對於這首詩有一個評語，評得絕妙得很，就像是司馬光念了海德格爾的書似的。他作了這樣的解釋：山河在的意思是表明沒有剩下來的東西了。文言文說「『山河在』，明無餘物矣」，這就是通過山河還在場，說明所有的東西都不在場了，「『草木深』，明無人矣」，用在場的東西讓你想像不在場的東西。如果一個不會寫詩的人一點都不含蓄地寫「國破無一物，城春死光了」那不成快板了？（笑）你把在場和不在場的什麼東西都搬出來了，一點想像的餘地都沒有，就沒有詩意。詩和藝術品都讓你有想像的餘地，當然不同的詩有不同的特點，我不是說對每一首詩都要用這種標準來衡量。但是中國詩的特點

之一是含蓄，用當代西方的觀點來講，就是用在場來表現不在場，表現那些蘊涵的、隱蔽在背後的東西。

柳宗元有兩首詩可以作為一種對比，一首含蓄，另一首含蓄不夠。一首詩是：「千山鳥飛絕，萬徑人蹤滅，孤舟蓑笠翁，獨釣寒江雪。」寫的是下雪的時候有一個老頭子穿著蓑衣在孤舟裡釣魚，這些都是在場東西，可是讓你想像到詩人的孤單，嚴寒的季節，甚至你還可以作很多的想像，這首詩比較含蓄。但是另一首詩就遭到很多人的批評，「漁翁夜傍西岩宿，曉汲清湘燃楚竹。煙銷日出不見人，欸乃一聲山水綠。」講一個漁翁夜晚來到一個山旁住一晚，等到早上把湘竹砍下來燒柴、吃早飯，太陽出來，雲霧散盡不見人影，然後聽到一聲劃槳，什麼都不見了，變成了一片山水。這一首詩主要是描寫天人合一、人和自然悠然自得的情形，讓你有這樣一種想像，可是柳宗元畫蛇添足，又在底下加了兩句，特別是最後一句「岩上無心雲相逐」就是特別要表現「無心」兩個字，表明自己要描述的是天人合一的自然境界：山上的雲彩隨意地朵朵相互追逐，人也像雲彩那樣自由自在。後人批評這個「無心」表明柳宗元不夠含蓄，他非要把題目點出來，這樣反倒沒有味道。

王國維評詩的時候有一句話，詩在於「言外之味，弦外之響」。就是說作詩要講含蓄。下面還有一句，「詩詞中之意，不能以題盡之也」，凡詩不能用題目把它概括出來，也就是說詩意是不能用我剛才說的概念把它概括出來的。要描寫一些具體的在場的東西，讓你通過具體去想像，而不能夠用一個概括的概念說完了。王國維的思想頗有現當代西方美學思想的意識。

我舉這些例子無非都是要說明，西方現當代哲學和西方現當代美

學都是強調要打破那些概念框框，要用審美的意識讓你的思想通過想像馳騁在一個無窮無盡的空間，所以西方現當代哲學和美學比古典哲學和美學大大地打開了視野，拓展了一個新的視域。

這樣一種美學觀點，使得語言觀的發展也有了一種新的轉向。最常識性的古典式語言是從亞里斯多德開始的，很簡單，語言就是人在說話，必須有一個主體，是主體表達思維的工具。比如我現在這裡說話，就是利用語言這個工具把我的思想表達出來，這是很容易理解的。但是西方現當代哲學在強調什麼呢？它強調的是，世界上最真實的東西就是人和世界融合為一體的境界，所有事物的意義都在於人和世界萬物的在場和不在場的東西融合為一體。從這個觀點來看，萬物都有意義。對一個木頭木腦的人當然並非如此，對於有頭腦、有詩意的人，任何東西都是具有意義和詩意的。因此海德格爾、德里達這些歐洲大陸人文主義思潮下的現當代哲學家們，就認為語言在人和世界交融為一體的生活世界裡面，萬物都在說話，都是「無言之言」，也就是說都具有意義。這並不是說桌子真的就在那裡長著嘴哇哇地講話，但是對於一個有詩意的人，任何東西都好像在對自己說話。

然後他們的觀點發展到極端，說不是我說語言，而是語言在說我。首先是萬物在說話，我說話是因為聽了萬物的無言之言，先領會了萬物對我的意義，然後通過我的喉舌，用有聲之言表達出來。如果我不知道這個世界都有意義，不覺得這個世界都在對我作無言之言，那麼我就沒有思想內容，沒法說話。這樣，他們現在的語言觀就與過去的語言觀反其道而行之（古典的語言觀是人說語言，現在的語言觀是語言說人）。前一個語言是無言之言，用中國話來講，叫做「道言」，平常我們每一個人說的話叫做「小言」，我們說話都是因為聆

聽了「道言」。

從這個意義上講，每一件藝術作品都是作品在向人說話。所以海德格爾講，你到一個希臘的古廟，古廟裡面有很多神像，都是藝術品，真正的藝術品。凡是真正的藝術品，讓你看到了，就會有各種各樣的形象，每一個形象都向你說話。廟裡面做得好的藝術品像五百羅漢，每一個人的神色都不一樣，對你說的話好像也不一樣。甚至一個自然物，你覺得很美，只要你覺得美，那麼就是說它在向你顯示意義。這樣，你就是一個具有詩意的詩人。每一個人天生都是詩人，這是一個廣泛的意義，但真正的詩人是要經過陶冶、通過學習的，可是一般的人都多多少少具有一些詩意，只不過是程度的區分，除非是一個大傻子，一個真正的詩人當然是更不一樣一些。所以在詩人面前，用海德格爾的話說，萬物都在詩意地向他言說著，用詩的語言在說話。

這麼一套美學的觀點，包括語言的觀點，其實最重要的，我覺得是要我們通過想像力突破任何概念的界線，就是要超越當前，在無窮無盡的未來裡面飛翔。

最後，我要說一下人類文化進展的兩次大的超越。第一次超越是由個別到普遍的超越。原始的人只知道個別的東西，不知道普遍的概念，《原始思維》曾經調查過那些在南美洲等地方生活的原始人的想法，他們沒有一般性的普遍概念。假設要說左手和右手，他們只能夠指示，不能說左右。或者是樹，他們只能夠指一棵樹，不能說出樹的一般的概念。後來，思維、文化的進步，達到一般的普遍的概念，這就是人類的第一次大的超越。有了這一次超越，科學和文化才有蓬勃的發展。但是人類達到普遍概念之後，往往又把普遍的概念過分地抬

高到一個不恰當的地位，像柏拉圖的「理念說」，就是把概念提高得脫離了具體、感性的事物，其實後來他的學生亞里斯多德也批評過他，但這個思想統治了西方幾千年。

西方的現當代哲學家覺得我們得回到現實，同時也要講超越，但是這個超越是從在場的東西超越到不在場的東西，可以說是讓人類的視野有了第二次大的解放，這是第二次大的超越。這兩次超越表明，人的思想越來越脫離當前，走向廣闊的未來。

我今天講哲學和美學的轉向，是對整個西方思想的大致介紹，我覺得我們現在也須要有這樣的一種思想大解放，展開思想的翅膀向未來飛翔。謝謝大家！

二〇〇二年在華中科技大學的演講
李宏偉根據錄音整理

二十一世紀科技時代的人文課題與人文教育的展望

黃俊傑　臺灣大學共同教育委員會主任委員、歷史系教授

　　我今天的演講主要是配合各位同學的專業背景，談一談在二十一世紀所謂的科技時代我們應該思考哪些人文課題，然後從這個角度切入，再思考一下人文教育到底應該做出何種調整。

　　我們知道在人類歷史上，科技發展和人文思想之間具有高度的相關性。在近代世界歷史上，科技和人文的發展牽動了很多人文社會議題，比如說近代科技發展中的人類中心問題：數碼化、人工智慧、人的尊嚴問題；比如說科技發展和全球倫理問題，包括「9‧11」事件——等一下我們還會涉及對「9‧11」事件的人文思考；比如說科技發展和政治經濟權力結構之間關係的問題。科技一定涉及人文的問題，問題是如何從人文的角度來思考科技，這是今天我要講的重點。

　　從宏觀歷史角度來看，可以說人類出現在這個地球上以來，經歷過三次大的革命。第一次大革命是西元前八千年到西元前五千年左右的所謂的農業革命，農業革命使人從大自然的依賴者變為大自然的生產者。第二次大革命是十八世紀以後的工業革命，工業革命使大量生產成為可能，同時，為了爭奪海外資源，它還開啟了殖民主義，引起工業落後國家諸如亞非拉地區人民長達一百五十多年的反帝和反殖民地的鬥爭。第三次革命就是開始於二十世紀六〇年代中期的所謂的資訊革命以及生物科技革命，這兩個大的科技潮流會成為二十一世紀的

人類歷史的主流。

我們首先看資訊革命。資訊革命差不多在二十世紀六〇年代中期普遍興起，在二十世紀的最後三十年飛躍發展，使得所謂的「地球村」成為可能。二十世紀初的一位得過諾貝爾獎的經濟學家——諾曼·安傑爾，就強調人類歷史進入二十一世紀，全球各地之間的依賴性會越來越強。資訊科技的發展，使全球化成為可能。所謂的全球化成為最近二十年來最具有影響力的論述，它席捲了全世界的知識界。全球化作為一種論述，很多人是全球化的辯護者，其中有兩個人的論述影響較大。第一個是福山，日本人，法國大學歷史學博士，他寫過很多書；第二個也是一個日本人，常住美國，叫大前研一。這兩個人是有關全球化論述中最有力量的兩個學術界的代表。可是我覺得他們的論述基本上是後冷戰時代美國的新霸權論述，他們代表的是新保守主義的知識分子。為什麼會是這樣，我等一下會講的。

客觀地說，經過資訊革命而來的全球化，這是一個潮流。這個基本的事實他們講得沒錯。但根據他們所講，資訊革命以後全球化成為可能，以後國與國之間的疆界不再重要，而最重要的是四個「I」，叫做「Industry，Information，Investment，Individual」，也就是「行業，資訊，投資，個人」。大前研一寫過一本書《民族國家的終結》，書中說以後民族國家要退出歷史的舞臺，未來是一個沒有國界的世界，這是他的口號，也是關於全球化論述中非常甚囂塵上的無國界的論述。全球化確實是一個隨著資訊革命而來的非常重要的趨勢，但是資訊革命及其所推動的全球化的形勢，卻包含著非常重要的人文課題值得我們去思考。許多亞非拉地區的知識分子、產業界的精英、乃至國家的領導人，包括海峽兩岸都跟著人家喊全球化，每當聽到這種語言

我心裡就有一點不安，為什麼？

　　資訊革命所帶動的全球化潮流有兩個問題值得我們去思考：第一個是全球化有它的斷裂性。什麼叫做全球化的斷裂性？我們知道，由於資訊革命，大的跨國公司可以進行跨國經營。我到上海一看，世界上的大公司都在上海設立機構，三十層樓，四十層樓，都有來自全世界的大型跨國公司。你想想看，那些大銀行管匯款的職員，只要用幾分鐘的時間，敲幾個鍵就可以把一百萬美金從上海匯到紐約，這的確是一個無國界的世界。但是我想提醒在座的各位同學，作為亞洲的知識分子，我們應該如何思考這個全球化的問題呢？年輕人都有卡刷，如科技卡、信用卡等，刷卡消費為什麼可能？因為有資訊科技嘛。但是全球化有它的斷裂性，這個斷裂性要從兩個角度來看，第一個從國際脈絡來看，由於資訊科技和全球化，經濟強國可以獲得更多的資源來壓迫經濟弱國，這些經濟強國不僅可以控制世界的政治中心，如聯合國，也可以控制世界的經濟中心，如WTO、世界銀行、國際貨幣基金會等。一個經濟強國，通常也是軍事科技領先的國家，當然也是生命科技領先的國家，那麼這些經濟領先的國家之間還會結成超國家聯盟，在世界各地進行文化的滲透和顛覆，使亞非拉的國家——如中國——的優秀的年輕一代都去考託福，「托美國之福」，（笑）然後「壯士一去ㄅ不復返」。我剛才講的這個現象，就是因為全球化和資訊科技使得強者更強，弱者更弱。

　　在國際脈絡裡面分析國與國之間的斷裂，「9‧11」事件應該引起美國人深刻的反省，但是這個反省到今天我還沒有看到，我覺得有一點失望。他們應該反省的是：那些優秀的阿拉伯世界的年輕人，以他們所受的教育可以很輕鬆地在資本主義社會裡面躋身中產階級，開

著他們的轎車，過著悠閒的日子，禮拜天還可以打高爾夫球，但是為什麼他們要用自己的生命，在一個小時之內，把人類最高的科技成就——波音747轉化成飛行炸彈，直接針對資本主義集團最具有傲慢性、最具有指標性的紐約世界貿易大樓——紐約雙塔，這簡直是天才，哈佛大學應該頒給本·拉登十個博士學位。如果你了解了全球化的斷裂性，你就會同意我對「9·11」事件的人文的分析。其實這個斷裂性，不僅在國際脈絡出現，在世界各國的國內脈絡也正日益發展，那就是科技新貴，特別是電子科技新貴的暴發戶的出現。這種暴發戶不是改革開放初期的萬元戶，新的暴發戶是科技大學裡電信系的高材生，留學美國拿到博士學位，然後回來以後在上海陸家嘴金融區穿著西裝、開著賓士、月薪幾十萬人民幣的那種人！（笑）你再看中國大陸廣大農工階級的生活狀況。再比如，臺灣大學電機系畢業的大學生，畢業三年內立刻可以在臺北的一個最貴的住宅區買一套高級公寓，那個起價是八千萬新臺幣啊，他們離開學校十年以後就可以捐給學校十層的大樓。這種現象不僅在臺灣可見，在大陸也是如此，在美國就更不用講了。你再比較一下上海和大西北，可能會明白我要說的話。我在十年前曾經去過黃土高原，深入延安，我想研究為什麼中國革命是必須發生的。坐著那個陝西省旅遊局的汽車，半天看不到一點生命跡象，都是黃土，好不容易到了山腳，才驚叫：「哇！看到一隻公雞！」你再看一下上海是什麼樣？科技革命厲害呀，它加速了後冷戰時代世界各國的階級矛盾，就是科技新貴們憑藉著自身的科技知識，成為新的階級繼續壓迫國內的農工階級，他們是沒有國界的，馬克思說「工人沒有祖國」，我說「資本家才沒有祖國」。有一個人在美國的知識分子刊物《新共和》發表了一篇文章說，全世界的跨國公

司的總經理或者董事長的國籍，你把他們統計一下，只有百分之二不是美國公民。所以全球化其實就是美國化，是後冷戰時代美國的新霸權。

隨著資訊科技發展而來的全球化有一種條規，這種條規就是它使國內的脈絡裡面的階級壓迫更加無形、更加深刻、更加永無翻身，它使國際脈絡裡面的強國對弱國的剝削更加有力量。這次美國對阿富汗的襲擊中，用最高的科技，用人造衛星，但是你再厲害，你看到的每一個穿著袍子，留著拉登式的鬍子的人，都可能成為你的敵人。所以到現在美國還沒有抓到拉登嘛！這是大象打老鼠，胖子打瘦子，這個架不好打。

我剛才講了全球化的人文議題在於它的斷裂性，接著我再講它的脆弱性。這是什麼意思呢？如果不加深思，一想呀，全球化真是一個美麗的新世界了，世界成為一體，好像我們的世界大同已經實現了。上海的股票市場，A股、B股跟東京相應，跟紐約、跟臺北相應，你覺得這多好呀，但是你們沒有看到全球化裡面的脆弱性。全球化意味著知識、財富、資訊的流通，包括臺灣璩美鳳的光碟，按幾個鍵就E-MAIL到上海，到武漢了。任何資訊、任何知識經過科技革命很快就可以互換。如果全球化的意思是指知識、人才、資訊的暢通無阻，它同時也意味著犯罪集團分子也可以暢通無阻，所以幾個二十幾歲青年一小時之內就把波音747客機轉化成飛行炸彈，你想是不是很可怕？全球化是脆弱的。幾個青年人學開飛機技術，不學降落，通常開飛機第一個要學習降落，只學怎麼開上去，而且專門在模擬轉體裡模擬怎麼樣把這架飛機開去撞那座大廈，航空學校那些老師都還搞不懂。就這樣一個小時內，使美國損失一千億美金，使全世界損失

三千六百億美金，這還沒有計算後續的發展，如旅遊業的蕭條，以及帶來的種種問題，大家都不敢坐飛機了，在全世界各地都是這樣。就這點來講中國是「9‧11」的受惠者，因為恐怖分子在本國無所遁形於天地之間，大家都很怕，於是各種部長級的會議都放在上海召開，安全呀。全球化其實是非常脆弱的，你越全球化，世界那些被全球化捲進去的國家就越脆弱。

兩個問題：一個是斷裂性，一個是脆弱性。這裡我還想帶領各位同學來思考，既然全球化有這樣的兩個人文議題，那麼我們應該如何重新調整二十一世紀科技時代人文教育的新方向呢？

我想建立的有兩個方向。第一個方向是在二十一世紀資訊科技發展過程中開展生態環保教育和地球永續發展教育。生態環保對海峽兩岸的中國人來講，特別有切膚之痛。臺灣地區曾有段時間的經濟奇跡是以犧牲環境換取的。而中國大陸也曾有段時間要與「天公試比高」，圍湖造田，結果我們看到長白山的森林遭受的「迫害」，看到洪水氾濫，還好，一九九八年保住了武漢市，否則湘江就倒楣了。海峽兩岸的中國人都最注重天人合一，但其生態環保的破壞又是全球最嚴重的地方之一，我覺得這一點是講全球化科技發展時首先應該注意的問題，下一代的人文教育在這一方面要多加發展，多加重視。而且這個問題也有其政治經濟學含義。我們知道，在這個世界上，誰因為科技發達而破壞環境最多？那就是美國。全球汽車有一半以上在北美洲，廢氣排放量是最大的，但是兩任美國政府到現在還斷然拒絕簽訂《京都議定書》──就是要把世界各國的二氧化碳的廢氣排放量回落到西元一九八七年的標準，他們覺得這是表示先進的國家不可以再繼續發展的意思了，所以美國直到今天還斷然拒絕。人類的永續發展是

如何可能？這是二十一世紀我們應該共同深刻思考的問題。

　　我想建立的第二個人文教育的新方向就是世界倫理與公民教育。公民教育這一點對於海峽兩岸的中國人尤其重要。為什麼重要呢？因為我們中國人幾千年的教育基本上是在培養各形各色的臣民，即相對於君的臣民，皇帝賜你死，你還要謝謝他。中國人幾千年來基本上就是尼采筆下的「奴隸的道德」，奴隸基本上是沒有意志的，他是以主人的意志為他的意志的。在這樣一個全球化的時代，我們要培養公民而不是臣民的知識分子，就是要培養新的全球化時代的新的公民。這裡面有一個張力，就是作為世界的公民與國家的公民內在的緊張性。在某一些場合裡面，在某一些脈絡裡面，在某一些國家的特殊情況裡面，公民教育必須以民主和人權作為新的時代的價值。這個問題等一下可以再談。對於世界倫理問題我可以再稍微強調一下，這裡有一個背景。聯合國有一個組織叫做「國際教科文組織」，這個組織最近十年來，推動所謂的《全球倫理宣言》的起草工作，他們辦過各種層次的研討會。有一次會議在漢城召開，我也去參加了。這個世界倫理、全球倫理，我覺得是全球化時代我們應該注重的教育的方向。

　　我想接著進入第二個領域——生物科技，生命科學。這是二十一世紀的顯學，是世界各國都投入最多的經費來研究的領域。我們知道在上海，為了要吸引第一流的生命科學的人才，無論你是哪一國的，只要你肯來，就給你很多的權利，還有醫療的待遇。全世界最保守的就是日本人，表面上他們很有禮貌，其實日本人是非常狹隘的，不具有日本國籍的人，要想取得日本國籍，其困難比登天稍微容易一點。如你嫁給日本人為妻——因為它是男性沙文主義的社會——大概十年以後會擁有日本的永久居留權，再過十年，大概在死之前會變成日本

人；而娶日本女性為妻，則連門都沒有。它對國籍管得非常嚴格。即使是這樣，但是只要你是生命科學的人才，京都大學聘用你，立刻給你永居權，兩年以後給你日本公民權，而且有最高的薪水，所以大家可見生命科學的熱門程度了。生命科學的突破是在二十世紀即將結束的時候，我們知道在西元二○○○年六月，當時是和那個白宮實習生犯了一個小小錯誤的美國總統，代表世界各國研究團隊共同宣布，人類基因圖譜初步完成。這個所謂生命之書的解讀是二十一世紀前期最重要的突破，因為這個突破所帶動二十一世紀的發展是非常重大的。比如說，基因排序的定序，會帶動新的醫療科技，將來有一天可以把基因的各種資訊都輸入晶片，那麼你就想到二十一世紀有一個新的獨裁者，在它的資料庫裡面有張三、李四、王五的各種基因圖譜，他只要敲幾個鍵，就會得知某個人在二十八歲以後會患癌症而死亡，於是公司不要雇傭他，雖然他是北大的高材生。但是我要考慮一下，如果女孩子談戀愛，輸入得知他三十五歲會得肝癌，於是那個女生就很痛苦地天人交戰，最後決定不要墮入愛河。你看這個問題大了吧。基因圖譜的解碼對帶動未來二百年中製藥業的商機有多大！但是各位同學請注意，擺在我們面前的不是赫胥黎筆下的「美麗新世界」，實際上是一片灰暗的圖像。讓我們從一九三二年英國文學家赫胥黎筆下的《美麗的新世界》來講起，《美麗的新世界》反映了新世紀人文學術界對科技發展的憂心忡忡。書中描繪的未來有這樣的場景，在一棟三十四層樓的大門口寫著「中央倫敦孵化與條件設置中心」，人類生命科學很發達了，所以一般的女性都不再生育了，婦產科早就是一百多年前的事情了，因為生產很苦，怎麼辦呢，就有一個好像養雞的孵化中心一樣的機構，要生產了，就由中央決定，現在需要A一百名，

B二千名，C三千名，然後用試管孵化就可以了。全世界已經同一了。全世界有一個口號「共有，劃一，安定」。在那樣一個同一的世界裡，《老子》、《莊子》、《莎士比亞》都因為思想不符合規定而列為禁書。

對科學發展的憂心忡忡，我覺得寫得最好的就是法蘭克福學派的《啟蒙的辨證法》，哈貝馬斯就是他們的學生，主要是批判啟蒙文明的內在條規性。什麼是啟蒙？康德有一篇文章叫《論什麼是啟蒙》，在這個經典著作裡面，康德說，所謂啟蒙就是人從他自己的家族中掙脫出來。這一點跟後來的馬克思可以前後互相輝映，比如說宗教信仰，在康德以及啟蒙時代以後的哲學家認為，神是人創造的，人對他所創造的神作為一個木偶來加以崇拜，這是加之於他的枷鎖。所謂啟蒙就是他的覺醒，人要做宇宙的主人。啟蒙文明帶動了最近一兩百年來的工業文明，我們到今天都享受工業文明的各種便利。但是啟蒙也造成了很多的弊端，這些弊端在工業文明裡面都有體現，就是標準化、數量化和商品化。工業革命使大量的生產成為可能，大量的生產就要標準化。從這裡你就可以看到青年馬克思的睿智，他的早期作品就涉及這些，這就是他講到的異化。為什麼會異化呢？就是標準化的關係，在中古時代，沒有異化，你跟一個老師去學做麵包或做鞋子，第一年只能幫老師倒洗腳水，然後慢慢地練習，到了第三年你做了一個最好的麵包，或者試做了一雙最好的鞋子，給你的老師看，你的老師說「勉強可以！」給你一個碩士學位，你就可以去開麵包店，這個制度就是中古時期的碩士論文、博士論文！標準化、商品化、數量化，這些問題是隨著生命科學在二十世紀的突破後不得不嚴肅面對的問題。在新時代隨著生命科技的新發展，我們又要思考兩個人文教育

的新方向。

　　一個方向是要加強大學教育，特別是像華中科技大學這樣基本上是以科技為主的大學，應該加強生命教育。我剛才講生命科學的突破對人類有史以來所有的大宗教傳統和文化傳統提出了強有力的挑戰，也就是對人性的假設提出了挑戰。舉個例子來講，生命科學的發展使複製成為可能，大陸上的翻譯叫做「克隆」，現在美國已搞出了一個複製貓，將來很快就會有一個複製人，複製人技術的繼續突破，就會質問我們「生命的意義究竟何在」、「人有什麼價值」、「人的尊嚴在哪裡」。生命科學的教育，我認為是二十一世紀隨著科技發展而來的，是我們必須嚴肅思考的二十一世紀的教育方向。貴校有教科院吧？我認為教科院應該多做努力，以便能配合科技大學的背景，把這個學校帶向一個更好的方向。那生命教育應該注重哪幾個方面呢？比如說醫學倫理的問題，比如說墮胎的問題和倫理學意義，比如說自殺的問題。二十世紀六〇年代的存在主義科學家薩特曾經講「一切的哲學開始於自殺，也結束於自殺」。我年輕的時候在大學時代讀薩特讀不太懂，為什麼薩特會說「哲學的問題終結於自殺」？我後來想通了，自殺是人掌握人本身的尊嚴的最後的方式，我結束我自己的生命，用結束自己的生命這個行動來彰顯我是我、是我自己的主人。你看中國古代的貞節烈民，大家肯定知道二千年前有腦筋怪怪的兩個人叫做伯夷和叔齊，他們餓死在首陽山，這就是貞節烈民。在十五世紀有一個大哲學家叫王陽明，他要死的時候，有人問：「老師還有什麼話要講？」王陽明說：「此心光明，亦復何言？」中國的古聖先賢都知道當他的生理生命結束的那一天，就是他的文化生命開展的那一日。人性的尊嚴在生命科學高度發展的新時代裡怎樣來重建，我覺得

這個問題值得我們好好思考。

　　第二個問題，就是在生命科學發展的新時代裡，我們還應加強傳統中國思想教育。這是我的建議，各位有什麼不同的觀點可以等一會兒和我辯論。這是什麼意思？我剛才講生命科學直接挑戰各大文化傳統，中國的儒釋道，日本的神道教，西方的基督教，都遭到了衝擊。生命的意義在哪裡？人性的尊嚴是什麼？人性的尊嚴如何可能等。中國的思想和文化傳統對這些問題的思考長達二千多年，悠久而深刻。但是這一百多年來，海峽兩岸的中國人不爭氣，把我們祖先最優秀的、最偉大的遺產，拋擲到腦後，或者抱著一些外國人的大腿在那裡搖尾乞憐。年輕的我二十世紀七〇年代在美國留學的時候，看到中國人這樣對不起自己的文化遺產，感到非常的痛心。在二十一世紀的新時代裡，隨著生命科學的發展，我覺得我們要重新思考人性尊嚴問題，要重新回到中國文化的歷史長河中去，要看中國文化經典的古聖先賢，與他們進行深刻的長談。我們的大學生和同時代的人溝通太多，而與異時代的人溝通太少。比如說各位同學作為一個中國人，作為一個中國青年，好好讀過、討論過《論語》嗎？孔子讓他的學生講一下他們的志向，孔子有一個學生說：「如果讓本人當一個總理或者總書記，三年之內國泰民安呀。」「夫子哂之」——做竊笑狀，到最後有一個人叫做曾子，一直不好意思講，孔子說：「你講沒有關係。」他說：「不好意思，我既不想做總書記，也不要做部長，我只想在四月的時候和大一點的小朋友一起去河裡洗洗澡，到櫻花大道散一下步，唱著歌回來。」孔子說：「好，OK！」（笑）。其實孔子的回答裡面有很大的學問，為什麼孔子對想做大官的學生做竊笑狀，而對曾子則大大地稱讚呢？這裡面就有中國人無限的智慧，各位同學可以討

論一下。《孟子》裡面不是還有一個不動心的問題嗎，說「我四十不動心」，就是說四十歲以後看到女生就不動心，但是沒有人問孟子四十歲以後為什麼不動心，你讀《六祖壇經》，禪宗六祖不是教導我們，「應無所住，而生其心」是如何可能。你也沒有和馬克思大吵一架，為什麼人類歷史到現在為止都是階級鬥爭的歷史。我的意思就是說我們海峽兩岸大學的青年基本上是「文化的浪子」、「漂泊的主體」，和同時代的人溝通太多，和異時代的人溝通太少。他們講的話你根本聽不懂，於是你就成為中華文化的浪子。所以在二十一世紀的科技時代，我們需要重新回到中華文化的思想傳統裡面，來思考一下生命的意義在哪裡？人生的價值是什麼？什麼叫做國家？什麼叫做文化？這一切根本的重大的問題都要從人的立場來重新思考，青年的馬克思講只有人，才是根本，所以二十一世紀科技的新時代也要回到人的本位來重新思考。

以上的報告是我針對這兩大科技潮流提出來的一點個人看法。各位老師、各位同學，我最後作一個總結。

第二次世界大戰結束以後是人類科技快速進步的時代，一九四五年美國試爆第一顆原子彈，一九四六年第一部電子電腦出現，一九五三年的DNA解碼，一九五四年美國完成第一例腎臟移植手術，一九五七年蘇聯的人造衛星升空，一九五八年人類發明了積體電路，一九六〇年的鐳射，一九六九年的月球漫步，一九八二年的心臟移植，二〇〇一年基因圖譜的解碼，我們可以看到在人類歷史上二十世紀的下半葉是科技飛躍發展的時代，速度驚人，成績斐然，以至於我們要設立華中科技大學。（笑）但是各位同學，科技越發展，就越要求人們去思考科技時代的人文社會課題，並且要在教育裡面有所並

列。差不多到二十世紀八〇年代的晚期，人類才開始注意到科技和人文是不可分離的。比如說一九八七年全世界二十四個國家在加拿大的蒙特利爾簽署了《蒙特利爾公約》，要限制破壞地球臭氧層的二氧化碳的排放量，一九九二年地球高峰會議在巴西召開，呼籲保護生物多樣性。我們可以說科技越發達，我們越要對它有深入的思考，也許我們要問的共同問題就是人類在這個日益縮小的二十一世紀的新世界裡，如何有效地管理科學和技術，有效地管理我們自己。

　　以上就是我針對我們應該如何管理科學和技術乃至人本身，提出的個人的粗淺的想法。我們留下五十分鐘的時間和各位同學共同討論問題，我的報告就到這裡，謝謝大家！

二〇〇二年在華中科技大學的演講
歐陽來祿根據錄音整理

愛因斯坦：偉大的人文的科學主義者和科學的人文主義者

李醒民　中國科學院研究生院教授

　　今天有機會和大家在一塊兒交流，我覺得很榮幸。華中科技大學是我國的一所重點大學，在全國高校排名靠前。雖然學校是理工科大學，但是對人文素質教育也抓得很緊，專門成立了人文教育基地。我看到這方面的一些資料，效果確實不錯，也得到了各界的好評。

　　大家都知道，今年是愛因斯坦創立狹義相對論一百周年，而且是愛因斯坦逝世五十周年，所以聯合國教科文組織把今年定為世界物理年。愛因斯坦是在德國出生的，但他又有瑞士國籍，後來他受到納粹的迫害，移居美國並取得美國國籍，直到逝世。德國、美國把今年定為愛因斯坦年。你們大多數是學理工科的，對愛因斯坦在科學上的貢獻了解較多。愛因斯坦是二十世紀最偉大的科學家，在科學史上能和愛因斯坦相比的，恐怕只有牛頓。一九九九年《物理世界》雜誌對物理學家進行民意調查，讓他們寫出物理學發展史上最重要的物理學家的名字，在收到的選票中愛因斯坦高居榜首，得一一九票。牛頓緊隨其後，得九十六票。愛因斯坦在科學上的地位是不可動搖的，他的一些貢獻往往是劃時代的、開創性的，開創一個新的領域、新的分支，乃至新的學科。相對論、量子力學等科學理論建立以後，科學發展就很平緩了，沒有像愛因斯坦相對論這麼大的發現。而且，二十世紀的高技術，包括現在的原子能技術、雷射技術、半導體技術、微電子技

術，都是二十世紀物理學革命成果的延伸，所以愛因斯坦在科學歷史上的地位是有目共睹的。你們今天在座的大多是學理工科的，因此我今天準備給大家講的，主要是作為哲學家或思想家的愛因斯坦。

作為一個思想家，愛因斯坦有他的科學哲學。他的科學哲學是挺豐富的，是二十世紀科學哲學的集大成。二十世紀最重要的一些科學哲學成果，愛因斯坦都把它們納入到自己的思想體系之中。他虛心地吸收前人的遺產，加之自己對科學創造的哲學反思和錘煉，形成他自己的獨特的、微妙的多元張力哲學。他的科學哲學有五個基本要素：溫和經驗論、科學理性論、綱領實在論、基礎約定論和意義整體論。這些內容哲學性比較強，我今天就暫且不表，以後有機會再與大家交流。

另外，他的社會哲學或社會思想也很豐富，他對社會政治問題十分關心，特別在成名以後，他成為一個有社會責任感的科學家。當時，人們認為科學界是象牙塔，只要把科學工作做好就行了，沒有必要關心和參與社會事務。但是，愛因斯坦不這樣認為，他的社會責任感、社會良心很強，他覺得自己對社會上的醜惡現象、不良行為保持沉默，就是在犯同謀罪。他經常就戰爭與和平問題發表自己的見解。愛因斯坦正好生活在第一次世界大戰和第二次世界大戰之間，而且經歷了二十世紀五〇年代美國麥卡錫主義肆虐——迫害進步人士，剝奪知識分子自由，為此他發表了諸多抨擊言論，並切實行動起來加以抵制。他的開放的世界主義、戰鬥的和平主義、人道的社會主義、自由的民主主義等，在他的思想和行動中強烈地表現出來。

愛因斯坦對科學方法也有研究，比如探索性演繹法、邏輯簡單性原則、准美學原則、形象思維等。這些科學方法也是他創立狹義相對

論、廣義相對論的方法。他關於客觀性、可知性、統一性、和諧性、因果性、簡單性、不變性等科學信念含義深邃，對後來的科學發展產生很大影響，有些至今還起作用。愛因斯坦最後四十年致力於統一場論研究。當時實驗技術還不成熟，沒有發現那麼多的基本粒子，而且也沒有現成的數學工具，所以他最終沒有達到自己的目標。有人認為這是個悲劇，但我不這樣看待。實際上，愛因斯坦之後物理學的發展，就是沿著愛因斯坦的思想路線進行的。

愛因斯坦的思想豐富多彩，今天我不可能一一給大家介紹。我寫過一本有關愛因斯坦的書，一九九八年在臺北三民書局出版，商務印書館後來印刷。對它感興趣同學可以在圖書館找來看看。我今天主要講的，是愛因斯坦的科學的人文主義和人文的科學主義。也就是他從人文的觀點看待科學，使科學具有人性；另一方面，他是一個人文主義者，但是也滲透了科學精神，他對人類的前途命運很關心，有深厚的人文情懷。其中有些東西我已經寫成文章了，你們可以在北大科學史與科學哲學網站上看到有關的材料。

我首先把概念解釋一下，什麼叫科學的人文主義？科學的人文主義實際上就是在保持和光大人文主義優良傳統的基礎上，給舊人文主義注入它所匱乏的科學要素和科學精神。科學的人文主義主要的新穎之處在於，它具有科學的宇宙觀和世界圖像，明白人在自然界中的地位，以此作為安身立命的根基之一。另外，就是尊重自然規律和科學法則，對激進的唯意志論和極端的浪漫主義適當加以節制；科學是文明的重要標誌，它不僅為人文主義發展提供了廣闊空間，而且自身也能提供新的價值和意義，依靠科學自身的精神力量和科學衍生的物質力量，有助於社會的進步和人的自我完善。還有一個內容就是科學的

實證、理性、臻美精神，以及基於其上的啟蒙自由、懷疑批判、繼承創新、平權公正、自主公有、相容寬容、謙遜進取精神，也是人文精神重要的組成部分，這在科學精神裡表現很強烈；還有就是科學思想、科學知識和科學思維方式，也是我們思考和處理社會和人事問題的背景和幫手。科學人的求實作風和嚴謹風格值得人文人學習和效仿。社會科學和人文科學要盡可能地學習和借鑑科學方法，以拓寬視野，更新工具。要而言之，科學的本性包含著人性，科學價值即是人的價值，科學的人文主義實際上就是人文主義的科學化，就是給人文主義注入科學精神，以豐富和發展人文主義。

同樣，人文的科學主義實際上就是在發掘和弘揚科學主義寶貴遺產的前提下，增添舊科學主義所不具有的仁愛情懷和人文精神。它的鮮明特色是：人為的科學理應是、而且必須是為人的，為的是人的最高的和長遠的福祉，它因此必須聽命道德的律令，這是一切科學工作的出發點和立足點；科學家用數學公式描繪的世界，只是多元世界的一元，或是一元世界的一個側面，詩人用文字、畫家用色彩、音樂家用音符、哲學家用思辨概念描繪的世界，同樣是真實的、有意義的；科學只提供手段，而不創造目的，對價值判斷先天乏力，因此它應該尊重並輔佐人文主義的導向作用；科學的誤用和惡用，會產生極大的負面影響，因此科學人應該念念不忘科學良心，時時想到自己的社會責任，以制止科學的異化和技術的濫用；純粹的智力難以彌補道德和審美價值的缺失，科學人切勿以救世主自居，要虛心向富有人文精神的賢人和哲人學習，從人文學科中吸取各種營養；適度沖淡科學的冷峻面孔，把客觀性沖淡為主體間性，把實驗證實沖淡為確認，用直覺補充邏輯不足，把內在的完美引入理論評價標準，這樣就使科學更具

有人文性，讓情感也成為科學發展中的積極因素；歷史中的科學理論總是具有錯誤的、不完備的方面，科學人像常人一樣也會犯錯誤。總而言之，人性應該寓居於科學之中，人的智慧就是科學的智慧，人文的科學主義就是科學主義的人性化，科學的人文主義就是人文主義的科學化。這就是人文的科學主義和科學的人文主義的大致意思。

下面我就按照自己的綱領給大家系統介紹一下愛因斯坦的人文的科學主義和科學的人文主義的思想和實踐。

我先給大家講一下愛因斯坦的人文的科學主義。愛因斯坦的科學主義思想有人文關懷，滲透了人性。我歸納一下，他的人文的科學主義和科學的人文主義主要表現在以下的十二個方面。

第一，科學是人的科學，歷史的科學，因此它也具有主觀性，總是可錯的、不完備的。愛因斯坦給科學下了這樣一個定義：「科學就是一種歷史悠久的努力，力圖用系統的思維，把這個世界中可感知的現象盡可能徹底地聯繫起來。說得大膽一點，它就是這樣一種企圖：通過構思過程，後驗地重建存在。」在愛因斯坦的這個定義裡面，已經明確地講了科學的人的屬性和歷史的屬性。既然科學是人的精神的產物，它就不可避免地滲入了人的主觀性，尤其是在科學追求的過程中。我們的教科書往往講的是科學的結果，實際上科學的構建過程走過很多彎路，有過很多挫折和失敗，最終才達到目標。但是教科書裡只有現成的答案，沒有科學家努力的過程，這不是科學活動的完整畫面。愛因斯坦認為，科學是主觀的，是受人的心理狀態制約的。愛因斯坦的這種看法避免了科學主觀主義那種天馬行空，又防止了科學客觀主義的畫地為牢，在客觀主義和主觀主義兩者之間保持很好的平衡。科學的主觀性和歷史性決定了科學理論不可能是客觀世界的「攝

影」和「映射」，更不可能是「物自體」本身，它最多就像地圖一樣。所以不能把科學理論看成是對世界完完整整的描述。科學假設帶有假設性，是暫時的，永遠不會有最後的定論。包括他自己的相對論也一樣，也許將來會有更好理論代替它。實際上，在量子論和相對論之間存在諸多不協調，這個問題現在還沒有完全解決。愛因斯坦認為，科學家中間，十成裡能有一成的人成功就不錯了。科學家最終發表的東西都被邏輯化的，和他原先的探索過程差距是很大的。很多理論能有一個「也許」的評價就不錯了，肯定不會得到一個絕對肯定的評價。他對自己精心構造的相對論也是這樣看的。

第二，愛因斯坦認為，科學是人類爭取自由的武器，科學的發展以外在的自由和內心的自由為先決條件。人類最終的目標是向自由發展，科學就是向這個目標邁進。科學為人的發展營造外在自由，比如研究的自由、言論的自由、出版的自由。只有在自由的條件下，科學家才能創造出新東西來，這樣對整個社會是有益的，所以要爭取外在的自由。但是，愛因斯坦更看重心靈的自由，也就是內心的自由。心靈的自由就是在思想上不受各種偏見的束縛。內心的自由是大自然賦予人類最寶貴的靈物，每一個人都要珍惜心靈的自由。現在很多知識分子、青年學生都失去了內心的自由，他們隨著外面潮流和時尚的變化而變化，失去自我。

第三，科學探索的動機展現了人性的多樣性。作為科學共同體一員，愛因斯坦認為走到科學殿堂的人是各式各樣的：有的人是為了享受超乎常人的智力快感，有的人純粹為了功利利益，他對這兩種動機都不以為然。他認為，真誠的科學動機就是叔本華說的，要逃避生活中令人厭惡的粗俗和使人絕望的沉悶，要擺脫人們自己反復無常的欲

望的桎梏。就像在城裡的嘈雜環境待久了，要到高山呼吸一下寧靜的空氣一樣，不過這是消極的動機。積極的動機是，要通過自己的經驗和理性勾勒出一幅易於領悟的世界圖像，並以此把握客觀世界。這才是科學家追求宇宙和諧、發現大自然奧秘的源泉。真正迷戀科學的人是全身心地投入科學的，他的精神狀態就像談戀愛、信仰宗教的人一樣。在愛因斯坦看來，科學是很高尚的事情，不能拿科學來換飯吃。在現今的世界，像愛因斯坦這樣的人越來越少了。他認為科學是為科學而存在的，正像藝術是為藝術而存在的一樣，它既不從事自我表白，也不從事荒謬的證明。科學研究僅當不考慮實際應用時，才會興旺發達。愛因斯坦對音樂也很喜好，他是個不錯的小提琴手。從六歲起就拉小提琴，經常舉辦音樂會。他認為：「為思想而思想，如同音樂一樣。」

第四，愛因斯坦認為，科學具有巨大的物質功能，但是它的精神價值更加珍貴。他在論述科學與社會的關係時，看到科學對社會的兩種影響：一種是科學直接地、並且在更大程度上間接地生產出完全改變人類生活的工具，將技術轉變為生產力，造福於人類。科學還有一種重要的功能，就是作用於人類的心靈，也就是科學的教育功能。愛因斯坦認為：「科學不朽的榮譽，在於它通過對人類心靈的作用，克服了人們在自己面前和在自然介面前的不安全感，使之相信人類的思維是可靠的，自然規律是普天下皆準的。」他還說過：「科學研究能破除迷信，因為它鼓勵人們根據因果關係來思考和觀察事物。」

第五，愛因斯坦認為，科學只是認識世界的一種方式，其他學科也不可或缺。科學對認識世界的一個側面是有意義的，但是對認識世界的另一個側面它不見得就是完全的。比如對人類的精神世界，社會

科學、人文科學就認識得更好一些。畫家、詩人、哲學家所做的，都是對世界的一種認識。科學家用數學公式、畫家用線條和色彩、詩人用日常語言、哲學家用抽象概念、音樂家用音符和旋律，描繪的世界都是有意義的，無所謂高低貴賤。愛因斯坦一生都關心政治、經濟、文化、教育等社會問題。他也喜歡各種文學作品和音樂，對科學以外的學科都一視同仁。他對俄國作家陀思妥耶夫斯基特別欣賞，認為《卡拉馬佐夫兄弟》充分地揭示了人性，並從中洞見生活的真相和意義，也思考了精神存在之謎。他從莫札特的音樂裡發現了宇宙的和諧和大自然的韻律。愛因斯坦的科學創造的過程是富有人文情懷的。

第六，愛因斯坦認為，科學的概念框架是思維的自由創造和理智的自由發明，想像力也是科學中的實在因素。他把科學理論分為三個層次：基本概念和基本原理，其次是推導的命題和定理，然後通過實驗事實驗證。科學原理並不是從實驗中歸納出來的，而是要通過直覺的飛躍，跨越中間非邏輯的鴻溝，直達基本原理。像愛因斯坦的相對論中相對性原理、光速不變原理、等效原理，都不是通過直接經驗得到的。科學中的基本原理，實際上是人類的精神創造、自由發明。請注意，愛因斯坦用「發明」這個詞，而不是「發現」。科學上那些基本原理、基本概念是一種發明，它和經驗距離很大。相對論是很複雜的，從經驗和事實根本歸納不出來的。科學也充滿想像。愛因斯坦講過一句很有名的話：「想像力比知識更重要，因為知識是有限的，而想像力概括著世界的一切，推動著進步，並且是知識進化的源泉。嚴格地說，想像力是科學研究中的實在因素。」凡是大科學家都是很富有想像力的。沒有想像力的科學家，只能做一些技術性、細節性的工作，很難作出劃時代的、開拓性的工作。愛因斯坦鼓勵科學家要異想

天開、自由發揮幻想。

第七，愛因斯坦認為，科學和藝術是相通的：科學具有臻美取向，科學家應該具有審美的稟賦。愛因斯坦是位絕妙的科學藝術家，他的科學創造有一種藝術的秩序，他本人也有一種藝術的氣質。他深信科學與藝術的過程和創造動機是相同的。人類在這些領域有同一個源泉，就是對未知事物的憧憬。他這樣描述科學和藝術是相通的：「當這個世界不再能夠滿足我們的願望，當我們以自由人的身分對世界進行探索和觀察的時候，我們就進入藝術和科學的領域。如果用邏輯的語言描繪所見所聞的身心感受，那麼我們所從事的就是科學。如果傳達給我們的印象所假借的方式不能為理智接受，而只能為直覺所領悟，那麼我們所從事的便是藝術。這兩者有一個共同之處，那就是對於超越個人利害關係和意志的事物的熱愛和獻身精神。」愛因斯坦認為，美學在科學中起到的作用，比常人想像的還要大得多。科學就是向越來越簡單的方向發展。愛因斯坦的一個很重要的科學方法就是邏輯簡單性原則，簡單性就是美。比如，愛因斯坦的E=mc²公式，多麼簡單！但是，它包含宇宙、自然界的豐富資訊。他評價科學理論的標準，既有外部標準，也有內部標準。外部標準就是外部的確認，內部標準就是內在的完美——這就是美學的標準，用美學標準來評價。愛因斯坦在科學創造和科學評價中都滲透美學原則。愛因斯坦在科學創造的過程中經常應用思想實驗。思想實驗和具體實驗是不一樣的，具體實驗需要儀器，在實驗室按照既定的程式操作，思想實驗不需要儀器，它在頭腦裡邏輯地展開。愛因斯坦在構造狹義相對論的時候，思考「追光」悖論：「如果我以光速追隨一條光線的時候，我會看見什麼狀況。」按照常規理解，人身邊有的是相對靜止的電磁波。實際

上光還是以三十萬公里的時速前進，人還是追不上的，這之間就包含著一個悖論。愛因斯坦的美學方法實際上體現出直覺和現象的威力。

第八，愛因斯坦認為，科學本身不是萬能的，用氣壓曲線無法表現貝多芬的交響樂。他反對科學萬能的觀點，告誡人們在涉及社會和人的問題時，不要高估科學的作用。把物理科學的公理應用到生活中，不僅是完全錯誤的，也是應當受到譴責的。科學方法在人類手裡產生什麼，完全取決於人類所嚮往的目標，而科學方法本身不能提供這些目標。他說，科學本身不是解放者，不是幸福的最深刻的源泉。它創造手段，而不創造目的。目的在於人類的理想。但是當人類進行戰爭和征服時，科學的工具就變得像小孩手中的剃刀一樣危險。他強調，人類的發展完全依靠道德的發展。

第九，愛因斯坦認為，科學知識並非改善世界之本，純粹的智力無法彌補道德和審美價值的缺失。改善世界並不在於科學知識，而在於人類的傳統和理想。他能跳出科學這個圈子看待問題：在發展合乎道德的方面，孔子、佛陀、耶穌、甘地這些人，做的貢獻比科學家還要大。科學告訴人們抽煙有害健康，但是很多人還是癮君子。他勸導人們，切不可把理智奉為我們的上帝。它固然有強有力的身軀，但沒有人性。它不能領導，只能服務。理智對於方法和工具具有敏銳的眼光，但是對於目的和價值卻是盲目的。

第十，制止科學的異化，彌合兩種文化的分裂。愛因斯坦明確地意識到，科學有異化的危險。一方面，他認為技術作為科學的延伸物，是把雙刃劍，可以造福人類也可以危害人類。另一方面就是，科學的專門化、技術化造成的兩種文化的分裂和精神的扭曲，科學工作給人類生活帶來嚴重的不安，使人成為技術手段的奴隸。最大的災難

是人類為自己創造了大規模的毀滅手段，這實在令人難以忍受，是一個悲劇。愛因斯坦還看到科學過分專門化造成兩種文化的分裂，不同學科之間不相往來。愛因斯坦作了個比喻，人類要建造通天塔通向天堂，上帝把人們的語言變亂了，人們相互之間不能溝通，無法同心協力了，通天塔最終沒有建成。愛因斯坦不僅呼籲，並且通過切實的行動，力圖制止科學異化和兩種文化的分裂。愛因斯坦不像實證主義者那樣看待自然科學，也不像存在主義者那樣看待人文學科，而是以其獨創性的科學思想和科學方法在兩種文化之間架設橋樑。他以普通公民的身分，重塑科學家的形象，從而把科學與哲學、政治、倫理、藝術聯繫起來。愛因斯坦這樣的科學家，就是我所說的「哲人科學家」（scientist philosopher）。他不僅在科學上有創造，在人文領域，在社會政治思想方面也有自己的創造。我們要彌合兩種文化的分裂，也要從教育著手，多培養愛因斯坦這樣的哲人科學家。

第十一，愛因斯坦認為，沒有良心的科學家是靈魂的毀滅，沒有社會責任感的科學家是道德的淪喪和人類的悲哀。他也認為，那種因噎廢食，不要發展科學的觀點是荒謬的。我們不可能回到那種所謂的田園詩般的原始生活中去。科學家在從事自己科學工作時，必須時時懷有科學良心，要用自己的工作造福人類，而不是危害人類。他呼籲所有的科學家都要像諾貝爾一樣，具有社會責任感。愛因斯坦在這方面很清醒。他在加州理工大學講演時說：「如果你們想要使你們一生的工作對人類有益，那麼你們只了解應用科學本身還是不夠的。關心人本身必須始終成為一切技術努力的目標，要關心如何組織人的勞動和商品分配，從而保證我們科學思維的結果可以造福於人類，而不致成為詛咒的禍害。當你們沉思於你們的圖表和方程式時，永遠不要忘

記這一點。

第十二，他針鋒相對地批駁了反科學的科學敗德說和科學損美說。盧梭在一篇論文裡就說過，科學對人類道德造成了很大破壞，科學使人越來越墮落。這實際上是對科學的誤解，愛因斯坦不同意盧梭的觀點。科學也不是損壞美。他認為只有當道德力量退化，科學和技術才會使道德變得更低劣。科學本身並不損害道德。愛因斯坦的人文的科學主義我就給大家介紹到這裡。

下面我講一下愛因斯坦的科學的人文主義。科學的人文主義就是將科學精神、科學思想等注入舊的人文主義，使舊的人文主義有科學的要素，豐富和發展人文主義。

第一，它宣導國際主義和世界主義。愛因斯坦一生都堅定地站在國際主義和世界主義的立場上，無情地反對它的對立面，比如狹隘民族主義、國家主義。愛因斯坦在德國上中學時，對納粹軍國主義很反感。他強調科學具有國際主義，人的價值獨立於政治和國界。愛因斯坦一生為和平奔走。他從青年起就開始發表反戰宣言，一直到去世的那年還與羅素共同簽署了反戰宣言。

第二，為和平主義戰鬥。愛因斯坦作為一個科學家，他的時間和精力都很有限，本來沒有太多的時間從事社會工作。但是為了人類的命運，他把自己寶貴的時間奉獻出來。愛因斯坦認為政治是暫時的，方程式是永恆的。

第三，以自由為核心價值的民主主義。科學和民主在精神實質上是相通的。愛因斯坦把科學和民主兩者合起來，而且為自由奮鬥。他把外部的自由和內部的自由，作為科學進步的先決條件，作為個人完善和發展的前提。他認為只有自由的個人，才能做出科學發現。他深

刻地認為，沒有學術自由，民主社會的健康發展是不可能的。

第四，有獨立思考精神的人道的社會主義。愛因斯坦自稱是學術界的一個社會主義者，他熱情地支持一九一七年的十月革命和一九一八年德國工人革命所產生的威瑪共和國。愛因斯坦認為後來史達林的社會主義不是真正的社會主義。他認為，社會主義應當把人的自由放在第一位。

第五，教育的目標，是培養獨立行動和獨立思考的個人。愛因斯坦雖然不是教育家，但是他有自己當學生的經歷。學校不能把教知識放在第一位，應當首先培養學生獨立創造的能力，將來為社會服務。要造就為社會服務的和諧的個人，而不是訓練出蜜蜂、螞蟻、機器一樣的東西。愛因斯坦對教育下了一個很奇特的定義，他借用一個才子的話說，一個學生走出學校之後把所學到的知識都忘掉了，剩下的東西就是教育。

第六，愛因斯坦作為一個西方人，從小信仰宗教。他十二歲時，閱讀自然科學書籍之後，就拋棄了宗教，開始獻身科學。愛因斯坦不信仰世俗宗教，但是他有強烈的宇宙宗教感情。宇宙宗教感情就是相信自然和諧，相信人的理性的偉大力量，可以部分地把握宇宙的秘密。愛因斯坦在他的科學工作中，對神秘的宇宙和嚴密的科學理論架構無限熱愛和迷戀，具有尊敬、敬仰乃至崇拜之情，有謙恭、謙卑乃至敬畏之心。

第七，倫理與科學是獨立的，但是科學也有助於倫理。科學雖然不能創造倫理，但是它對人創造活動提供知識背景、事實根據。

第八，科學有助於積極的人生觀，能夠提高人的境界。愛因斯坦的一生就是個典型。人文精神和科學精神在愛因斯坦身上已經珠聯璧

合、相得益彰，兩者已經達到和諧統一的崇高境界。

第九，真善美是三位一體的。對真的追求，就包含著為善和臻美。有人說愛因斯坦是追求真善美的使徒。愛因斯坦這樣說過：「為求得更深廣的見識和理解而鬥爭，就是這樣獨立目標之一。要是沒有這些目標，一個有思想的人對待生活就不會有積極自覺的態度。」愛因斯坦也是一位科學的藝術家，他的創造工作有一種藝術的秩序，他的科學理論的本質就在於其藝術性，他的科學方法最顯著之處就在於臻美取向和審美判斷──科學本身就是一種創造性的藝術。科學創造和藝術創造的動機是相同的，人類智慧的這兩個領域屬於同一個源泉。愛因斯坦將真善美集於一身。

通過以上對愛因斯坦的人文的科學主義和科學的人文主義的了解，我們應該得到一些啟示。其一，哲人科學家是科學文化和人文文化的締造者，而且能把這兩種文化有效地溝通起來。其二，科學文化和人文文化匯流的最佳途徑，是走向科學的人文主義和人文的科學主義，這樣兩種文化就很容易整合起來。只要多一些愛因斯坦這樣的人，或者愛因斯坦的科學的人文主義和人文的科學主義能夠深入人心的話，我想兩種文化的裂痕就不會加大。解決兩種文化分歧的根本，要從教育著手。其三，學科學的要有人文素養，這方面強調多一些，但是我覺得不要忽視，學人文的也要有一定的科學素養。其四，要宣導博覽群書，愛因斯坦這樣的科學家從小就看很多書籍，包括科學方面的，也包括其他學科的，這對日後的創造力很有啟發意義。愛因斯坦如果沒有哲學頭腦的話，很難創造狹義相對論。因為時空這些東西帶有很強的哲學性。愛因斯坦的科學理論出來以後，許多人認為這不是科學理論，而是哲學理論。愛因斯坦的狹義相對論沒有得到諾貝爾

獎，原因就在這個地方，他們不認可這個。要博覽群書，學科學的要有人文素養、學人文的也要有科學素養，這對一個人日後的成長，對科學創造和藝術創造都大有裨益。今天就講到這裡，須要詳細了解愛因斯坦思想的同學可以上網流覽或到圖書館查閱我的有關論著（李醒民：《愛因斯坦：偉大的人文的科學主義者和科學的人文主義者》，南京：《江蘇社會科學》，2005年第2期，第9-17頁。李醒民：《愛因斯坦》，臺北：三民書局東大圖書公司，1998年第1版；北京：商務印書館，2005年第1版）。謝謝大家！

二〇〇五年在華中科技大學的演講
張群芳根據錄音整理

論哲學、人文科學的讀書方法

霍桂桓　中國社會科學院哲學研究所研究員

　　在我看來，讀自然科學的著作與讀人文科學的著作，在方法、要求和效果上都有很大的不同，所以我要突出講「論哲學、人文科學的讀書方法」。

　　說到讀書方法，我想引用兩個中國的成語「事半功倍」和「事倍功半」——也就是說，如果讀書的方法選對了，那麼就是事半功倍了；如果讀書的方法沒選對，那麼完全有可能是事倍功半。舉個例子來說吧。大概在十年之前，中國當代學術界曾有過「學術」和「思想」之爭。有人說，我們是做學術的；也有人說，我們是做思想的。這兩派曾經一度爭得非常熱烈。在我看來，之所以有這種爭論，在一定意義上說實際上就是由讀書方法的不同造成的。因為仔細想來，做學術，按照中國傳統的說法就是「小學」，它所注重的是「注」和「書」，其目的是盡可能準確地理解一句話或者一個詞的意思。在講到翻譯的時候，嚴複先生曾經提出過「信達雅」的標準，我們在這裡可以借用一下，把它說成是對「注」和「書」的標準要求。另一方面，在我看來，所謂的做思想，按照中國傳統來說就是「大學」。實際上，就任何一位思想者來說，如果沒有扎實的學術基礎，顯然也就根本無法達到思想上的高深造詣。所以，就我們這裡的話題來說，思想和學術之爭最根本的立足點還是讀書方式的不同，而讀書方式的不

同造成了思想者的學術追求不同，造成了做學術的關注點的不同。就實際情況來說，在中國學術研究的歷史過程中，不乏皓首窮經、學富五車的老先生們，但是，他們研究了一輩子卻沒有自己的思想——也就是說，他可能有了很強、很扎實的學術功底，但卻沒有最終形成自己的觀點。這用我們通俗的話講，就是一直都在「照著說」；如果用更難聽的話來講，有可能就是「鸚鵡學舌」了。我覺得，所謂純做學術並不是我們這一代乃至我們下一代應該承擔的現實使命。

在我看來，就現在的中國學術界的歷史發展和現實環境來說，中國哲學界已經到了該出成果的時候了。因為中國現當代以來的讀書人，已經沉寂得太久了——例如，如果說佛教進入中國沒有超過二百年，就有了獨一無二的禪宗的思想；如果從徐光啟引進西學開始算起，到現在至少也有四百年的歷史了，那麼，我們自己的、具有獨創性東西又在哪呢？我在兩年前參加中南財經政法大學舉辦的一次大會上，我曾說過，我們的中國學術界引進外國資源引進了這麼久，馬克思主義哲學也引進了這麼久，我們現在看到的基本上都是一波一波的「熱」，像薩特熱、存在主義熱、佛洛德熱、文化熱、人道主義熱，等等，最後剩下的是什麼呢？喧囂過後，一地雞毛！

我們還是進入今天的正題吧。首先，我想跟大家講第一部分：讀自然科學著作不同於讀哲學、人文科學著作，這主要是由它們各自的物件和內容決定的。

首先就自然科學的研究物件來說，不論是從宏觀、中觀、還是微觀，自然科學的物件都是客觀事物。即使有機體及其各個部分也是如此，例如，即使人的身體以及其各個部分，一旦被放到醫學領域中，也都是將其作為客觀事物來分析研究的。概括說來，讀者在閱讀、研

究自然科學著作的時候，主要就是運用西方哲學一貫宣導的理智性的研究方法來進行閱讀的。具體而言就是，從感性到知性、再由知性到理性。這個過程通常是由以下幾個步驟組成的。

第一，起點就是枚舉。認識事物的開端在於枚舉。

第二，是分類。在枚舉出來後，要對相同的性質或特徵的東西進行歸類。

第三，就是命名，對經過分類的一類物件進行命名。

在命名之後，第四點就是形成概念。

第五，就是形成判斷。這是一脈相承，環環相扣的。

第六，就是推理。

第七，即最後一點，由推理得出各種觀點，形成理論體系。

不論是自然科學研究還是社會學研究都是遵循這個過程的。

這裡，我想問問大家，你們在讀書包括讀哲學書籍的時候，是不是也是遵循這種過程的？你們是從哪個點切入的？在座諸位，有多少人喜歡上哲學課，有多少人不喜歡上哲學課，什麼原因呢？

我認為，大家不喜歡上哲學課的客觀原因就是，當下國內的馬克思主義哲學教材嚴格來說是既背離了馬克思本來的思想形式，也背離了哲學的根本精神。因為就後者來說，哲學的英文本來是philosophy，在希臘文裡是菲羅斯加上索菲亞，意為「愛智」。我們現在學習並沒有達到「愛智」的目標。就前一個方面來說，馬克思主義哲學本身是講「人」的，但是我們現在學習的馬克思主義哲學並沒有講人，即使涉及人的時候，也是以對待物的態度來對待人的。這只是客觀方面原因，另外一個原因就是我們作為讀者的主觀方面的原因，就是說，也跟我們的讀書方法有關。舉例來說，我是一九八一年進入

人民大學哲學系學習的，我那時讀哲學書的時候就感覺到以往的、已經習慣的讀書方法不好使，就開始摸索和思考什麼是更加適合閱讀哲學書籍的讀書方法——具體來說，就是我讀到「世界是物質的」，我就要思考為什麼，要去追根溯源。這樣做，開始的時候也許會想偏了，但最終的結果表明，想總好過不想。

下面我們來談談哲學、人文科學的研究物件和內容，看看它們的基本特點是什麼。

哲學、人文科學的研究物件和內容跟自然科學的區別首先在於，它們基本上是屬於中觀範圍，也就是說，它們既不涉及宇宙的宏觀範圍，也不涉及基本粒子的微觀範圍。

其次，它們所具有的關鍵特徵是，無論是哲學、人文科學的研究物件，還是研究者本人，都是具有主觀世界的活生生的現實社會個體及其關係。這就與自然科學純粹的客觀物件截然不同了。進一步說，研究者和研究對象都是具有主觀世界的現實社會個體及其關係，那麼，我們由此顯然可以推理得出，哲學、社會科學、人文科學所有的研究和結論都是特定的人生經歷和人生體驗的產物。這實際上就是哲學、人文科學之所以不同於自然科學最大的特徵。以哲學為例，蘇格拉底、柏拉圖、亞里斯多德、康德、黑格爾等都有自己的哲學。這意味著，我們不能簡單地像對待自然科學的客觀事物那樣，來對哲學、人文科學的物件進行判斷、推理。例如，古希臘哲學家芝諾提出過許多有名的悖論，其中有一個叫「飛矢不動」。按照他的邏輯推理，最後一定會得出他的「飛矢不動」的結論。另外，像阿基裡斯與龜，大家都知道阿基裡斯是希臘神話裡跑得最快的英雄。如果把龜提前放到阿基裡斯前面一百米讓他們一起賽跑，那麼，按照這樣的、自然科學

研究式的推理，阿基裡斯便永遠都追不上龜。我舉這兩個例子想說明的是，用對待自然科學物件和內容的研究方法來對待哲學、人文科學研究的物件和內容，包括我們讀書，所得出的結論往往都是很荒謬、很可笑的，因為這樣的做法是文不對題的。

那麼，讀哲學、人文科學著作時究竟該用什麼方法來讀書學習呢？主要是三個方面。第一，對話。在讀這些著作的時候，我們應該把自己放到相應的背景中去。第二，同情式理解。第三，一定要反思自己的人生閱歷和精神境界。這是讀哲學、人文科學著作的時候必須注意的三點。如果忽視這三點，要想按規定閱讀來充分理解和把握書的精髓，是比較困難的。因為單純地通過死記硬背的方式來理解閱讀物件，與這種我們要強調的感悟式的閱讀是完全不同的。比如說，我們的馬克思主義哲學一開始就講「世界是物質的」，我想問大家，馬克思主義哲學為什麼要講「世界是物質的」呢？有同學說，反對唯心主義。這是最直接的。但是，反對唯心主義是論戰的產物嗎？如果真正地來思考這個問題，就會對這句話不是單純作為一個結論來死記硬背了。再舉一個例子，人為什麼要講信仰，西方人為什麼信仰上帝，為什麼要講終極關注？還可以再延伸一下，提出一個跟大家直接相關的問題，你的人生目的是什麼，你的人生支柱是什麼？這些都是在設立一個最根本的起點，與「世界是物質的」在研究方法和思維模式上是相同的。

第二個部分，我要給大家講具體一點。讀哲學、人文科學著作必須經歷三個階段，也可以說必須經歷三種境界。

第一，讀哲學、人文科學著作不是我們通常意義上的讀書。通常的讀書，首要的是認字，其次是理解意義。讀哲學、人文科學的進

境，也就是閱讀的進展程度和達到的境界，與通過讀書者個人修養提高人生境界的過程同步。黑格爾曾經說過：「同一句格言，出自飽經風霜的老人之口與出自缺乏閱歷的青年之口，其內涵是不同的。」讀哲學、人文科學的相關著作，不是要僅僅去積累一些common sense，而是要結合自己的人生境界和閱讀體驗來理解體會。不能做到這一點，只能說是讀過這本書，你沒有得到任何的人生收穫，那麼，這樣的讀書基本上是白讀了。我現在可以跟大家分享一下我的讀書目標，我不想用一些晦澀難懂的話來表達我想說的內容，我希望能用大白話來簡明易懂地表達我的想法。接下來，我們就來談談這三個階段裡的第一階段，用白話來簡單地說，就是知道對方在說什麼。所謂的對方就是你的閱讀物件，這是在讀哲學、人文科學著作的第一階段。具體來說，這個階段所應達到的效果是知道作者在說些什麼，理解所閱讀著作的內容，歸納其要點，並在此基礎上把握結論，特別是把握它的推導過程。只有知道這個道理是怎麼推導出來的，才能確切地理解它在說什麼。這一點不僅局限於哲學、人文科學，對於自然科學而言也是這樣的。我們做過許多的數學證明題，都是在遵循這個方法。兩者不同的方面在於，哲學、人文科學更加強調要學、會質詢，學、會對話。在閱讀一個結論，閱讀一種方法的時候，要去思考為什麼是這樣表達。之所以這麼說，它的理由、根據和推理過程是什麼。這些步驟其結果是要指向對話——辯證法。我們現在所說的辯證法，最初就是對話。我們現在以常識來理解「對話」，就是你問我答。但是，在西方哲學的源頭，「對話」是發現真理的必要手段。在蘇格拉底和柏拉圖的著作中，都是通過「對話」來得出最後的結論。所以，學會對話，而不僅僅是通過listening，或者是通過簡單的reading，僅僅知道

是什麼。學、會質詢，學、會提問。我為什麼說「學」和「會」是分開的，這是因為或許你在閱讀過程中，開始時提出的問題完全有可能是天真可笑、荒誕不經的，這都沒有關係。在這個階段，實際上存在著一個碰釘子的過程。任何人都不可能一出手就提出像大思想家思考的那樣有深度的問題。但是，如果因此缺乏對話意識，那就只是 listening，就只能是接受作者的東西。講一句非常有挖苦色彩的俗諺，那就只能是「狗熊掰苞米，掰一個扔一個」。你在讀馬克思主義哲學的時候，會完全接受馬克思的想法；在接觸薩特後，又全盤接受薩特的思想；在接觸佛洛德後，又跟著佛洛德走了⋯⋯到最後，所有的讀下來，只能是一無所獲，一片茫然。「學」、「會」質詢，「學」、「會」提問，這是你本人在閱讀中的一個成長過程。我們對我們所讀的任何一本著作，在初始的閱讀態度上都應該保持敬畏之心，因為這是前人思想的結晶。但是，只是僅僅具有敬畏之心是不夠的，我們需要從「小學」水準走向「大學」水準。我剛才說過的理解內容、歸納要點，把握結論、推導過程，在座諸位，可以思考一下自己的閱讀做到哪一步？

這是第一個階段，做到知道對方說什麼。

第二個階段無疑是以第一個階段為基礎的，但是要高於第一個階段，就是要知道對方為什麼這麼說。這個階段的要求是，在第一階段的基礎上，認識和把握作者的基本立場和觀點、基本的方法論和視角、基本的推理方法和步驟。然後，在此基礎上，將所讀的著作放到相應的學術傳統中，通過前後對比，理解它的優劣長短。例如說，牛頓和愛因斯坦的關係：在愛因斯坦沒有出現的時候，我們都以為「萬有引力」理論就是無法超越的極限，但是，在愛因斯坦出現後再看，

牛頓又是一種完全不同的境界了。所以，大家在把握作者的基本立場和觀點、基本方法論和視角、基本推理過程、基本推理方法和基本推理步驟的時候，要將所讀的內容進行前後對比，才能判斷出它的優長劣短。從這個意義來看，那閱讀就不僅僅是只停留在第一階段，僅僅知道作者說了些什麼。而且，要想方設法知道作者為什麼這麼說。比方說，我們通過比較牛頓和愛因斯坦，我們可以自然而然地提出一個問題，為什麼愛因斯坦和牛頓相比，又向前走了一步。我們甚至可以說哲學史方面，為什麼亞里斯多德比柏拉圖向前走了一步。這種例子比比皆是。第二階段所要達到的目的，不僅僅是對所讀的東西進行系統全面的把握，而且要抓住作者最初的出發點。我舉一個常見的例子，為什麼西方人都信仰上帝？六月十三日，北京外國語大學有一篇博士論文寫的是evil，他就說惡是普遍現象，他的論證就是講神證論。正因為惡是普遍現象，所以神是永遠正確的。正反方兩個方面，一個說上帝是全知全能全善，所以上帝不應把惡造出來。還有一種說法就是，上帝之所以把惡造出來，是因為他想讓人通過克服惡成為最美好的子民。「西方人為什麼要信仰上帝？」這個問題和我剛才講到馬哲時談到的哲學為什麼要講物質是一樣的，從源頭上來想，試圖了解作者的為什麼要得到這樣一個結論。這是第二種境界。

接下來，我們來談談第三種境界。講第三種境界，就不得不簡單地說說問題意識。對於做科研的人而言，具有非常鮮明準確的問題意識是非常重要的，找到一個鮮明準確的突破口，抓住問題迎刃而解，抓不住問題就沒有創新意義。第三種境界也比較簡單，就是換位思考。我應當怎麼說？如果我作為讀者，面對作者通過作品所表達的問題的時候，我應當如何確定自己的研究和論述的基本觀點和立場，運

用什麼樣的方法論和視角，得出什麼樣的結論；還有我得出的結論與作者的相比是否勝出，以及如何才能勝出，這一點非常重要。這就是問題意識。或者我們至少可以說，這是進行學術創新的問題意識的萌芽。一個好的研究者不應該是一個書呆子，我們對待每一種學術現象都要在腦海中自然而然形成問號。比如說，我參加中外的學術會議，會去思考別人發言的原因，是基於什麼情況下，抱有什麼樣的想法，他想表達什麼意思。這種做法或許可以言簡意賅地用一句佛諺來概括，就是「挑水劈柴莫非妙道」。再用曹雪芹的話講「世事洞明皆學問，人情練達即文章」。「文章」就是哲學、人文科學的著作，只不過它以不同的方式表現出來。這就是我說的讀哲學、人文科學著作與提高人生境界的過程同步。我希望通過這個講座，引導大家去思考我們在讀書和體驗人生的時候是不是應該這麼去理解，應該這麼去做。

我們通常在讀哲學、人文科學、社會科學著作的時候，一般人都能達到所說的第一種境界。在這種情況下，我們所得到的只是相關的知識。但是，這種知識並沒有真正融入我們的心靈，也就是說書還是書，人還是人；知識沒有成為心靈中的一部分，更不可能成為我們自己可以得心應手加以運用的工具。第二種境界是研究者必須達到的境界，它要求讀者必須更加具體系統深入全面來把握研究對象，並且在此基礎上，把時代背景和學術傳統融入進來。我剛才談到的問題意識主要就是在第二個階段形成的。第三種境界應該說是第二種境界的直接產物，知道對方為什麼這麼說了，就要思考自己的想法跟作者相比究竟是優是劣。一般說來，如果到了第二個境界，再到第三個境界就是一個自然而然的發展。給大家講講我自己的經歷吧：理查‧羅蒂二〇〇四年到中國來訪，當時清華的一個博士後問過我，羅蒂的研究到

什麼程度了？我說，羅蒂的研究還在摸索中，他的代表作是《哲學與自然之鏡》，徹底對分析哲學反戈一擊。到現在仍然沒有找到出路，他現在甚至有些把哲學消解到文學中去，把大寫的哲學消解成小寫的哲學，小寫的哲學消解到浪漫主義文學中。他雖然反對分析哲學對哲學的矯枉過正，但是到最後卻把哲學消解到文學中去了。那個博士後又問我，那你呢？我就說，我已經找到路了。然後陳述了我自己的三點觀點。

在這裡，我想告訴大家，讀書，讀與社會、哲學相關的書是不斷進取的。也許一開始會反復碰壁，但是，不要灰心，摔一次跟頭也就會聰明一層。哈貝馬斯二〇〇五年訪問中國，曾經對我們下了兩個結論：第一就是我們的研究所對他有很深刻透澈的研究；第二就是中國這些年發展得太快了。所以，我說中國哲學已經到了應該出成果的時候了。總是想隨在人後是沒有出路的。

再概括一下：我的立足點就是分析自然科學和人文科學各自的不同，然後來尋找各自的讀書方法。讀自然科學必須作嚴格的邏輯推理，讀哲學、人文科學著作也是需要邏輯的，但這種邏輯是人文化的邏輯，是情感化、體驗化，化成人生經歷和人生體驗的邏輯。這種邏輯提出的要求更高，並不是割裂的。在這一點上，需要大家自己去修行摸索。只要是認真去讀書去體會，大家會有觸類旁通的時候。

最後一點，我想告訴大家如何從知識到智慧。所謂智慧，就是在得到知識、運用知識的過程中包含著個人的體悟和修行，而且通過這個過程逐漸提高個人的人生境界，到最後能實現「從心所欲，不逾矩」，這就叫智慧。西方哲學，向來主張菲羅斯加上索菲亞，主張愛智。但是，西方哲學直到二十世紀初，一直是在追求知識而不是追求

智慧。所以，當今西方人文科學界都依然在為哲學尋找出路。今天我所講的這三個階段，並不能完全保證大家所有人都能擁有智慧，但是，如果大家希望「轉識成智」，卻是舍此之外，別無他法。

二〇〇七年在華中科技大學的演講
陳晨晨根據錄音整理

科技發展的世紀回眸、當前趨勢與若干人文問題的思考

楊叔子　中國科學院院士、華中科技大學教授

　　這次我來演講，是因為最近召開的全國科技大會頒布了從二〇〇六年到二〇二〇年我國的《中長期科技發展綱要》（以下簡稱《綱要》），這個《綱要》的頒布對我國來說是非常重要的事情，是新中國建國以來經驗的總結，是現在我們民族飽含深情的一份宣言書。我演講的內容從二〇〇〇年開始，不斷地修改，我看了這個《綱要》之後覺得非常貼切。我所講的是對胡錦濤同志，是對中央頒布的這個決定，是對《綱要》本身某個方面所作的解釋說明，是從世界的角度看科技的發展、站在世界的角度進行科技的回眸，從而思考我們國家的情況，應不應該有這個《綱要》。正因為如此，我今天要來講這個題目。

　　進入二十一世紀，二〇〇一年七月一日中國共產黨成立八十周年江澤民同志發表重要講話，這個講話對我啟示很大，我今天的匯報也是對它的一個說明。江澤民同志談到，科學技術的發展是第一生產力，而且是生產力集中的體現。科學技術通過某種途徑給世界生產力和人類經濟的發展帶來極大的推動，未來的科學發展將有新的重大進步，我們必須敏銳地把握這個趨勢。在此有三個問題值得探討：第一，科學技術為什麼是第一生產力？是不是可以帶來巨大的推動力？第二，科學技術還將帶來新的重大飛躍；第三，我們必須敏銳把握科學技術發展進步的趨勢。

科學技術確實發展很快，我舉兩個數字。十八、十九世紀的時候，科學技術成果大體是八十年到九十年更新一次，到了十九世紀變為四十年到七十年更新一次，到了二十世紀後半期再變為五年到二十年更新一次，直到最近更新期最短，這是從宏觀上來講。具體例子有三組，一組幾十年為單位的，一組十幾年的，一組幾年的。最早的時候，蒸汽機從構想到設計再到投入使用一共花了一百多年，電動機從發明到真正能夠使用花了六十五年，電話花了五十多年，無線電花了三十五年，後來雷達、噴氣式飛機、電視分別花了十五年、十四年、十二年，到二十世紀後半期，積體電路IC花了二年，鐳射從發現到投入應用只花了一年，就是這麼快。正因為如此，最近在全國科技大會上，胡錦濤同志講得很清楚，工業在二十世紀發生的科學技術的變化使我們整個社會從生產到生活到使用發生了重大的變革，而且這個變化主要是從二十世紀中期開始。到了二十一世紀，科學發展更加迅猛，並且有了新的重大突破，現在正醞釀著更大的科學技術革命。

　　現在，我就三個方面跟大家談談我的看法：第一，二十世紀的科技回眸；第二，看看當前的趨勢如何；第三，從人文角度考慮科學技術發展情況來談幾點思考。

　　首先談談二十世紀的科技回眸。借用毛主席在《人民解放軍佔領南京》這首詩中的「天翻地覆慨而慷」，二十世紀科學技術的確可以這樣講，變化實在是太大了。比如現在我們用多媒體講課很平常，而一九九四年清華大學211工程預審的時候，我作為評委前去參加，當時清華大學的校長王大忠院士用多媒體做報告，我那時真羨慕。華中理工大學一九九五年211工程預審時，我回來就想我們也一定要用多媒體，結果花了四萬五千多元錢買了多媒體裝置，往那一放沒有現在

這麼清楚。後來做報告的時候很高興，我們華中理工大學也有多媒體，結果現在連幼稚園都有了。還舉個例子，第一輛汽車是德國賓士一八九五年造的，而真正能夠使用的汽車是一九〇三年美國福特造的，從這個角度講汽車也是二十世紀的。的確，二十世紀發生了翻天覆地的變化。

前年四月分，楊振寧先生在北京中科院發表了精彩演講。有一個觀點我很認同，他認為二十世紀有兩件最偉大的事情，第一是科學技術突飛猛進，改變了世界面貌，第二是中國人民站起來了。第一點大家不會否認，第二點可能大家不同意，但是沒關係，再過幾十年一百年別人一定會承認中國人民站起來了是二十世紀最偉大的事情，跟科學技術發展具有同樣重要的意義。對於這一點，我是完全贊同的。因此二十世紀的確是了不起的時代。

在二十世紀眾多的科學技術成果中，最重要的就是實踐。科學技術有三個層次，發現原理是最高層的，最基礎應用的是工程，中間一層是把科學的原理轉化成為可應用的方法技術。因此從這個角度看，二十世紀最重要的有一項技術、兩項理論、三項工程、四個模型等科學技術成就。

一項技術指的是電腦技術，兩項理論指的是相對論、量子論，三項工程分別指曼哈頓工程、原子彈工程、阿波羅登月工程，四個模型即夸克模型、宇宙大爆炸模型、DNA去氧核糖核酸雙螺旋結構、地球板塊模型。這十項科學技術成果，我認為是二十世紀裡面巨大的成就，並且深深影響了二十一世紀。第一項電腦技術是二十世紀最偉大的科學技術，第一臺電腦是在一九四六年二月美國做出來的，現在已經六十年了。美國造出的第一臺電腦有三十噸重，一萬八千多根電磁

管，平均七分鐘要爆炸一根電磁管，一百多個工程師在照顧它。每個人都拿一根電磁管，炸掉一根就換一根。運算速度一秒鐘五千次，是那時候手搖電腦的幾百倍，是人腦運算的二十萬倍，已經非常了不起了。如果電腦用電晶體積體電路IC來做的話是一九五六年，那麼，電腦每過一個月就以半年速度增加一倍，每過五年速度增加十倍。按照這個推論，現在的確增加了十萬倍以上。這是貝爾實驗室主任J.M.莫斯講的話，他說：「工業革命延伸了我們的肌肉，通信革命擴展我們的意識，而今天資訊革命正在擴大我們的思維。」搞工業化把我們從體力勞動中解放出來了，電信使我們的眼睛和鼻子的問題解決了，而電腦的出現解決了我們的思維問題。有人說資訊技術是傳感技術加上電腦技術再加上通信技術，這說得很形象。傳感技術有助於鼻子耳朵，電腦技術有助於人的大腦，而通信技術取代人的交往。所以莫斯說：「電腦與電晶體，掀起了資訊革命的第一次衝擊波，網路掀起了第二次衝擊波。」

兩個理論首先談談第一個相對論。去年是愛因斯坦發表相對論一百周年，也是他逝世四十五周年。進入二十世紀後，美國《時代週刊》評論稱：在過去一百年裡發生的變化比前面任一時期都多得多，原因不是政治上的，不是經濟上的，而是技術上的，技術直接來源於基礎學科的進展。其中最具代表性的人物就是愛因斯坦。相對論在二十世紀是個非常重大的科學技術成就。不管是狹義相對論還是廣義相對論，它的出現對人類、對世界的改觀太大了。大家知道狹義相對論的前提是光速不變，任何情況下都是三十萬公里每秒，所以愛因斯坦的相對論是半邏輯半直覺的。因為光速不變，時間、空間是可變的，速度等於距離除以時間。所以過去別人講「山中方七日，世上已

千年」，這是完全有可能的。山中方七日，世上幾千年是我這麼看的，可是這個山中人不是這麼看，山中人在世間方七日，山中也一千年了。所以愛因斯坦對時空的看法是具有根本性革命的看法，時空是統一的而不是可分割的，這比牛頓力學大大前進一步。到了廣義相對論就更一步發展，它把物質、引力、時空通通統一，發展到天體尺度上的運動學和動力學，構成了一個完整的理論。因此，相對論非常了不起，它改變了人對宏觀世界的看法，而量子論恰恰是改變了人類對微觀世界的看法。在微觀世界裡不是確定的沒有絕對的東西，所以量子論的出現改變了人們對微觀世界的看法。一九〇〇年十二月十四日，普朗克在德黑蘭發表演講，這個演講非常重要就是量子力學的初步產生，它表明了能量不是連續的。量子力學解決了光的波動的力學問題，後來進一步發展成量子統計，最後到量子場論，把狹義相對論、粒子、場統一起來，研究它亞原子的狀態。美國有一個物理學家叫做卡普拉，他有本書叫做《物理學之道》，主要講現代物理學與東方神秘主義，他的結論是現代物理學的前沿主要是在量子力學、量子場論。這些理論得出的結論與東方的哲人老子、莊子等，以及佛教的那些結論是驚人的一致。東方文化這些思辨者看到現在的東西跟現在物理學前沿是驚人的一致，當然有區別，現在是要有證明要有理論作為根據，那是思辨的結果，不管怎樣都有驚人的一致。因此，量子論的出現使人們對微觀世界的看法發生了改變。還有一點，現代的高科技的成果幾乎沒有一樣跟相對論、量子論沒有關係。原子彈、氫彈、半導體、光纖、鐳射、超導哪個沒關係？比較基礎的像電腦都有關係。所以相對論、量子論不僅僅是從觀念上改變了人們對宏觀世界、微觀世界的看法，而且成為現在高科技的基礎。因此把量子論和相對

論作為二十世紀最偉大的成就是完全有道理的。

　　三個工程指的是原子彈工程、阿波羅登月工程、曼哈頓工程。大家知道第二次世界大戰的過程，美國的原子彈起了重要作用。一九四五年七月十六日美國實驗了第一顆原子彈，到八月九日在廣島、長崎分別投了兩顆原子彈。在實驗原子彈時，美國原子彈之父奧本海默就感覺到威力太大了。他引了印度古詩的一句話：我是死神，我是世界的毀滅者。後面投了氫彈，威力更強大了，不是核裂變而是核聚變。但不管怎樣人類能夠走到微觀世界，充分利用微觀世界的研究成果，釋放出微觀世界的能量，釋放出這麼巨大的能量是了不起的事情。最近我們學校有項工程，在學校的東邊正在建一個強磁場。我們國家有九項科學工程。其中有一項國家級的工程就是強磁場，這項工程由中科院合肥等離子研究所和我們學校共同承擔，他們承擔穩態強磁場，我們承擔脈衝強磁場。這裡面同核聚變有關係，生產的話要用強的磁場把裡面的核聚變約束住，使它受控不能散發出來。因此，即使核聚變搞成了，但是千里之行始於足下。核裂變還是從原子彈開始。所以原子彈工程還是一個了不起的里程碑。

　　第二是阿波羅登月工程。我一開始引用了登上月球的阿姆斯壯的那句話：我這一步對於我個人而言是一小步，但對整個人類而言是一大步。這句話非常有道理。有一本書是美國《紐約時報》的老主編哈克寫的，他寫了在人類歷史上對人類歷史影響最大的有哪些人，從中挑選了一百位，當然包括正面影響的人也包括反面影響的人，既包括英雄豪傑也包括遺臭萬年的丑角。其中美國總統入選了三位：華盛頓、傑佛遜、甘迺迪。沒有甘迺迪就沒有阿波羅登月工程，因為這個工程只有總統才能決定，而美國那個時候經濟並不算太好。因為

一九六一年四月十二日蘇聯發射了載人太空船，宇航員為加加林。美國宣布過十年以後，不僅要發射太空船還要把宇航員送上月球再讓他回來，跟蘇聯人爭個高下。結果沒到十年，一九六九年七月二十日把人送上月球而且回來了。為什麼這麼重要？因為從人類的生活需要、從人類本性的探索未知的需要，人類必定要走上太空。而且還有一點很重要，阿波羅登月後宣布沒有一項新技術，全部是成熟技術，偉大在於成熟技術能夠綜合運用。所以我們國家講三種創新：原始創新、繼承創新、引進消化創新。繼承創新就是把已有的成果能夠繼承下來，善於把已有的成果拿來運用。阿波羅登月工程就是這個偉大成果。不管是阿波羅登月工程還是曼哈頓工程都是巨大的組織工程，原子彈工程、曼哈頓工程動員了五十萬人，花了二十二億美元製造了三顆原子彈，阿波羅登月工程用了二十二萬人，但是花了二百五十億美元，沒有這麼巨大的人力、財力支援，沒有巨大的組織工程是不可能的事情。所以這兩個工程告訴我們，我們完全有可能把已經有的技術運用起來，而且可以通過良好的組織運作把有關人力、財力組合起來，能夠取得巨大的成果。而這一點恰恰是我們在組織中體現出的巨大的優越性。

第三個工程是人類基因組工程。大家都知道，人有三萬多個基因，是由三十萬萬個鹼基對組成的，現在就是問這三萬多個基因裡面的三十萬萬個鹼基對是怎麼排列的。因為鹼基對排列的順序對於基因的作用是大不相同的。所以如果將鹼基對搞清楚的話，就可以解開生命的奧秘。我原來跟你們講過天資的重要，別看我是個院士，可是我唱歌不好聽。很多功課不好都通過我的努力上來了，但是就是唱歌不好聽。基因組測序工程開設不久，很多報告公布出來，講人有二十三

對染色體，第十三對染色體裡有那麼幾對基因，那幾個基因是管唱歌的，所以我肯定是這幾個基因不好。所以現在很多不是後天的，是先天決定的。要解開生命的奧秘就要看三十萬萬個鹼基對怎麼組成三萬多個基因，這是很重大的事情。解開生命奧秘的第一步，一定要做的。

這三個工程，微觀層面的曼哈頓工程，宏觀層面的阿波羅登月工程，生命層面的人類基因測試工程。所以美國的科學雜誌講了可能幾百年，人類基因工程可能是世界最偉大的事情。這個工程原來美國從二十世紀八〇年代開始做，準備自己幹，後來聯合了六個國家，包括我們中國在內。雖然我們承擔的工作不多，但是畢竟承擔了，而且幹得不錯。

下面講四個模型。

第一，夸克模型。我們知道物質是分子組成的，分子是原子組成的，原子是中子、電子、質子組成的，中子、電子、質子又是由基本粒子組成的。到了二十世紀六〇年代的時候，美國有人提出了夸克模型，基本粒子是由夸克組成的。這個理論提出來以後，有兩個重大作用：第一，解釋了很多物理現象，把物理學大大向前推進了；第二，夸克找不到，夸克禁閉在中子、質子裡，看不到。因此人們不得不想物質的最深層次到底是什麼東西，夸克又是什麼組成的？

第二，宇宙大爆炸模型。微觀世界研究的非常深層，與此同時，宏觀世界是怎麼形成的，現在講宇宙是幾百億年前微粒爆炸膨脹形成的，這個理論在一九二二年前蘇聯就提出了，被認為是謬論。可是在一九四八年的確得出這個理論，而且不斷地得到證實。伽莫夫提出3K微波輻射，原始氫、氦之比，與之相符。這個理論可以用來描述

基本粒子、化學原子怎麼形成的，物質怎麼形成的，行星怎麼形成的，都可以得到比較好的解釋。夸克模型和宇宙大爆炸模型有很多的聯繫。後來我看美國的報導就是兩個高速運轉的粒子碰撞後生出了新的粒子，新的粒子是原來的電子核數量的六千多倍。實際上也就是現在量子場論講的量子場跟粒子，量子場、粒子是存在形式，當量子場被激發以後變成粒子，當粒子消失了變成量子場。我一直講夸克模型和宇宙大爆炸之間的聯繫，現在霍金和其他物理學家提出了「奇點」。在「奇點」上的物質粒子是相當大，如果「奇點」這個東西無窮大的話，一爆炸都有可能爆炸個宇宙出來。因此，夸克模型最深層的結構跟宇宙大爆炸有沒有聯繫？很難講。但是現在展示的東西，事實上微觀世界和宏觀世界不是同構的，裡面很可能有必然的內部聯繫。

第三，DNA雙螺旋結構模型。DNA去氧核糖核酸是一個鏈，基因就是去氧核糖核酸的片段。它是三十萬萬個鹼基對組成的。沃森和克里克發現它是按照雙螺旋結構形成的，就像那個梯子扭了一下，那個縱的橫的元素就是核糖酸。這麼一個模型提出來以後建立了現代分子遺傳學，能夠把分子的結構同遺傳的機制完全統一起來，現在分子遺傳學跟生物學打開了一個非常漂亮的景象，所以他們得了諾貝爾獎。前年我就講現在DNA雙螺旋結構模型出來以後，將生命科學大大推進了，而且證明了不管是人還是單細胞生物，從生命原理的角度講是一回事情，基本構成物質都是蛋白質和核酸。蛋白質是由二十種氨基酸構成的，核酸是由四種鹼基對構成的，鹼基對排列的順序和二十種氨基酸排列的順序密切相關，資訊一一對應之間遺傳信息就在其中。去氧核糖核酸雙螺旋結構的發現是生命科學發展一個巨大的里

程碑，是非常了不起的事情。

最後一個模型就是地球的板塊模型。二十世紀的地球板塊模型在六〇年代是成熟的，提出了地球是由歐亞板塊、非洲板塊、美洲板塊、澳洲板塊、太平洋板塊、南極洲板塊和其他小板塊共同組成，在地幔上漂流。因為這個地球板塊模型，人類不僅可以了解現在，而且可以推斷過去，還可以推測將來。

因此這四個模型也是二十世紀裡面了不起的成就。現在，我們能夠測到的最短時間是10^{-43}秒，最小長度是10^{-35}米，就是普朗克時間和普朗克長度，因為突破這個時間和長度的話，一切要發生變化。我們可以測到的最小物質為數十分之一埃，一個埃是零點一奈米，可以測到的最快速度是光速，可以測到的最小溫度現在接近於零度，只差一千七百億分之一度，測到的最小生物為零點一到零點三微米。人類科學還在前進。愛因斯坦講的最重要的來源於基礎研究，四大基本問題：宇宙起源、物質的結構、生命起源、思維的本質，這是科學最基礎、最前沿的問題，凡是在這四個領域每取得一次突破，都很了不起，每一個重大的突破都導致一個劃時代的進步。所以我引用了胡錦濤同志的一段講話：基礎研究的重大突破將進一步為人類認知客觀規律、推動技術和經濟發展展現新的前景。除此以外數學也非常重要，數學不是科學是哲學，所以國外不叫數理化，數學即智慧科學，數學是非常嚴密的思維，沒有數學的發展絕對沒有其他學科的發展。

正因為如此，我就把國家的《中長期發展規劃綱要》（簡稱《規劃綱要》）講一下，它一共十個部分，真正講到科學技術的是四個部分。一是序言，二是指導方針，七是體制改革，八是政策，九是科技投入，十是人才培養。核心是三、四、五、六部分，第三是重點領域，第四是重大專項，第五是前沿技術，第六是基礎研究。這四個基

礎問題在「六、基礎研究」之「2、科學前沿」裡全部都有，因為是最基礎的東西。所以江澤民同志講「基礎研究是科學之本、技術之源，必須把基礎研究放在非常重要的位置來看待它」。

我們講完了科學發展回眸，接著我們講當前發展趨勢。我用了柳永《望海潮》裡的一句詞：怒濤卷霜雪，天塹無涯。現在的科學技術發展就是洶湧澎湃，我也選了其中的十項。一個興起：奈米科技。兩個焦點：環境安全科技、能源資源安全科技，就是資源節約、環境友好。三個關注：地球科技、海洋科技、空間科技。四個支撐：資訊科技、材料科技、製造科技、生命科技。這四項技術本身是最基礎的，支撐其他科學技術的發展。

一個興起：奈米科技。奈米科學技術是二十世紀九〇年代初提出來的，就是材料的尺度為一至一百個奈米，材料的尺度跟我們現在知道的完全不同，不是液體、固體和氣體，是很特殊的東西。在這個尺度裡材料的性質很不相同，有很多不知道的特性，也不知道它們的相互關係。正因為這樣，必定會導致出現新的理論、新的認識。而新的理論和認識的出現，必定會導致新的技術、新的就業，導致對各個科學技術領域產生新的影響，包括對資訊、材料、生命、醫藥、傳媒產業都會產生巨大影響。從一九九五年到二〇〇〇年，平均每年關於奈米的文獻增加百分之四十。在我國的《中長期科技發展綱要》裡對奈米技術是這樣說的：提升我們國家核心競爭力的戰略選擇，是我國實現跨越式發展領域之一。比如記憶體，如果用奈米技術做分子記憶體的話，分子記憶體要等於一百萬張高密度的光碟，做原子記憶體更不得了，人類有史以來所有的知識存進去都還存不滿。在衣食住行方面，衣，奈米做的衣服不會髒，夏天可以吸汗，冬天不吸汗，用溫度控制。士兵戴的頭盔奈米做的，槍彈打不進去。食物可以做藥品，將

奈米技術用到農作物裡面去，不會長蟲。用高科技發展我們的衣食住行。住，用奈米材料做的房子十二級地震也震不垮。行，用奈米材料做汽車，非常輕、跑得非常快。還有可以把DNA去氧核糖核酸做成電子元件，可以用蛋白質做成半導體。所以奈米技術被國家認為是提升我們國家核心競爭力的戰略選擇，是我國實現跨越式發展領域之一。所以我們要重點發展這方面。比如第三項奈米加工和集成，第七項分子機器的設計組裝與調控。奈米尺度的表徵和度量，所以作用很大。必定會導致新理論新概念，會導致新技術、產業新的革命。

兩個焦點：資源、環境安全，環境友好。在我們《規劃綱要》裡面講了，環境是經濟發展與人民生活品質提高的重大問題。現在國家、世界上環境污染問題很嚴重，比如：氣候變暖、臭氧層破壞、生物多樣性減少、酸雨蔓延、森林銳減、土地荒漠化、大氣污染、水污染、海洋污染、固體廢物污染和土地污染，一系列的問題需要人們解決。譬如固體廢物污染和土地污染，我在科學院裡有一段時間擔任委員，討論過土壤污染問題，因為這個問題非常嚴重。化學是定時炸彈。因為現在大量使用化學肥料。歐洲經過兩三百年工業化，破壞將近二千萬公頃的土地。雖然現在看歐洲天是藍的，山是綠的，水是清的，但是土壤問題沒有完全解決。這個問題並不是短期可以解決的，歐洲將近二千萬公頃，我國已經超過二千萬公頃了。但是我們國家反映不是很強烈，老百姓承受能力很強，反面講是地方保護主義，治標不治本，講假話。長期這樣下去，土壤污染是沒有辦法解決的事情。還有固體污染，現在有些人把那些廢物往地裡埋，眼不見為淨，這是不行的。因為地表水通過污染會滲透到地下水，固體污染不除的話將來地下水也污染，地下水污染不得了。所以環境保護問題是相當重要的。

資源安全問題，包括礦產資源、水資源，還有能源。《中長期科技發展綱要》裡面有一句話：在國民經濟中具有特別重要的戰略地位。聯合國有一個統計數字就是從一九七〇年到一九九五年二十五年中，科學技術取得重大進步，但是資源受到巨大損失。森林面積減少百分之十，海洋生態系統損失百分之三十，淡水生態系統損失百分之五十。而且我們國家的能源消耗是世界第二位的，但是能源利用率低。舉個例子，這是一九九八年，我們國家能源使用情況和世界能源使用情況，我們國家氣很少、油很少，而煤很多。這個可以理解，但是不能不注意到要發展氣、發展核能，特別我們想想看能源的各種來源，最終解決肯定是核聚變。因為核聚變取之不盡用之不竭。如果經過核聚變，一升海水的能量等於三百升汽油的能量。比如天然氣的水化物，全世界水化物的能量是全世界煤和石油的能量的二倍。前年我們調查了我們國家的水化物也十分豐富，所以除了煤和石油，我們應該從多方面來解決能源問題。

　　三個關注：地球科技、海洋科技、空間科技。第一，地球科技，就是我們要關注地球上的海洋、空間，看到海洋科技、空間科技這兩個焦點問題所在，尋求出路。第二，海洋科技，海洋是我們地球上最寶貴的東西，資源非常豐富而且具有戰略意義，因此如何利用海洋如何保護海洋是非常重要的事情。第三，空間科技，我們一定要深入到空間去，美國宣布二〇二〇年要登陸火星，要進行深空探索。美國以及西歐國家對許多行星都有探索，因此一系列的空間問題都要解決。所以地球、海洋、空間是三個必須解決的問題。

　　四個基礎：資訊、材料、製造技術、生命科學技術。

　　第一，資訊，是基礎又是前沿。資訊不僅僅是關鍵，是前沿，而且方興未艾。現在資訊是做微電子，我們國家在基礎研究裡面用的量

子，量子調控研究很重要，有一句話：量子調控技術已初露端倪，成為發達國家激烈競爭的焦點，可能在二三十年以後產生難以估量的影響。比如量子電腦，現在普通電腦是兩位元的0和1，量子電腦是三位元0、1、0和1，幾百位元的數位做因數分解，用現在的電腦來做的話，要做十幾萬萬年，用量子電腦的話幾分鐘就做出來了。資訊學科是個帶頭學科，而且猛烈發展。現在不光是物質文明、精神文明，還是科學技術進步和國家安全技術，以及其他科學技術都有賴於資訊技術。

第二，材料。材料學科就是物質學科，材料學科是社會發展的物質基礎。一切科學技術的發展必須先有材料，所以材料學科既古老又前沿，沒有材料就沒有一切。前面講的那本書，選一百位人物，中國選了八位都是正面人物，第七位是蔡倫。紙是中國發明的，正因為在西元二世紀到西元十四世紀只有中國有紙，所以中國是最強大的帝國，雖然這話不一定對，但是不管怎樣都證明了紙的重要性。胡錦濤同志在中國科技大講得很好：中華文化蘊含著豐富的創新內涵，強調推陳出新、革故鼎新，強調天行健君子以自強不息，因為大量的素材在那裡。所以材料問題是重要的問題。比如固態煙，就是氣態的二氧化矽，一粒子裡面只有三克，這個裡面百分之九十九點八都是空氣，百分之零點二才是固體。美國在「火星探路者」、俄羅斯在「和平號」空間站都用過了，它可以承受1400 ℃高溫，堅固耐用。再舉個例子生物鋼，蜘蛛絲和尼龍比較。尼龍比不上蜘蛛絲，尼龍是用高溫高壓有毒的氣體製作出來的，蜘蛛絲是用水、蛋白質在常溫條件下做出來的，比尼龍好。後來美國、加拿大研究出來了，把蜘蛛絲裡的基因取出來，注入到山羊身上，把山羊奶擠出來，再把蜘蛛絲的蛋白質提出來煉成絲，做成生物鋼。生物鋼有多強大呢？美國F-16戰鬥機飛行中，用生物鋼製作的罩子把它罩住，它是跑不掉的。所以材料是一切

科學技術發展的先導，既是基礎又是前沿。

　　第三，製造技術。材料、能源、資訊是物質文明三大支柱，第四大文明支柱是製造。沒有製造就沒有人類今天。恩格斯講了一句話：勞動跟直立創造人，而勞動是從用石頭製造第一把刀開始的。人類會製造石頭刀，人類才成為人。所以第一製造是創造物質財富的最基本手段。工業裡面百分之八十都是製造業。第二製造是建設小康社會的第一產業支柱，是它的核心。第三製造業裡面有一項是裝備製造。馬克思在《資本論》裡面有一句非常重要的話：大工業必須把握自己的特有心臟，機器本身必須用機器生產機器。用機器生產機器就是裝備製造業。中國國民生產裡面把裝備製造業看得極為重要。裝備製造業是製造業的核心。一切高科技的成果都是製造業出來的，飛機、導彈、衛星、電腦都是製造出來的。沒有製造也就沒有先進技術。最後一點，跟國防科技關係太密切了。二十世紀八〇年代初期美國突然發現蘇聯的核潛艇技術進步很快，一下跟美國的技術縮短了十年。原來蘇聯的核潛艇下水以後，美國可以檢測到，現在檢測不到了。後來發現是日本東芝公司賣了四臺數控銑床給蘇聯。這種數控銑床可以加工直徑9米長的螺旋槳，所以誤差大大降低，一下縮短了技術發展時間。所以製造跟國防密切相關。先進製造技術就是製造技術加上資訊技術，加上管理科學，加上其他科學技術，正在朝著這四個方向發展。最重要的是三點：從產品本身講要精確，從製造過程講要綠色不能污染，從製造方法上講數位化是核心。

　　第四，生命科學技術，是未來的科技龍頭。因為，一是人類要生活得健康、長壽幸福，二是對其他學科的支持。比如我前面講的生物鋼。比如在動物裡面人們發現了分子馬達，能夠在血液裡面做馬達，能夠把化學能做潛能，直徑四十奈米。再比如電腦，美國宣布他們很

可能在二〇二〇年做出生物電腦，運算量等於電腦問世以來全部的總和，存儲量達到一萬億億位，消耗能量是現在電腦的十分之一億。因此生命學科是我們未來的帶頭學科。

現在我們來看國內的十大科技進展。第一，神六。第二，青藏鐵路全線通車，是全世界海拔最高、路線最長的鐵路。第三，64位元的高性能晶片問世。第四，南極科考隊登上南極冰蓋最高點。第五，收集植物種類最多的《中國植物志》出版。第六，單分子自旋態控制首次成功實現。第七，珠穆朗瑪峰測量新的高度為八八四四點四三米，比上一次測量的降了三點一米。第八，地下鑽探五一五八點三米，是國際聯合二十個項目中鑽探的最深的地方。第九，在血管中通行的「藥分子運輸車」研製成功。第十，最高解析度的「中國數字人男一號」誕生。

看看世界十大科技進展。第一，去年年初「惠更斯」號探測器成功登陸土星衛星六，發現上面跟地球四億年前的情況差不多。第二，「深度撞擊」計畫成功。第三，取代電晶體的新元件的發明，這個發明可能使現在電腦的運算速度提高數千倍。第四，首次拍得太陽系外行星的照片。第五，人類基因組的差異圖公布。第六，光束凍住一秒鐘。第七，高效率燃料開發成功。第八，製造出超大容量奈米級資訊存儲材料。第九，制出「夸克膠子等離子體」。第十，尋獲單分子行動的控制方法。

最後，我要講一下當今科技發展的特點，有七個方面：第一，發展速度快，更新速度越來越快；第二，轉化速度越來越快；第三，突破難度大，系列突破多；第四，學科分化大，學科交叉更多；第五，整體性強、系統性強、複雜性強；第六，基礎學科、人文學科作用大；第七，科學技術的正面、負面作用都越來越大，因此不可能不慎

重對待。

最後有幾點思考。這裡我引用了王安石的一句詩：不畏浮雲遮望眼。因此我們一定要思考我們怎麼不被當前的形勢所迷惑，能夠把準方向不斷前進。這裡我提了五個方面：第一個方面要團結拼搏創造機遇；第二要求真務實，突破關鍵；第三要高瞻遠矚，持續發展；第四要固本溯源，加強基礎；第五，弘揚人文，以人為本。胡錦濤在《綱要》裡講了：自主創新、重點跨越、支撐發展、引領未來。這十六個字是我們五十幾年來經驗的總結。

第一，團結拼搏、創造機遇。我這裡舉幾個數字。全球經濟產量，一八〇〇年中國占33%，當時美國只有0.8%。到一九九八年時，美國占28%，中國只有3.4%。第二個數字，人均的GNP，一七五〇年的時候，發展較快的國家和落後國的比例是0.97，到了一九〇〇年變成2.57，一九九〇年變成8.12，錯失了三個機會。第一次是工業化，閉關鎖國。第二次是電氣化，帝國主義封鎖我們。第三次資訊化，中國正在進行無產階級「文化大革命」。現在正在網路化我們不能錯過。我們要原始創新、集成創新、引進消化吸收再創新。

第二，要求真務實、突破關鍵。科學發展觀的根本發展戰略就是求真務實，求真務實的關鍵在於觀念。經濟在於創新，要有經濟實力必須有技術儲備，有技術儲備要有科學基礎，要有科學基礎教育一定要搞好，教育要搞好在於機制，機制要搞好關鍵在於改變觀念。所以中國二十世紀的科學問題不是技術解決的，是觀念解決的。

第三，要高瞻遠矚持續發展，人無遠慮必有近憂。現在很多問題是很嚴重的：環境污染、生態失衡、資源枯竭、人口劇增、貧富差別加劇、社會不安寧，等等。聯合國有以下資料：最富的人口不到五分之一消耗了86%的產品，消耗了能源58%、魚肉45%、車輛87%、電

話74%；人口占五分之一的窮人只消耗了能源4%、魚肉5%、車輛少於1%、電話1.5%；還有煙草，二十年間，對煙草的消費工業國家降了10%，發展中國家增加了64%，中國翻了兩番。

第四，固本浚源，加強基礎。江澤民同志講：基礎研究是科學之本，技術之源。人類社會進步是雙輪驅動的：一是人類對未知社會的探索，還有一個是社會的需要。中國拿不到諾貝爾獎金就是急功近利，缺乏長遠目標。

最後，弘揚人文，以人為本。在北京大學百年校慶的時候，李嵐清告誡學生：不要只精於科技，而荒於人文。所以我就把他的話延伸一下：不要只精於科學，荒於人學；不要只精於電腦，荒於人腦；不要只精於網情，荒於人情；不要只精於商品，荒於人品；不要精於權力，荒於道力。一個國家和民族如果沒有先進科學，就會落後一打就垮。如果一個國家沒有自己的文化的話，就會空虛不打自垮，當了奴隸還高興。所以我們的《綱要》中提出：制度創新、重點跨越、支撐發展、引領未來。特別是制度創新。

現在我國工業技術裡面有一個指標，叫做技術依存度，就是國家對於重要技術有多少需要依靠進口。工業發達國家平均是10%，一百件裡面10件進口。美國1.6%，日本6.6%，韓國24%，我們國家遠遠超過50%。我們國家在《規劃綱要》裡提出要降到30%。我這一代是不行了，希望都寄託在你們這一代身上了，我相信你們一定可以完成這個任務，不管條件多麼艱苦，任他東西南北風，你們一定會做到的。謝謝大家！

二〇〇六年在華中科技大學的演講
田小桐根據錄音整理

科學研究應當崇尚的五點精神——兼談對青年科技工作者的期望

鍾南山　中國工程院院士、中山大學教授

　　主辦方今天給了我演講的題目——崇尚科學精神。我就講講從大學至今的幾十年裡，自己對於某些問題的一些想法以及我覺得年輕人應該怎麼做。

　　我想對於一個崇尚科技精神的人來說，年輕的科技工作者、科學家，首要的就是要對自己的國家要有一個概念。

　　我很幸運。一九七八年，鄧小平同志號召大家出國學習，學了以後回國建設國家。我們很幸運參加了考試。記得我那時在廣州當醫生，因為那時候中國跟那個蘇聯的關係特別好，所以剛入大學的時候的外語還是俄語。這次考試，我得了五十二點五分，而教育部公布四十五分算及格，我就很有幸選上了去英國留學。

　　那個時候經濟確實比較困難，能夠出去留學就很幸運了。我那個時候從廣州坐火車到北京，完了以後十六個人一塊兒就從北京坐火車到內蒙古，路過烏蘭巴托經西伯利亞、貝加爾湖，到莫斯科，再往西邊走到波蘭，到了這個東德到西德以後再到荷蘭，過了英吉利海峽才到倫敦，一共走了九天，因為沒有錢坐飛機。

　　在外的那段時間，對我來說印象比較深的就是外國不了解中國。

　　出去的時候，國家教育部給我們的規定是兩年的學期。但是去之前我接到了導師弗蘭克的一封信，說我們中國的醫生資格是不被承認

的（到現在仍然是這樣），他認為我在那裡兩年的時間太長，八個月就夠了，免得浪費彼此的時間。當時我看了這封信很有感觸，因為他們對我們確實不是很了解。

我記得有一次去參觀他的一個器官技室做顯微支氣管鏡，弗蘭克教授問我認識不認識這個東西，然後他就給我看那個圖像怎麼樣操作，還很得意地跟我說，他已經做了四百多例了，而我當時已經做了一千五百多例了。

再回到我剛才講的，我覺得咱們國家有著悠久光輝的文明史，只是近二百多年來我們落後了。但是我們還可以強大起來。就以我這一行來說，現在很多支氣管舒張的治療哮喘的藥最早來自我們的老祖宗張仲景，一千多年前的東漢時期，對哮喘的描述是「咳而上氣，喉中水雞聲，射干麻黃湯主之」，當時就提到了麻黃。事實上現在國際上最先進的支氣管舒張劑都是來自麻黃。而一千多年前我們就知道了用麻黃來治療哮喘。二十世紀初，就由中國和日本提出「麻黃素」，現在很多藥就是在麻黃素的基礎上搞起來的。

二百多年是落後，可我不會甘於落後。我記得當時我想做一個實驗課題，關於一氧化碳吸入後對人的血氧氣運輸的影響。可須要用的是實驗室唯一一臺叫血氧張力平衡儀的儀器，還壞了，技術員說不能用了，只能等。我想這八個月很快就過去，等不及，那能不能試試自己來修。

修理這個儀器我主要是把這個電極校正。當時這個平衡儀每做一次樣品需要二十至三十毫升的血，所以我當時就找重度吸煙者、貧血病人、留學生、同學，甚至飯店的老闆求點血來做。但是還是不夠，最好的辦法就是從我自己身上取。我記得當時在三個星期的時間內，

我從自己身上抽了大概八百毫升的血，用這個來做就比較準了，後來我就用這個曲線來做基本的研究了。我的導師弗蘭克教授在一九七五年寫過一篇文章講這個曲線怎麼受一氧化碳的影響，但是這個曲線他是用數學推導的方式做出來的，我就用試驗來證實它，他們的實驗室當時就有一種吸入一氧化碳的裝置，那個時候就覺得自己年輕什麼都不怕，實際上當時也不年輕了，都四十三歲了。我就叫護士扎一條靜脈管在我血管上，我就用一個面罩吸一氧化碳，一般講極限是百分之十五的一氧化碳結合到血紅蛋白。到了百分之十五的濃度時，護士就問我「Are you OK？」我就說你繼續做，我估計那個曲線要做到平段以後才有意義。到百分之十八，為了保險起見，我就說不要停。結果最後到百分之二十二，我說行了，行了。那天白天還沒覺得怎麼樣，晚上就受不了了。我有兩個晚上又吐又起不來。這相當於一個人一個鐘頭內抽了六十多支煙的濃度，但是我很高興把這個曲線做出來了。

我記得我是一月分去愛丁堡的，到四月分已經做出了第一手材料，前後經過三個月。弗蘭克教授來實驗室，我將實驗結果給他，他看了以後非常高興，一把抱住我說太好了。從那以後我覺得他跟我的關係有很大的改變，因為他是學者，你行他就會很尊重你。做到一年半我就離開了他們，我覺得夠了，到倫敦再去學。弗蘭克教授給大使館寫了一封信，後來大使館轉寄給了我。他在信裡說：「我跟世界上很多學者共事，但沒有一個像鍾那樣勤奮。」這封信我看了很久，有很大感觸，當初他沒看得上我，到後來這樣。我就把這封信寄給了我父親，因為我父親很嚴肅，他從來不稱讚我，他看了這封信以後，給我寫了封信，他說你還有點本事。我看了他的信後，心裡很開心，我哭了，因為這是父親第一次稱讚我。

我覺得我當時的動力就是得替自己的國家爭點光。那個時候我們國家很窮，總不能因為她窮就不要了，總得想辦法讓她強大起來。在二〇〇三年四月底，當時廣州的SARS開始在武漢等其他地方蔓延，那時我接到美國胸科協會的主席給我來的信，他想邀請我去美國做一個講座，當時已經時間不夠了，但我還是想去，我想跟他們講一講中國是怎麼做的，不想讓他們歪曲我們國家。

　　我記得當時是二〇〇三年五月八日。我到了西雅圖大廳，在門口看到了《新聞世界報導》上面寫SARS病毒是中國毀滅世界的武器。當時我講的是中國怎麼治療SARS，我們怎麼隔離，怎麼對付，並回答了一些腦胸科的專家問我的問題。當時他們聽了我的講座之後說：「我們聽了鍾的講座後，覺得中國有很多是值得我們學習，值得推廣的。」所以後來接受了不少記者的採訪，當時我覺得這個確實很有必要，雖然很累，但是很開心，他們認為中國做得很好，感覺到中國的進步。

　　第一個看法可能有點奇怪，科學家要崇尚科學。

　　現在的研究並非都是崇尚科學的，只有以科學的態度對待，你才能夠真正地做出一些東西來。

　　有一個事情給了我一個教訓，牛津大學有一個很出名的麻醉學教授，他做了人工同氣的時候兩個肺內的分流情況的圖，他說隨著氧的濃度不斷升高，肺內的分流不斷增加。當時麻醉科的主任布朗問我是不是做過這方面的實驗，我做了一下，但怎麼也不能重複，覺得這個結論有點問題。布朗說，他是我們英國的權威，你肯定做錯了。我覺得沒錯，因為在做我的實驗時我發現有這麼一個現象，氧的電極和氧的分壓一般人認為是完全的線性關係，但我的實驗發現並不是線性關

係，到了四十、五十以後有一個角度。隨著氧的濃度增加，到一定的壓力時候，它的度數跟這個不一樣，所以需要做一個校正，於是結果就和他有所不同。我記得當時在劍橋大學禮堂開了一個全英麻醉學聯會，那天我第一個發言。一開始我就打開那個圖，我說隨著氧的分壓提高應是向上的，而電極校正以後，結果就不是這樣的，我的結果是平的或是下降的。當時我講完以後會場大概有十三個問題，我答了十二個，有一個沒想到。最後一個是麻醉學會的會長問的，他說我們也做過類似的實驗，結果很相似。完了以後學會認為這篇論文有發表的價值。後來這篇文章就發表在《British Joural of Anesthesiology》雜誌上第一版第一頁，共十三頁。如果當時我盲目地跟他，我估計也做不出來。相信事實，我覺得這很重要。

在武漢感染SARS的人不是很多，但在廣州很多。當時我們就有一個爭論，我們發現最早發病的人要麼就是廚師，要麼就是搞野生動物的，等等，於是做了很多動物的分析。結果發現食肉目貓科，特別是果子狸，很多都能分離出SARS冠狀病毒。這個與人的SARS冠狀病毒是高度同源的，百分之九十九的同源。當時就提出來要注意野生動物市場的傳播媒介。這個提出來以後，廣州有很多以前喜歡吃野生動物的人之後就不大吃了。後來在北京有些大學重複做這個實驗，結果發現北方的果子狸分離不出SARS病毒。後來香港學者把這篇文章寄到美國的SCIENCE去，但是他們認為這個實驗結果不一定對。後來他們要求我們把野生動物和人的SARS冠狀病毒樣品拿到美國去測試。最後結果出來是高度同源。在美國發表的那篇論文是九月分，發表以後就引起了人們的注意。SARS冠狀病毒有可能是由果子狸傳給人的，這個問題告一段落。但到二〇〇五年，美國的一個學者福爾摩

斯，他與美國病毒學家在美國一家很重要的雜誌上稱二〇〇三年六月以來，SARS流行株不再存在，人的流行病中也不再存在，SARS的冠狀病毒也不再存在於野生動物而且不再威脅人類。當時全世界所有的報紙、廣播都報導了。當時徵求我的意見，我說我對這個有很大的保留，有些地方不一定對，他並不是一個流行病學家，也不是一個臨床病學家，根據是什麼呢？你看二〇〇三年底到二〇〇四年初廣州又出了四例SARS病毒。第一例是個攝影師，第二例是個女服務員，在野生動物酒家，這兩個人都得了SARS，而且他們都跟果子狸有很密切的接觸。這兩例是在他講話之後，而且分離出來的也是高度同源，這是第一個證據。第二個證據，我們在全國合作的一個果子狸研究項目中，將全國一〇三個果子狸的血漿取出來做分析，同時把它送到澳大利亞動物衛生實驗室檢測。結果發現在江西、湖南、湖北、河南、河北五個省果子狸養殖場果子狸的陽性反應是零，而廣東汕尾的養殖場果子狸的陽性反應是百分之四十，再到廣州的果子狸的陽性反應是百分之七十八。那就說明果子狸原來是不帶病毒的，但是到廣州就有了，當時北方說沒有，我們這說有，這兩個都對。但作為一個國家的機構不能簡單下一個檔說可以。第三點，果子狸對SARS冠狀病毒有很強的易感性。這個實驗是在長春做的，給水蛇、野鼠、果子狸進行感染，其他都不感染，但十隻只果子狸用SARS病毒感染全都得病了。第四，自從我們禁止果子狸以後，野生動物從業人員的感染率，二〇〇三年是百分之二十五，二〇〇四年百分之十三，二〇〇四年七月以後經過我們嚴格的管理剩下百分之五，這是個很重要的證據。所以當時我們得出一個結論：果子狸是一個最重要的易感源，但可能不是唯一的。

我們覺得作為一個科技工作者必須根據科學來說話，這是我講的第一個看法。

第二個看法我想簡單講講作為科技工作者應該崇尚創新的精神。

大家知道SARS這個病是我們以前從來沒遇到過的，我遇到的第一個病人，是二〇〇二年十二月二十一日。當時從河源轉到我們的重症監護室，醫生對我說他的病情很奇怪，發展非常快，也搞不清楚是什麼。他的X光片，白的是心臟，黑的兩邊是肺，剛剛進來的時候是這樣的，過了兩天就成這個樣子了，兩邊肺變白了，質變了。到了第四天就沒了，肺都沒了，這個病人當時非常緊張。我們說我們一般看到這種情況就完了，沒什麼希望了。當時我們就想死馬當活馬醫，試試看，用一些激素來治。當時我給了一個劑量是一百六十毫克，也試試給他通氣的方法，沒想到第二天這個X光片變成這樣了，我當時跟放射科的人說你搞錯了，肯定是搞錯了，怎麼會變成這樣呢。後來那個主任看了看說沒錯，就是它，我當時就奇怪，怎麼會變成這樣呢？後來就遇到第二例，對它作切管計畫。把肺的氣管組織夾幾個出來化驗，我不相信化驗的結果，這個結果不像肺炎。這個有纖維化，有玻璃樣變，這個很像免疫的損壞。所以我記得我當時提出一個理論，SARS冠狀病毒侵入身體以後首先進行複製，病毒複製以後把身體器官的細胞因數進行釋放，這些細胞因數本來是好東西，但是大量釋放以後就引起免疫損傷，所以我把它叫做免疫損傷炎症。然後才出現免疫低下，才出現繼發感染。當時我們沒有依據，但是根據臨床的觀察，我們大膽地考慮能不能採用一些免疫調節治療，減輕SARS造成的肺組織損傷。這是一個新的課題，我們知道對傳染病不能用激素的。但是這樣一個病人感染了嚴重疾病，能不能用呢？我們對這些病

人很細心很大膽地使用了這些藥，最後發現確實有用。結果我們就總結出一篇文章，在一個外國期刊上準備全文發表。上面幾個辦法使得我們中國大陸，特別是廣州的病死率在全世界是最低的。

我們當時遇到一種從來沒有見過的疾病，在那個時候，如果我們墨守成規死亡率會很高。雖然當時我們這麼做有點風險，但是我覺得我們做對了。為什麼呢，舉個例子，前幾個星期在香港有一個SARS的病人告醫生，給他那麼大激素劑量，造成他的股骨頭壞死。醫院的辯護律師和主任醫師說能不能借我的這篇文章做個證據。證實假如激素使用恰當的話應該可以有效搶救病人的，而且應該看到這些病人要是不搶救的話，根本就活不了，還談什麼股骨頭壞死。這個東西我們覺得大家在任何時候都要有自己的主意，都要有創新，特別是年輕人，不能太拘束，否則應對SARS，我們中國不可能取得這麼大的成績。

第三個問題我想談一談科學家要有崇尚誠實精神。

我還想舉一個例子，可能我們學醫的都知道二〇〇三年新華社在中央電視臺、《人民日報》都登了這麼一個消息，經過某管道，基本上可以確定廣東部分地區的非典型肺炎的病源是衣原體。它還是有點依據的：觀察過幾個屍體解剖發現有衣原體的顆粒。

下面這個是關鍵，衣原體引起的肺炎採用針對性強的抗生素非常有效，但必須是全程足量規範化的。在廣東，我們臨床大夫已經採用非常規範的衣原體治療，一點用都沒有。後來上面派來了四十多個專家到廣東來，我們三十個醫務人員聽他們講怎麼證實是衣原體，而且說我們的治療還不夠規範至少兩周才行。後來我們三十個醫生都不同意，我當時作為一個代表就說我們不同意這位院士的看法，我說我不

知道有沒有什麼衣原體對什麼抗生素都耐藥，我們用過所有抗衣原體的藥但一點用都沒有，我估計你發現的情況是從屍體裡發現的，我估計這個衣原體是兩個病人致死的原因，但不是致病的原因。後來我們發表了這個看法，他們沒有直接對我們講，但是批評了衛生廳，說我們不聽話。後來我們還是照自己的方法治療，因為我知道要是我們這些病人真的按照那種方法治療再多治療兩周的話，在廣東會多死幾百個人。當時我是寸步不讓，當時確實有一種看法就認為已經萬事大吉了，向世界宣布了就是衣原體了，沒什麼了不起。但是這樣的話不得了，繼續在全國蔓延，我們知道光是直接損失就是七百多億美元，所以我們堅持我們的做法，我們就是比世界上宣布的晚了一點，我是在《柳葉刀》雜誌上發表了一篇文章《廣東的疫情也是由冠狀病毒引起》，這是一個看法。我覺得我們對待突發性公共衛生事件必須讓大家懂得實情，因為你們經歷過，當時曾經有一段時間是保密的，但是越是保密越危險，一旦老百姓知道真相，那就不得了。本來說三十個，突然變成三百個，在這種情況下老百姓對政府的信任是最重要的，要是公眾不相信政府那就不得了，所以當時確實是有不同的看法。有一種看法是算了不要講，糊弄一下就過去了，正好是兩會時期；另外一種情況是後來我們中央堅決採取的辦法，大家還記得撤了兩位部長，採取一個行動就是要增加透明度，要尊重事實，要給大家講真實話，這樣社會才能穩定。這樣做以後全國的情況確實有很大的改觀，所以我們當時提對公眾、對政府公共部門、對媒體、對我們科技人員來說誠實永遠是上策。

我們在座的各位同學以後一部分會搞自然科學，一部分搞社會科學，都是科學家。我覺得作為一個科學工作者的底線不能過，你不能

不誠實。另外我對我們某些制度是有看法的。一個博士非要拿到SCI的文章在三年之內才能夠畢業，這種規定我不太贊成，說實在的是逼人造假，哪能那麼快出結果？！所以我覺得我們自己應該要站住腳，這一條是非常關鍵的。

第四個我提出的觀點是科學家要崇尚協作的精神。

大家知道冠狀病毒是加拿大人、美國人和中國香港人一起發現的。但是SARS病毒是在中國發生的、在中國傳染的，結果病原體是外國人發現的。在《science》上有一篇文章，大家看看標題「China miss chance」。實際上軍事醫學科學院的兩位中國教授，在二月二十六日發現這個病毒，比國外發現早一個多月，他們保持沉默。結果《science》在七月等出來這個，你覺得是惋惜好、嘲笑好還是諷刺好，大家去體會。我問他們兩個人，你們二月二十六日就發現了怎麼也不講，如果講了就是我們中國人第一個發現的，那就比外國人早一個多月。他說，哎呀，你不知道，第一個原因是我們發現這個病毒時想重複一下結果，總不能一次兩次就算了吧；重複的時候到人家醫院和單位，人家不給我們說要保密。第二個原因是上面告訴我們說要保密別講。結果晚了，過了一個月國外發表了。這個我們應該考慮，假如我們國內有一個很好的協作，我們不就搞出來了嗎？中國人搞出來多好啊。大家知道，很多的發現只有第一沒有第二，你第二個就不同了，這個事情給我們的教訓極大。所以我們後來還是比較重視大協作的。我們有十五個單位，包括上海的、廣州的、武漢的、北京的共十五個單位把六十四株的冠狀病毒的分子生物學全部搞清楚做成一個系統樹，這個系統樹能夠發現它變異與感染的關係。這篇文章做得非常漂亮，結果也在《science》發表了，這個是我們中國十五個單位好

幾個城市共同協作的成果，也是《science》上非常有名的一篇文章。

這個事情給了我很大的一個教訓，所以我組織了一個很大的協作組來搞一種非常有前途的技術，被《science》認為是二〇〇二年度科技的最大突破，它用一個小分子RNA的核苷酸引入基因後使此基因沉默，於是這個基因就不能夠繁殖。它可以治療很多病毒性的疾病，如愛滋病、肝炎等，是一種極有前途的技術，有關研究結果就於二〇〇五年九月一日在《nature medicine》發表了，這本雜誌說我們的文章有劃時代的意義。第一次在靈長類動物使用小分子RNA來治療病毒類的感染。這個研究依靠協作總共就用了一年多時間，如果單獨靠一個單位的話五六年都不可能。

下面我想談談，對我們的同學和年輕的科技工作者的期望，或者說是我對大家的願望。

第一個期望是要肯幹。

肯幹的意思是什麼？是個動力，你想做出成績首先要有動力，有一個追求的目標，一切為了這個目標服務。在中學的時候，曾經有個語文老師對我說過這樣一句話，人不僅生活在現實中，還生活在理想中，我非常贊同這句話。如果一個人只生活在現實中，對一切的東西都會太在意。如果你有目標有追求的話，就會想辦法要實現，我相信在座的都有過這樣的體會。比如考大學，華中科技大學是第一類的，考上以前什麼都不管，要追求這個目標的話其他都是次要的，人一輩子都是這樣的，當你要追求一個東西時，往往其他的就不會太看重。王國維的《人間詞話》有這麼一段話，我很欣賞，是關於形容「三層境界」的，第一層境界是「昨夜西風凋碧樹，獨上西樓望斷天涯路」，也就是說你在追求一個東西，在研究一個東西，剛剛搞起來的

時候，糊裡糊塗還抓不著眉目的時候，確實是比較茫然，都有這麼一個過程，就像我剛到英國的時候，非常茫然，不知道幹什麼。但是你經過這個階段以後，往往就到了另一個階段，這個階段是什麼呢？當你真正追求一個目標的時候，往往是「衣帶漸寬終不悔，為伊消得人憔悴」，人也瘦了，也睡不著，但你一直為一個目標執著追求。像這樣的人往往是經過多少次的失敗後，到了第三階段「眾裡尋他千百度，驀然回首那人卻在燈火闌珊處」，原來就這麼回事。這個對於我們搞科技工作的人都會有這樣的體會。我也經歷過。因為在SARS流行的時候，我們經歷的中間這個階段是非常的艱苦。當我們看到病人活過來的時候，心情很難形容。特別是女大夫，幾天沒睡眼睛周圍黑黑的，看到病人過了危險期都高興得不得了，吃幾片麵包就行了。所以追求是一個最首先的東西，要肯幹。

第二個期望是什麼呢？你肯幹還不行，要能幹。

能幹是什麼東西？是能力。能力最基本的體現是基本功。什麼是最重要的基本功？我不知道在座的各位答案是什麼？我的看法，語文是最重要的基本功。我幾十年的體會，語文不是上中學單純的語文課。你這一輩子語文水準不斷提高，就是你的成功過程。試想一下，一個人看文章看了半天不知其所以然，抓不住重點，講話也是無頭緒的感受。比如查房時，住院醫生給我報告病例，有的講了十多分鐘我不知道他講的什麼，有的三言兩語就講得很清楚。這是個培養思維的過程，我覺得我這輩子最重要的就是在這裡。一個人不管學哪個科，你要學會思維，這是最基本的基本功。這不僅在你學語文的時候，看報紙、做學術報告或是做研究，你能夠層次很分明，條理很清楚地表達出你的意思那就行。大家仔細想想，凡是有這樣能力的都能走得很

高。大家在平常上課、聽講的時候都能從中學到這些，抓住問題的核心，解決問題，這個是最重要的能力，或者換句話說你的邏輯思維能力、分析問題的能力強，這是最重要的。不管你搞哪行，當然像本專業的知識、外語、電腦都是基本功，但我自己的感覺，語文是最重要的。

第三個期望是你要善幹。

善幹的意思是一個人要有凝聚力，學科發現到今天，我們的學科很少是單幹的，都是靠整體來進行。一個人能不能成功，關鍵往往在於他有沒有這個能力，能不能調動大家的積極性。一個班級裡，大家因為你的存在覺得有價值，你就能體現你的價值，一個集體也是這樣的。這就是所謂的情商，能調動大家能力的。這方面我比較有體會。大家知道，一個人有凝聚力的時候，首先他要有一個好的人緣。好的人緣從哪兒來？大家要記住的是，人和動物不一樣。人是天生須要被人尊重的，怎麼能尊重人，最重要的是發現周圍人和你的團隊裡人的優點和長處。你跟一個人相處，哪怕他成績再差，但他有一個長處，如果你尊重他這個長處，他會覺得你很知心。

第四個期望是恆幹。

恆幹是什麼意思呢？就是要有體力。體力是什麼意思？我的看法，這個跟吃飯一樣重要。我到今年底就七十歲了，但我還沒有太多的感覺，為什麼呢？因為我很喜歡運動，最輝煌的是一九五九年我們國家第一次全運會上我打破了田徑四百米的記錄。鍛鍊對我的幫助很大，作為科技工作者沒有好的身體是不行的。我們那個時候提出為祖國工作五十年。我是一九六〇年畢業的，現在快五十年了，二〇一〇年五十年，爭取服務五十年。這一條我希望大家能記住，因為你們現

在年輕，不會感覺自己的身體不好。當你年紀大一點時，你就會感覺身體是多麼重要了。我希望大家現在就開始注意，這也是為什麼這幾年我比較堅持運動的原因。在SARS期間，還跟我們的研究生比賽籃球。身體鍛鍊對我的幫助很大，所以我希望在座的同學們，你再忙也要留點時間鍛鍊，什麼鍛鍊方式都沒關係，保持一個較充沛的精力。大家知道身體除了水分以外，肌肉占了百分之八十，人不動怎麼行。當然還有一種理論認為不動活得長壽，就像烏龜可以活一百多年，但這樣有什麼用呢。

最後一個期望是我們年輕的同學要敢幹。

敢幹的意思就是要有抗挫力。什麼叫抗挫力？遇到挫折的時候你能不能過關，能不能熬過來。很多人很肯幹，很能幹，就是過不了這關，不能受挫折。在座的有些同學可能實驗做不出來，或是遇到不開心的事非常低沉。我覺得抗挫力是需要我們培養的，因為我已經七十歲了，孔子說人生七十古來稀。我的經歷很多，也有很多好處。我當過鍋爐工人，當過農民，當過「資產階級反動派」，慢慢地就培養出來現在的「刀槍不入」。只要我想幹的我都不在乎，就像SARS期間一樣。我覺得我做得對就幹，成功之路就是不斷抗挫折之路。我自己就有這個體會，不會輕易就說我不行。同學們要知道畢業之後做的不一定就是你喜歡的，你要在你做的那一行裡生根發芽，這是很重要的，沒有多少人可以在畢業以後正好找到最喜歡的工作，你會在這個工作裡找到方向和樂趣，找到努力的途徑。所以這條我覺得很重要，有很多同志很能幹，就是這條過不去。有一個很明確的方向以後，要具備三條，智商能力、情商凝聚力、體商體力，還有一個就是抗挫折，只有這樣的人才能成功。我想在座的很多同學都是佼佼者，要善於看到

自己的長處，克服自己的短處。要我最後給大家獻上一句話的話呢，我覺得這句話很有用，希望大家都思考一下：天生我材必有用！謝謝大家！

問：二〇〇三年您說過這樣一句話，您說做好自己的本職工作是最大的政治。一直以來您都避免自己捲入政治角色之中，但是由於您的公眾影響力，然後您的一言一行都影響了政治，並且最後還改變了政治。我想問的是，您想避免捲入政治角色中，但是政治卻環繞著您，您是怎樣解決這個矛盾的同時又是怎麼利用這個矛盾的呢？

答：這個問題很好。我的回答還是做好本職工作就是最大的政治。為什麼呢？包括這次兩會期間，我經常遇到的問題，醫生給我報藥，我聽不懂，過兩三個星期我又聽不懂。我說你能不能把這個藥的學名說一下，他說是什麼什麼，我說原來就是這個啊。現在太多了，紅黴素有五十幾種藥。廠家為了賺錢換一種名字，然後就把價錢提高，有時候換名字把價錢降低，可以招標。像最近大家看的這個齊齊哈爾的，死了幾個人。現在任何東西都脫離不了政治，不是講三個代表嗎，首先就是要代表先進的生產力，所以在工作中就體現了政治，剛才提的問題還是回到我原來的話，因為這些就是我的本職。

問：鍾院士您好，剛有個調查，在百分之八十九的人心中您是英雄，您認為英雄的標準是什麼？您覺得您是英雄嗎？第二個問題是，我們所看到的報導，說您無論在科研上還是人品上都是一個非常好的人，今天我們接觸也有這樣的感覺，我想問的是你認為你身上是否有缺點？你一生中是否有遺憾？

答：這是對我進行審問。我的脾氣很大，正因為如此所以SARS

以後有段時間心臟不好，有時候對同志不熱心。我足足有八九年按你們的想法是浪費掉了。一九六五年「文化大革命」到一九七二年我回來，真正工作的時候我已經三十六歲了。我最記得我父親，我回來時他不大說話，有一次回家吃飯他突然問起我，說「南山，你今年多大了？」我說三十六歲了，他說三十六歲了真可怕。那時候給我的刺激很大，我三十六歲了還什麼都不行。但到現在我並不覺得遺憾，這七十年我不覺得遺憾。我覺得很多反面的東西，像燒鍋爐，那時候很苦，但後來我想，如果不是有那一段磨練，我後來也不會抓緊每一天學習，把丟掉的時間爭回來。所以我覺得我的遺憾並不多，哪怕有些不愉快的事情，但它能使我學會怎麼做人。

問：我們都知道您有很多坎坷的經歷，我想問一下您是怎麼挺過來的，而且我們現在大學生的心理問題成為社會的熱點問題。那麼您對現在大學生的薄弱心理有什麼看法呢？

答：我想薄弱的心理有兩個，第一個你們絕大多數是獨生子女，第二個一般你們都比較順利，在中學小學功課都比較好。總的來說生活是比較順利。主要是遇到不順時是如何看待，找心理大夫也是一方面，但最重要的是自己如何看待。當你遇到一個問題時，要想想你的長處，特別是悲觀的時候，想想我最後的一句話，因為我始終記得這句話。當時回到廣州不被看好，讓我當行政幹部，連醫生都不讓我做，當時我就想我基本功比較好很快就能轉到這方面去。當你有相對長處的時候就會有信心，在英國時也是這樣的。你說我不行，我有這個基礎，就覺得自己行，所以要建立自己的信心。

二〇〇六年在華中科技大學的演講
華中科技大學研究生工作部供稿

研究倫理：科學誠信與不端行為

邱仁宗　中國社會科學院哲學研究所研究員

　　很高興每年都有一次機會來跟大家交流，這一次我們要討論的是關於研究倫理方面的問題，可能更多地談一些問題。當然我們的研究有很多的好的科學家和好的表率，我們著重談一些問題。

　　開頭我想談一些，特別是理工院校關於人文方面建設的問題和重要性。你們以前的校長楊叔子院士談了幾個問題。理工院校或多或少會有基於科學荒於倫理學，基於電腦荒於人腦，基於權威荒於道理，基於商品荒於人品。就拿醫生來說，我們年輕的醫生也是比較看重於機器，你們去看病，他就著重於你的檢查結果，但是他自己怎麼運用他的臨床思維是比較欠缺的。這種臨床訓練可能也比較薄弱，作為醫生本人來說，他不重視這方面的訓練和提高。我們的國家開展過這種辯論和爭論，一方面批評所謂的科學主義，一方面就是人文主義。這個辯論多多少少帶有一些理論性，雙方都沒有考慮到現在一些新的發展。就是我今天要談的，研究倫理學的發展、生命的發展。它已經把科學精神和人文精神很好地結合起來了。但是在北京，我們這種理論家，這種兩方面各執一方的討論，討論到現在還沒有取得一致的意見。但是這個本身就說明一個問題，就是說科學技術本身推不出人文的要求。如果我們不進行人文教育方面的訓練，如果你單單精於科學技術，你就並不知道人文的要求。同樣的，人文主義本身也推不出科

學技術的要求。在中國，人文主義的傳統是很悠久的，有人就把孔子、孟子作為我國最早的人文主義者，可他們推不出科學主義的要求。從儒家的傳統來看，偏重於道德的修養，但是對科學技術方面不是很重視。所以說，如果一個科學工作者對人文主義沒有意識，他可能導致一種對人的權利和物力的侵犯。有這個可能。而如果你堅持科學能解決一切問題，也就是所謂的科學主義的話，那麼對人的權利和物力的侵犯就可能變為現實。那麼人文主義具體是什麼？科學家、科研機構、科技院校怎麼落實人文主義？看過很多報導，科學家們宣導去聽音樂，聽貝多芬交響樂，人文主義是不是就是這樣？當然聽比不聽好，音樂可以陶冶人的性情。但是大家不要忘記，當德國納粹用先進技術建造焚屍爐來焚燒猶太人時，放的就是貝多芬的第九交響樂。這個故事非常有諷刺意義。當時有三百多個科學家、醫生參加納粹集中營進行研究，有二千多個德國科學家、醫生聽過有關這個事件的學術報告，但是，沒有一個科學家和醫生提出過疑問。包括日本人，大家知道日本731部隊在中國進行了比納粹更殘酷的實驗，可是它到了日本做學術報告的時候，也沒有人提出疑問，為什麼？

首先，我們要了解人文精神的一個根本就是以人為本。應該說理解為對人的生命的一種關懷，對人的尊嚴和權利的尊重。每個人的生命都是同等的，不管他的年齡、性別、種族，性取向，同性戀還是異性戀，健康狀況，是病人還是健康人，家庭階級出身、經濟狀況，社會職務的高低。不管怎麼樣，既是個人，是人民群眾及其意願，沒有人就沒有這種階級，我們歸根結底是人的問題。我們的立法機構應該去立法禁止侵犯人的權力和利益，一旦侵犯就要賠償和補償，但是我們的立法者缺乏這種意識。相反我們到處可以看到我們的公權機構恰

恰利用公權之便來侵犯個人的權力和利益。立法機構應該很大一部分承擔這個任務。這個就是在封建社會強調的以社稷為重的觀點。到後來我們也一直強調集體、群眾。又如國外的啟蒙運動，都是強調這樣一個問題。

研究人的興起，它本身就是生命哲學的一部分。這些生命科學的出現體現了人文精神和科學精神的融合。我引用楊叔子院士的話：科學為人文奠基，人文為科學導航。人文這方面也需要科學作為基礎，這是很重要的。不管是人文學者還是科學家，科學的基礎是要有的，不能胡說八道。但是科學技術不管怎麼樣都要有人文的基礎，不然就會陷入為科學而科學的境地。但是科學最終的目的還是為人謀福利，保護人的利益。這是開場白。

下面我講一個案例。黃禹錫被稱為韓國第一個最佳的科學家，生於一九五三年，五歲喪父，母親為了養活六個孩子養牛。他幫母親放牛，就立下了做獸醫的志向。埋頭苦讀，後來考上首爾大學的獸醫系，二十九歲取得博士學位，後來成為韓國教授。二〇〇四年他發表一篇論文，宣布世界首個成功用卵子培養成功人類胚胎幹細胞，成為韓國的克隆之父。二〇〇五年，他又發表一篇文章，首次用病人的皮膚細胞培育出了和病人細胞基因組相符的胚胎幹細胞。這樣他就一下子成為這個領域的權威人士，成為韓國的民族英雄，成為振興韓國的科學巨匠。韓國第一個獲得諾貝爾獎的希望就落到了黃禹錫的身上。但是這個國家英雄很麻煩，二〇〇四年的文章發表以後，韓國的倫理學會就質詢他卵子的來源，因為克隆必須要用婦女的卵子，你的卵子從哪裡來？你的研究方案是否得到倫理委員會的審查批准？他拒絕回答。正如媒體報導說，他實驗用的卵子一部分是來自於實驗室他的學

生與研究人員，因此向她們提供足夠的金錢，韓國文化廣播電視臺說黃禹錫的研究成果有造假但是韓國科技部認為，研究成果是沒有問題的。但是到了二〇〇五年十二月，他自己承認了作假。他承認在《科學》雜誌上發表的論文中關於幹細胞的內容大部分不存在，並要求《科學》雜誌撤銷他的論文。當年十二月重新檢查黃禹錫胚胎幹細胞的研究成果的委員會宣布，黃禹錫編造科研資料，是毀損科研的嚴重行為。韓國政府長久支持黃禹錫，給了他巨額的資金支持。黃禹錫事件可以說是韓國科研界最大的醜聞之一。一方面我們可以說，所謂的夢想我們必須有堅實的基礎。黃禹錫從一個貧窮的農村孩子成長為科學家不容易。但是你真想攀登科學的高峰，必須有堅實的基礎。黃禹錫的不端行為是兩個方面：一方面是作假；一方面是違反了人的一些倫理規範。我們看看中國對此事做出了怎樣的評論。《20世紀經濟》報導：黃的神話與韓國的強烈民族主義相關，當黃在光輝頂峰的時候，韓國的民族主義戰勝了他們的理性；當黃下臺的時候，韓國的理性戰勝了他們的民族主義。這個話很有意思。在中國，像黃那樣的人是很多的，但是沒有一個人受到懲罰。所以說為什麼學術腐敗？最根本的一個原因，黃不幸生在韓國。黃的案例是一面鏡子，可以說學術不端行為在中國是很嚴重的，但是沒有有效的方法遏制它，這是我們的恥辱。我們的大學從未為那些造假的科學家向公眾道歉，他們回避了對公眾所應該承擔的責任。首爾大學的校長為黃的事件向公眾道歉。民族主義和急功近利在韓國和中國都非常盛行，這是弄虛作假的肥沃土壤。

我今天講的是兩個方面。不端行為的兩個方面我都要講一下。一個是誠信，一個是不端行為的根源。科學是探索真理的，必須實事求

是。按照科學的程式和方法如實地記錄研究資料，如實報告研究結果，如實保證研究檔案，確保資料的正確性。這是很根本的一個方面。另外，在生物學研究中，人類和動物對科學研究做出重大貢獻，要確保維護他（它）們的福利和權利。因為本質上是個社會行為，研究他人需要合作，合作中需要公平分配。別人對你的研究做了貢獻，你就要在你的論文裡頭提到他的名字，或者在感謝裡面寫上他的名字。我國古代對這個做得很好，「非以仁愛之士不可託也，非聰明答理不可任也，非廉潔淳良不可信也」。不端行為從古就有，這是一種流傳很廣的流行病，或者說是已經擴散的「癌症」。其實是一種腐敗的表現，引起了科學家和群眾的廣泛關注，那麼經過調查顯示，發表在《中國日報》，百分之六十的人交了錢發表論文，百分之六十是抄襲過他人的成果。我們看看幾個重要的教授和院士的問題。一個清華大學副院長劉輝學歷造假。山東大學教授邱曉慶論文造假。同濟大學生命科學技術院院長楊傑學歷造假，這是上海的。國家自然科學基金會報告，二〇〇五年十五位申請人造假，二〇〇六年二位申請人造假。

在講什麼是不端行為之前，先講什麼不是不端行為。差錯不是不端行為。可以講，有限的時間和資源面對無限大自然，可能發生的錯誤，不隱瞞，是什麼錯誤就講出來。比如觀察、統計錯誤。當有差錯承認錯誤的時候，不會遭到同行的譴責。還有，疏忽也不是不端行為，匆忙、粗心大意等會導致你的科學研究工作不能滿足科學的標準。這個可能浪費研究人員數月或者數年研究的努力和實踐，這會影響科學家自己的聲譽，影響公眾的信任度。疏忽比差錯要嚴重一點。那麼哪些算不端行為呢？一個是處理資料方面的，就是杜撰和捏造。另一個是對別人的創意的剽竊，例如怎麼對待人類和動物的研究，怎

麼發表他們的研究成果，如何處理與同行關係。什麼叫杜撰和捏造？
憑空捏造一系列資料甚至整套實驗結果，來證明研究者的某種假設或
者某種理論。北京有一個研究生說了這樣一句話，導師需要什麼樣的
結果，我就給他什麼結果。這種完全捏造的造假是不容易發現的，因
為他捏造的資料是完全一致的。第二種不端的行為叫篡改，這個比較
少，因為篡改很容易被發現。但捏造的一整套資料是不容易被發現
的。第三種叫抄襲剽竊，把別人的研究創意、研究成果、論文結果竊
為己有，而不給原作者應有的榮譽，不承認他的功績。

下面很重要的一個事件，我稱之為「漢芯事件」，它與黃禹錫的
事件是可相比擬的。二〇〇六年一月十七日，因為舉報人在清華網站
上揭發了上海交通大學微電子學院院長陳進教授發明的「漢芯一號」
造假。二〇〇三年二月，在摩托羅拉公司做測試的工程師陳進，將一
片從美國買來的MOTO-free scale 56800晶片，雇請他人磨掉原有標
識，然後加上自己的「標識」，變成了所謂「完全擁有自主智慧財產
權」的「漢芯一號」，申請了多項專利，並借此當上了上海交大微電
子學院院長、博導以及「長江學者」。他邀請專家進行鑒定，專家一
致認為「漢芯一號」是達到國際高水準的晶片。同樣的方法，他將
「漢芯一號」更新，創造出了二號、三號、四號，一直到漢芯五號。
借助「漢芯一號」，陳進又申請了數十個科研專案，騙取了高達上億
元的科研資金。部分資金進入他自己的腰包和他在美國的銀行帳戶。
他用偽造的晶片申請了十二項專利。最後查出來是造假，處理結果
是：解除他微電子學院院長的職務和教授的職稱，科技部終止了他的
研究專案，要求他退回資金，取消他今後的研究資格，教育部取消他
的長江學者稱號，要求其退回資金等。就這樣，僅此而已。看看我們

的評論。《揚子晚報》：漢芯的彌天大謊始於專家評審，為什麼評審會變成了橡皮圖章，專家應該承擔什麼責任？政府部門應該負什麼責任？他如何能輕鬆地通過每一次的基金申請？為什麼那些讓考核通過評審的人現在都保持沉默？還有評論稱：漢芯事件沒有得到嚴肅處理，這導致腐敗和論文作假更加肆無忌憚。漢芯事件不是一個獨角戲，不對相關責任人進行徹底的調查，腐敗就不會根絕。必須讓參加造假的所有人付出沉重的代價。我們期待揭露全部真相，懲罰所有的造假者和同謀者——《中國青年報》。但是沒用。即使到現在也沒有任何的進一步的說明。不用承擔法律責任就是對犯罪的姑息，因為舉報人要求調查陳進的刑事責任。這是科學不端行為的三個方面。

另一方面，保護人的利益和福利。如果這個研究牽涉到人，那麼另一方面的問題就涉及要保護受測者的權力。研究程式必須獲得試驗者的同意，研究方案必須獲得倫理委員研究會的嚴格審查，體現了對人類生命的保護、尊重以及對人的權利的尊重和保護。這就是跟我們人文主義以人為本直接有關係的問題。這個方面有歷史的教訓，比如納粹的問題和日本的731部隊。這就給我們幾個教訓。其一，如果你要人參加研究不管研究怎麼樣，就是取點血也要得到別人的同意。其二，你要評估風險與受益，要使風險最小化，受益最大化。要公平地選擇和排除，哪些人參加，哪些人不參加都要公平。研究的風險和好處要公平地負擔。這是三條基本的原則和要求，也是帶有對人的基本的關心。一個科學性，一個人文要求，這就是科學與人文的完美結合。

下面我們講一個例子。這是前幾年在中國相當廣泛的一個研究專案，病人有七百三十八人。我就講一個醫院，它用腦外科的手術來去

除大腦的一部分來治療毒癮的問題。他們主要根據是俄羅斯有做過一千例的經驗，認為這種方法很有前途。他們在招募受治者過程中就強調，除了這種辦法以外沒有有效的辦法戒毒，而且療效可以達到百分之八十。許多吸毒者及其家屬都非常振奮，踴躍報名參加。戒毒手術要簽署入院通知書和手術通知書，每人要交兩萬元到四萬元不等的錢，術後三個月療效至少達到百分之八十五以上。這是一個醫院，去年的時候我參加一個評審會，有六家醫院的人來報告他們的研究成果。他們沒有任何的根據，根據就是俄羅斯做過一千例的電視報導。但俄羅斯現在已經禁止了這種實驗，因為它的後果很嚴重。患者家屬就去找衛生部打官司。所以俄羅斯衛生部就不勝其煩，禁止了這項實驗。很有意思的是，開會的這六家醫院說，我將病人腦子的這一部分取掉了，然後人就不想吸毒了，百分之八十五的有效果。但是這六家醫院去除的地方是不一樣的。我就說，如果你們六家的研究成果都成立的話，那把你們六家醫院的成果加起來，就是互相否定。也就是你有六個點，每個點都有百分之八十五的效果，那麼你還有五個點怎麼辦呢？這是科學性的很大的問題。第二個科學性的問題，到會的還有神經科專家。神經科專家說，人的腦子是幾十萬年進化來的，你割的那個地方並不是為吸毒準備的，它有它自己的功能，如果你把它割掉以後，它的其他功能怎麼辦？第三點，三個月有什麼用？北京有個針灸專家說針灸的作用三個月就能到達百分之八十五以上，如果針灸這麼有用，那為什麼還要切去腦子的一部分呢？有的根本沒有效果，有的他不想吸毒了，但是他其他的什麼欲望也沒有了，整天萎靡不振。這是嚴重的不端行為，我覺得已經可以追究刑事責任。

另一方面就是關於動物的保護。對動物實驗我們不能採取無限制

地利用的立場，也不能採取一律廢止的方法，我們不可能說動物實驗不做，這是不可能的。現在很重要的三個原則就是：替代，減少，改善。就是說我們要看看這個實驗能不能不用動物，用電腦類比或者用實驗室的試品代替。如果不行，用的動物能不能減少。比如說你要五百個耗子，能不能在實驗的時候減少一點？另外，要考慮能不能改善它的各項狀況。從人文主義的考慮方面來說，對人的考慮同時會涉及對一些跟我們接近的動物的關注的問題。我們現在很大的一個問題是，對動物的殘酷性人們習以為常，並不覺得有什麼殘忍。

最後，論文和科學著作的發表和出版問題。科學是個社會性事業，保證科學知識的可靠性要有一定的程式。發表和出版是一個重要的方面。現在科學發展涉及科學家，包括牛頓，不願意把新發現告訴同行，擔心別人搶功，從一開始就這樣，是吧？但是後來皇家協會的秘書歐敦本提出了一個建議：應該迅速發表遞交皇家協會學術刊物的論文。就是說，當一篇論文已經成熟的時候，你應該儘快把它發表出來。第一個發表某一觀點或某一研究成果的人，理應得到認可，即你就是第一位。成果一旦發表，他人可以自由使用，但在引用中應該加注原作者的成果。這個就成為了一個慣例。下面看個案例，一個三年級的研究生，因為從事一項新的重要技術的實驗研究，在全國會議上提交了一篇摘要，報告以後另外一所大學的領頭的科學家范教授就請他談話。他很高興也很驚訝。談話的時候這個范教授就詳細詢問了他的新技術，他也如實地進行了詳細的描述。他的導師曾經鼓勵他，說你不要保密，應該跟同行交流。由於范教授對他的工作很感興趣，他也很高興。六個月以後，這個同學流覽了一本學術雜誌，發現上面有一篇范教授的論文，論文中用了他的觀點，但是引用中沒有出現他的

名字和觀點。他對這個問題感到很不舒服。這是一個教授引用了一個研究生的工作，而在他的論文中沒有提到。這應該是一個問題，對學生來說他很苦惱，他也很難去跟范教授談這個事。這個與我們科學家相關的一個問題就是，科學成功應對的社會效應。有尊嚴的科學家不僅在研究的過程中嚴格遵守科學的原則，而且關注研究成果應用的社會層面，這一點我想大家知道原子彈的事。原子彈的研製是為了縮短第二次世界大戰的時間，由奧托·弗利什、魯道夫·皮依爾斯和科林·塔特羅夫的研究結果，得到當時邱吉爾的英國戰時政府重視，並被傳給大西洋彼岸的科學家們，稱之為「曼哈頓計畫」。可是後來他們看到了原子彈在日本長崎和廣島扔下去以後引起這麼多的死亡人數和嚴重的後遺症，他們就感到很內疚。他們就提出不主張再把原子能應用於戰爭，要利用於和平。後來，他們就受到了美國中央情報局的迫害。

還有就是關於生態的問題。有一本書的書名為《只有一個地球》，講的是關於生態的問題。當然在中國也有很多的爭論。比如說，三峽的專案。三峽的項目究竟會對生態造成什麼樣的後果，這個問題也一直有爭論。當然，作為科學家我們關注這個問題是對的，但是具體項目怎麼做，這樣做項目究竟有多大的利益這又是另外一個問題。這需要進一步的科學研究。損害了有關者的利益和科學的發展，嚴重損害科學的聲譽，影響對科研工作和科學家的信任。有的科學家用大量的資金去進行沒有意義的研究，造成資源的浪費，也影響了科學領域的公平競爭。對資源的分配各方都要以誠實、正直的態度進行磋商來達成協議，這樣有助於發揮科研人員的積極性。

動機問題。科學研究發表的動機有兩個：好奇心，渴望獲得新的

知識；涉及個人的名、利、身價。如果個人動機與科學動機一致的話，可對科學起到積極的推動作用。有利於社會和研究人員本身。但是個人動機和學術動機有衝突，甚至個人動機壓倒了學術動機，科學研究中弄虛作假、損害別人的權益就是不可理喻的。

那麼，用什麼理論來解釋這種不端行為呢？兩個理論：一個是爛蘋果理論；一個叫爛筐理論。爛蘋果理論就是為什麼科學家會使學術目的低於他個人動機呢？因為科學家的品格和素質有問題也就是說它是一個爛蘋果。這個爛蘋果還會影響到其他水果也變爛，比如同事、學生等。但是這種在中國來說不是最重要的。第二個爛筐理論，你的筐爛了以後，本來你的蘋果是好的，放在爛筐裡頭，你的蘋果也會爛掉。換句話說，科研的體制和機制也會最終發生變化。咱們這麼看，兩者可能都有問題。爛筐可能還是主要的。這個爛筐更廣泛來說，不僅是筐本身，筐周圍的環境可能都有問題，也就是說有更廣泛的社會因素，比如腐敗的社會環境，對中國來說，我覺得這是大的環境因素。一方面我們的經濟快速發展，但是另一方面各種腐敗滋生，各個領域都存在。從爛筐來看，就是有不合適的評審、監督及其分配、問責制度。

另外重要的一點是商業對科學的影響和腐蝕。利益衝突日益突出。一些科學家為了取得企業的科研基金或者為了個人的豐厚的報酬，有意地迎合企業的商業需要，損害了科學的真實性。一些科研工作者通過不正當的手段和方式來謀取自己利益的發展。這是在中國存在的一個嚴重的問題。

我們看評審制度，從「漢芯事件」來看，這個評審是毫無用處的。一部分評審委員可能被他收買了，一部分的評審委員可能他自己

本身就不合格，看不出來問題。很重要的問題就是我們現在評審一個人的學術水準時常常是重量不重質。包括我們的人文科學也存在這種問題。比如哲學，也是隔行如隔山，我是科技哲學，那邊是倫理哲學；我是中國哲學史，那邊是西方哲學史，人們怎麼能夠去評論這些呢？所以常常是看量，他有三本書，他有二本書，他有一本書。這是一個問題。他不是一個同行評議。統計表明中國發表論文的數量是第五位，引用率是第一百二十位。所以我們的論文問題很大，很多都是低水準的重複。它沒有經過嚴格的研究過程，可能選的題目本身就有問題。另外同行評議沒有起到很好的監督作用。還有一個，獎勵制度對弄虛作假起到了推動或者加劇作用。比如某個單位，發表論文就是獎勵五萬元。中國有一個很奇怪的現象，認為發表在中國國內雜誌上的論文品質就不高。不應該看論文發表在哪個雜誌上，而應該看它本身的品質。比如研究生，你硬要他在國外的雜誌上發表文章，就是典型的揠苗助長。

科學家為了榮譽要去當政協委員，但是作為政協委員立法者，他們真的都能提出切實有用的意見嗎？並不是。要根據每個人的情況具體分析。這就使得我們的立法對政府的監督力度不夠。應該建立一個監督系統。第一，自我監督。第二，科研人員和管理機構的監督。第三，立法和准立法機構的監督。第四，保護、獎勵舉報人。很多人不舉報也不敢舉報。但是「漢芯事件」和黃禹錫事件都是內部舉報。媒體的監督，公眾的監督，都是很重要的監督手段。但是公眾監督需要你的科研情況的透明。而且我覺得也應該這樣。因為你的錢來自公眾，公眾納的稅。關於科研經費的分配，二〇〇六年，中國對科研的投入力度達到了七百一十六億美元，超過日本，趨近美國。但是科學

家就提出意見，說你這個經費打算怎麼分配？怎麼分配公平？這就意味著他也不知道，那麼公眾就更不知道了。所以這方面，我們急需監督制度。這點我們不如韓國，雖然出現過韓禹錫事件，但是一旦發現之後，他們的處理力度是很大的也是很到位的。雖然最後沒有判刑，但是他們的追究各方面是很到位的，包括對公眾的道歉和情況的說明。這一點在中國是比較差的。誰對將納稅人的錢打水漂負責任？這在中國好像不是一個問題。中國是不是錢太多了？但是我們知道，中國老百姓是比較窮的。現在我們國家為了管理這個問題提出了兩個條例。如果大家能夠按照這兩個條例去做，那我們可以把前面講的科學的不端行為進行很好的糾正和減少，增加科學的誠信。一個就是，去年十一月九日，科技部發布《國家科技計畫實施中科研不端行為處理辦法（試行）》，這個辦法很明確地指出，那些不端行為既包括篡改、剽竊，也包括那些做實驗不按規章制度來的，規範得比較全面。第二個就是，今年一月衛生部發布的《涉及人的生物醫學研究倫理審查辦法》，這也是一個確保對參加實驗的人類受試者的保護。但是現在還沒有發布對動物的保護條例，現在只是一些單位有這方面的保護條例。

二〇〇七年在華中科技大學的演講
曾妙根據錄音整理

中華文化思想叢書・當代中華文化思想叢刊　A0103005

中國大學人文啟思錄　第七卷（上冊）

顧　　問　楊叔子

主　　編　歐陽康

副 主 編　劉金仿、余東升

責任編輯　陳胤慧

發 行 人　陳滿銘

總 經 理　梁錦興

總 編 輯　陳滿銘

副總編輯　張晏瑞

編 輯 所　萬卷樓圖書股份有限公司

排　　版　菩薩蠻數位文化有限公司

印　　刷　百通科技股份有限公司

封面設計　菩薩蠻數位文化有限公司

出　　版　昌明文化有限公司

桃園市龜山區中原街 32 號

電話　(02)23216565

發　　行　萬卷樓圖書股份有限公司

臺北市羅斯福路二段 41 號 6 樓之 3

電話　(02)23216565

傳真　(02)23218698

電郵　SERVICE@WANJUAN.COM.TW

大陸經銷　廈門外圖臺灣書店有限公司

電郵　JKB188@188.COM

ISBN 978-986-496-419-2

2019 年 3 月初版

定價：新臺幣 400 元

如何購買本書：

1. 轉帳購書，請透過以下帳戶

　合作金庫銀行　古亭分行

　戶名：萬卷樓圖書股份有限公司

　帳號：0877717092596

2. 網路購書，請透過萬卷樓網站

　網址 WWW.WANJUAN.COM.TW

大量購書，請直接聯繫我們，將有專人為您

服務。客服：(02)23216565 分機 610

如有缺頁、破損或裝訂錯誤，請寄回更換

國家圖書館出版品預行編目資料

中國大學人文啟思錄　第七卷 / 歐陽康主編.
-- 初版. -- 桃園市：昌明文化出版；臺北
市：萬卷樓發行, 2019.03

　冊；　公分

ISBN 978-986-496-419-2(上冊：平裝). --

1.人文學　2.文集

119.07　　　　　　　　　　　108003024

本著作物經廈門墨客知識產權代理有限公司代理，由華中科技大學出版社授權萬卷樓圖書股份有限
公司（臺灣）、大龍樹（廈門）文化傳媒有限公司出版、發行中文繁體字版版權。